U0587632

普通高等教育"十一五"国家级规划

高等职业教育物业管理专业系列教材

GAODENG ZHIYE JIAOYU
WUYE GUANLI ZHUANYE XILIE JIAOCAI

物业管理概论

（第2版）

WUYE GUANLI GAILUN

主编/武智慧　　　副主编/王新强　蔡任重　　　主审/聂孝仑

重庆大学出版社

内 容 提 要

本书按照物业管理的工作过程,系统阐述了物业管理相关概念,物业管理机构设置,物业管理策划,物业管理前期准备,物业管理启动和物业管理日常运作,物业管理基础保障机制,物业管理企业财务管理,各种类型物业管理的管理模式及其服务特点等内容。全书注重能力培养,具有融科学性、实用性、专业性和普及性于一体的显著特点。配有电子课件和综合测试题,方便教师教学。

本书既可作为大专院校物业管理专业学生的专业教材,又可供从事物业管理工作和房地产经营管理人员参考,同时也是一本物业管理理论的普及读物。

图书在版编目(CIP)数据

物业管理概论/武智慧主编.—2 版.—重庆:重庆大学
出版社,2008.8(2018.1 重印)
(高等职业教育物业管理专业系列教材)
ISBN 978-7-5624-3221-0

Ⅰ.物…　Ⅱ.武…　Ⅲ.物业管理—高等学校:技术学校—
教材　Ⅳ.F293.33

中国版本图书馆 CIP 数据核字(2008)第 115531 号

高等职业教育物业管理专业系列教材
物业管理概论
(第 2 版)
主　编　武智慧
副主编　王新强　蔡任重
责任编辑:林青山　李文杰　　　版式设计:林青山
责任校对:秦巴达　　　　　　　责任印制:赵　晟
*
重庆大学出版社出版发行
出版人:易树平
社址:重庆市沙坪坝区大学城西路 21 号
邮编:401331
电话:(023)88617190　88617185(中小学)
传真:(023)88617186　88617166
网址:http://www.cqup.com.cn
邮箱:fxk@ cqup.com.cn(营销中心)
全国新华书店经销
重庆紫石东南印务有限公司印刷
*
开本:787mm×1092mm　1/16　印张:16　字数:350千
2004 年 8 月第 1 版　2008 年 8 月第 2 版　2018 年 1 月第 11 次印刷
印数:22 501—23 500
ISBN 978-7-5624-3221-0　定价:33.00元

本书如有印刷、装订等质量问题,本社负责调换
版权所有,请勿擅自翻印和用本书
制作各类出版物及配套用书,违者必究

编委会
BIAN WEI HUI

主　任　王青兰

副主任　巫大德　常　剑　王林生　谢晋洋

委　员　（按姓氏笔画为序）

王　强　王开建　宁继昌　刘　勇　刘晓敏

刘文新　张　亚　杨洪杰　武智慧　陈庆芳

陈　真　罗渝陵　林　澜　贺云华　荣瑞麟

赵宏家　聂孝仑　徐志国　袁建新　唐光明

温全华　曾祥荣　曾　莉　雷懋成

特别鸣谢（排名不分先后）

上海市房地产科学研究院
重庆经济技术开发区物业发展有限公司
重庆华宇物业管理有限公司
重庆新龙湖物业管理有限公司
重庆华新锦绣山庄网络物业服务有限公司
重庆大正物业管理有限公司
重庆科技学院
三峡联合职业大学物业管理学院
成都航空职业技术学院
四川建筑职业技术学院
昆明冶金高等专科学校
成都电子机械高等专科学校
黑龙江建筑职业技术学院
重庆城市管理职业学院
湖北黄冈职业技术学院
武汉职业技术学院
贵州大学职业技术学院
广东建设职业技术学院
广东白云职业技术学院
福建工程学院
重庆市物业管理协会
解放军后勤工程学院
重庆教育学院
重庆邮电学院
重庆大学城市学院
西安物业管理专修学院
四川外语学院南方翻译学院
西南大学
宁波高等专科学校
成都大学
成都市房产管理局物业管理处

中国内地的物业管理从 20 世纪 80 年代初起步,经过 20 多年的磨砺,今天已经发展成为一个拥有 2 万多家企业,230 多万从业人员,在大、中城市占 GDP 总值 2% 左右的一个生气勃勃的朝阳行业。可以毫不夸张地说,今天生活在大、中城市的人们,已经离不开物业管理了。随着社会经济的发展和人们生活水平的不断提高,物业管理服务还将进一步深入到全国中、小城镇的居民小区中,获得更大的发展空间。

行业的发展引发对物业管理专门人才的强烈需求。以培养人才为己任的高等院校,尤其是高等职业院校,用极大的热情关注着物业管理这一新兴行业的发展,纷纷开设物业管理专业。20 世纪 90 年代中期,广州、深圳、重庆等地建立了物业管理专门学院,争先为物业管理行业培养和输送各类应用型人才,在一定程度上缓解了物业管理专业人才匮乏的矛盾。许多教育工作者、理论工作者和实务工作者,在百忙之中编写出版了物业管理专业高等和中等教育的多种教材和专著,一定程度上满足了物业管理专业教育的急需。

由于物业管理专业在我国尚处于起步发展阶段,对物业管理的经验总结和理论研究虽有一定进展,但尚未形成完善的物业管理学科体系。各类物业管理专业基础课、专业课的教学大纲正在制定,物业管理的相关政策法规陆续出台。在新的形势下,编写出版一套《高等职业教育物业管理专业系列教材》,以适应物业管理专业教育迅速发展和不断提高的需要,是十分必要和紧迫的。重庆大学出版社在广泛深入调研的基础上,邀请国内物业管理界和 20 多所高等院校的专家、学者和部分知名物业管理企业"双师型"职业经理组成编委会,由上海房地产科学研究院副院长王青兰博士任主任,重庆经济技术开发区物业发展有限公司副总经理、重庆融侨锦江物业管理有限公司总经理、各高校教授、专家任副主任和编委。经反复研究,决定在 2004 年秋季陆续推出一套理论够用、突出应用、定位准确、体例新颖、可操作性强的《高等职业教育物业管理专业系列教材》。

本套系列教材的框架体系,教材与教材之间的相关性、独立性及衔接性,每本教材的编写大纲,知识点的提出,实例和案例的选择,思考题和习题设置,均由任课教师和物业管理界的专家、实务工作者共同研究确定,并由企业界专家负责审稿。旨在使学生通过本套教材的学习,既掌握物业管理专业的基础理论和专业知识,又熟悉物业管理企业各主要工作部门实际操作的标准程序与技能,真正成为应用型、技能型的专业人才。

来自教育界、理论界、实务界的编委、主编、参编、主审,按照教育部《关于以就业为导向深化高等职业教育改革的若干意见》提出的"高等职业教育应以服务为宗旨,以就业为导向,走产学研结合的发展道路"的精神,结合自己熟悉的领域,优势互补,大胆尝试,严把教材质量关。期盼这一良好的开端,能使本套教材充分凸现理论紧密结合实际的特色,成为培养应用型、技能型专业人才的好教材。

本套系列教材可以供高等职业教育应用型本科和专科学生使用,还可以作为物业管理从业人员的日常工作参考用书。

物业管理专业的高等职业教育方兴未艾,高职教育紧密结合社会发展和行业发展需求,不断地向行业输送符合专业需求的应用型、技能型人才任重道远。我们有理由相信,在高校与物业管理界紧密合作和共同努力之下,物业管理学科建设定将取得丰硕成果和明显进步,使我们的高等教育更好地为行业培育出一大批应用型、技能型专业人才,为行业的发展不断提供优质的人才资源。

让我们一路同行,共创物业管理的美好明天!

编委会

2004 年 8 月

第2版前言

DI ER BAN QIAN YAN

随着我国物业管理市场化进程的逐渐加快和物业管理领域的不断扩展，物业管理已成为人们生活、工作中不可或缺的重要内容。然而纵观我国物业管理的现状，却存在很多与发展趋势相违背的问题，如市场观念不强、缺乏创新意识和经营意识、规模小、经济效益差、企业员工素质不高、管理服务难以到位、物业管理投诉居高不下等。所有这一切，都要求我们迅速普及物业管理知识，普遍提高我国物业管理从业人员的素质，急速提高我国的物业管理水平。为此，我们在组织企业专家多次研讨和到物业公司调研及学习吸收国内外物业管理的理论研究成果的基础上，结合《中华人民共和国物权法》精髓的学习，对2004年出版的《物业管理概论》进行了再次修订。

本书由成都航空职业技术学院的武智慧教授担任主编，广东建设职业技术学院的王新强副教授和成都市房产管理局物管处处长、成都市物业管理协会会长蔡任重高级经济师任副主编。全书共分11章，第1章由王新强编写，主要介绍了物业管理的起源与发展，物业与物业管理的基本概念，物业管理的宗旨与作用、物业管理服务标准及原则和物业管理市场的概念；第2章由蔡任重和成都大学华夏职教中心孙惠萍高级讲师共同编写，主要阐述了物业管理企业的性质、设立、组织形式和机构设置、权利义务等内容；第3章、第4章、第5章由蔡任重编写，第3章主要论述了业主自治体系，建筑物区分所有权理论，业主及其权利义务、业主大会及其职责，管理规约与业主大会议事规则和业主委员会及其职责；第4章论述了物业管理行政管理的内容、职责与法律责任，物业管理的行政管理关系、物业管理的行政管理纠纷及其法律解决方式等；第5章论述了物业管理的基础保障机制；第6章由武智慧编写，主要介绍了物业管理招投标的概念、方法与程序、招标文件与投标文件的编制、物业管理服务方案的策划与编制等；第7章与第8章由成都航空职业技术学院的林建宁副教授编写，第7章主要介绍了物业管理的前期介入、前期物业管理、物业管理规章制度、物业管理契约和物业管理具体规定等；第8章主要介绍物业的承接验收、业主入住、产权备案和

档案资料的建立等几个环节的内容;第9章由武智慧编写,主要介绍物业管理公共性服务和非公共性服务的内容、物业管理综合协调方法,以及与这两个环节密切相关的客户服务管理等内容;第10章由孙惠萍编写,主要从物业管理企业的财务管理制度和财税制度,物业管理的资金筹措,物业管理企业的财务核算和财务分析等方面进行了阐述;第11章由王新强编写,主要对各类物业的管理服务特点、要求及形式进行了阐述。

本次修订,主要根据《中华人民共和国物权法》和第1版使用情况,在有些概念上进行了修改,比如将"物业管理企业"修改为"物业服务企业","物业管理区域"修改为"建筑区划","业主公约"改为"管理规约";又比如业主大会的决定方式内涵的变化,而且增设了物业管理基础保障机制一章,并删掉了一些不必要的内容等。同时,在出版社教学资源网(网址:http://www.cqup.net)上提供电子课件和综合测试题,以方便教学。

全书根据物业管理的工作过程,从构思到反复讨论乃至编写,力求理论完善、论述深刻、实用性强,突出物业管理理论和实用管理技巧,注重能力培养。每章附有精选案例,以充分体现物业管理实际工作中解决疑难问题的方式方法和与业主沟通的技巧。并与《物业管理实务》前后呼应,其重点放在物业管理诸多环节内容的阐述和物业管理基本理论的应用上。

由于理论认识、实践能力的局限,书中难免有不妥和不完备之处,恳请多多批评指正!

编　者

2008 年 7 月于成都

目 录
MU LU

第1章　物业管理导论 ································ 1

1.1　物业管理的起源与发展 ····················· 1

1.2　物业的概念 ································· 10

1.3　物业管理的概念 ····························· 13

1.4　物业管理服务标准及原则 ····················· 18

1.5　物业管理市场 ····························· 20

第2章　物业服务企业 ································ 23

2.1　物业服务企业的概念 ····················· 23

2.2　物业服务企业的设立 ····················· 25

2.3　物业服务企业的资质管理 ····················· 29

2.4　物业服务企业的组织形式和职位说明书 ··········· 33

2.5　物业服务企业的机构职能设置 ················· 37

2.6　物业服务企业的权利义务 ····················· 40

2.7　物业服务企业的人力资源管理 ················· 42

第3章　业主大会及业主委员会 ······················ 51

3.1　业主自治机构 ····························· 51

3.2　建筑物区分所有权理论 ······················· 55

3.3　业主 ····································· 59

3.4　业主大会 ································· 66

3.5　业主委员会 ······························· 75

3.6 管理规约、业主大会议事规则 ·· 82

第4章 物业管理的行政管理 ·· 87

4.1 物业管理的行政管理概述 ·· 87

4.2 物业管理的行政管理部门及其职责 ······································ 91

4.3 物业管理的行政管理方式与手段 ·· 97

4.4 物业管理的行政管理关系 ·· 98

4.5 行政机关在行政管理中的违法行为及其法律责任 ··············· 101

第5章 物业管理的基础保障机制 ·· 104

5.1 物业服务用房 ··· 104

5.2 建筑物及其附属设施的维修资金 ·· 105

5.3 白蚁防治 ·· 110

5.4 房屋安全管理 ·· 112

第6章 物业管理的策划 ·· 114

6.1 物业管理的招标与投标 ·· 114

6.2 物业管理服务方案策划 ·· 123

第7章 物业管理前期准备 ·· 134

7.1 物业管理的前期介入 ··· 134

7.2 前期物业管理 ·· 138

7.3 制定建筑区划的规章制度 ·· 140

第8章 物业管理的启动 ·· 145

8.1 物业的承接验收 ·· 145

8.2 交房 ··· 153

8.3 文书与档案的管理 ··· 161

第9章 物业管理日常运作 ·· 165

9.1 物业管理的公共性服务 ·· 165

9.2 物业管理的非公共性延伸服务 ·· 179

9.3 物业管理的综合协调 ··· 181

9.4 客户服务管理 ·· 187

第10章 物业服务企业的财务管理 ···································· 198

10.1 物业服务企业的财务管理概述 ·· 198

10.2 物业服务企业财务管理制度和财税政策 ···························· 199

10.3 物业管理资金筹措 ·· 203

10.4 财务预算 ·· 204

10.5 财务核算和财务分析 ··· 212

第11章 各种类型物业的物业管理 ···································· 218

11.1 住宅小区的物业管理 ··· 218

11.2　公寓物业管理 ·· 221

11.3　别墅的物业管理 ··· 223

11.4　写字楼物业管理 ··· 224

11.5　工业厂房物业管理 ·· 227

11.6　收益性物业的物业管理 ·· 229

11.7　特种物业的物业管理 ·· 231

附件 ··· 233

附件1　管理规约 ··· 233

附件2　业主大会议事规则 ·· 237

主要参考文献 ··· 244

第 *1* 章
物业管理导论

　　物业管理是顺应房地产产业的发展而出现的,是房地产开发的延续与完善,处在房地产消费和使用阶段。随着我国经济快速发展,人们对物业管理的需求越来越强烈,物业管理目前已成为我国一个年轻的、重要的服务行业,被人们称为现代城市的朝阳产业。目前全国实行物业管理的房屋面积超过 100 亿 m^2,物业管理覆盖率达 50%,全国物业服务企业已超过 3 万家,其中一级资质企业 300 多家,从业人员超过 300 万人。

　　本章作为物业管理概论的入门,主要是介绍物业和物业管理的一些基本概念,物业管理的起源与发展,物业管理的业务范围、基本环节,物业管理原则和物业管理宗旨与作用等,目的是使读者对物业管理有初步的认识和了解。

1.1　物业管理的起源与发展

1.1.1　物业管理的起源与国外的物业管理发展

1)物业管理的起源

　　物业管理的雏形源于 19 世纪 60 年代的英国,当时的英国处在整个世界经济发展中心。工业与贸易的发展,使城市人口迅速地增长,导致城市住宅严重不足。一些房地产开发商,兴建了一批简易住房以供出租。然而,住房及配套设施设备相当简陋,环境极差,结果出现了承租人拖欠房屋租金,甚至人为破坏房屋及设施设备的现象,造成租赁关系混乱,业主经济利益无法保障。

　　此时,在英国第二大城市伯明翰,一位名叫奥克托维娅·希尔(Octavia Hill)的女士决定对其名下出租的物业进行整顿,制定了约束租户行为的管理办法,要求租户严格遵守。同时,她也对房屋及设备进行了修缮,改善居住环境。此举收到了非常好的效果,租户满意,租金也有了保障。

希尔的做法引起了当地很多业主的仿效,并得到政府关注。随后在英国普遍推行,甚至有些业主专门聘请他人代为管理物业。所以,现在人们把希尔女士的做法视为最早的物业管理,英国也就成了物业管理的发源地。

2) 美国的物业管理

尽管英国的物业管理起步较早,但真正意义上的现代物业管理却诞生并发展于20世纪初的美国。"南北战争"结束以后,美国经济得到迅猛发展。19世纪末20世纪初,美国取代英国一跃成为世界经济最强国家。摩天大楼、公寓大厦、别墅住宅等的出现,要求提供专业的、统一的、科学的管理与服务。1908年,芝加哥建筑管理人员协会成立;1911年,全世界第一个全国性的业主组织"建筑物业主组织"成立,这一切标志着现代物业管理的诞生。

(1)美国物业管理机构

①公共房屋管理委员会。美国联邦政府设有公共房屋管理委员会,下设34个代理机构,最大的为纽约城市房管会。

②行业管理机构。美国物业管理已成为专业性职业,全国性的物业管理协会规模和影响很大。目前,有3个较为著名:一是国际设备管理协会(IFMA),其主要成员为物业设施的管理组织;二是全国性的物业管理人员协会(IREM),负责培训注册物业管理师及相关从业人员,优化知识结构,培养职业道德;三是全国性的建筑物业主与管理人员协会(BOMA),代表物业管理过程中业主和房东利益,加强业主与管理者之间的情感、理解和协作,为业主提供信息交流和咨询服务。

③物业服务企业。美国的物业服务企业大多为私人开办,但都有严格设立条件,如必须领取营业执照;每隔3~4年必须接受近50小时专门课程培训教育;不同岗位从业人员必须取得专业岗位证书等。

美国物业服务企业的从业人员一般分经理人员和操作人员两个层次。公司内部机构一般设若干具体职能部门和专职负责人员,以保证管理工作的正常运作。如管理维修部门、能源管理部门、财会部门、治安部门和清洁部门等。

(2)美国物业管理的特点

①管理契约化。美国是一个典型的契约型社会,物业服务企业和业主之间都必须签订物业管理合同,明确双方享受的权利和应履行的义务,通过合同来保证物业管理质量。

②管理专业化。管理服务的日常事务,主要通过外包的方式,由专业性服务企业承包,物业服务企业起一个总调度和总负责的作用。因此,几个人的公司可以管理几百栋物业。专业化经营等于把管理服务搬上了生产流水线。据介绍,纽约市各类外包合同总金额约1 000万美元,占全年物业管理总费用的25%。

③服务优质化。美国物业管理与服务的宗旨十分明确,即必须在市场竞争中以优异的管理和优质的服务,求得生存,求得发展。建立严密的服务体系,创造舒适的居住环境,提高从业人员素质。如为业主提供洗衣熨衣、看护儿童、护理病人、通报天气、代订代送报刊等服务,尽量满足业主现实和潜在的服务需要。物业服务企业还经常组织业主郊游、聚餐;在楼宇大堂设置咖啡台,供住户免费享用,甚至每天早上还免费摆出数样西餐早点,为匆忙的上班族提供方便。

④管理智能化。美国的大多数楼宇智能化程度较高,"智能大厦"成为美国大型物业开发不可缺少的组成部分。它要求基本做到"5A",即通讯自动化(CA)、楼宇自动化(BA)、管理自动化(MA)、消防保安自动化(FA)、办公室自动化(OA)。

⑤管理行业化。美国物业管理的鲜明特点,还在于它广泛地通过各类颇有影响和实力的半官方或民间的行业组织,影响和监督物业服务企业的营运,负责管理人员综合素质的培养和提高。

(3)美国物业管理的收费

物业管理合同是物业服务企业向住户收费的重要依据,均在合同中明确约定费用标准,合同之外收费是不允许的。

由于美国各州都有独立立法规体系,因此,各地物业合同对收费的规定往往要受到所在地区、环境、设施和管理方式等影响,收费标准和收费项目也就十分复杂。但是,各地物业管理收费上,原则都必须以物业服务企业与业主之间达成的年度预算为基础,并给予物业服务企业一定收费机动权。目前,在美国有 2 种通常收费计算方式:第 1 种是根据物业服务企业与业主之间的年度预算总额的百分比收取,即按月收取年度预算所规定的各月收取费用的百分比作为管理费;第 2 种是根据利润来计算管理费用。第 2 种方法有利于提高物业服务企业的积极性,易于各方接受。

3)新加坡的物业管理

新加坡是一个城市型的岛国,面积 626.3 km²,人口 300 多万,土地资源十分有限。新加坡建造的住宅大部分是公共组屋(福利保障住房)和共管式公寓(私人住宅),小部分是独立式、半独立式的花园洋房。

(1)新加坡物业管理机构

①建屋发展局。建屋发展局负责提供新加坡公共住宅的管理和维修服务,此外还行使政府组屋建设职能和住房分配职能,提供标准的、适合国民购买力的房屋。

②市镇理事会。1988 年 5 月,新加坡国会通过了成立市镇理事会的法令。市镇理事会负责管理公共住宅,它是一个法人组织,成员至少 6 人,最多 30 位。目前全国有 23 个市镇理事会。市镇理事会主要职责是管制、管理、维持及改善管辖区内的公共产业,其宗旨是:支持、配合、监督物业管理部门搞好住宅管理;维护业主或住户的合法权益;对设施的兴建、更改、扩充,改善业主及房屋维修等与业主或住户利益有关的事宜作出决策;开展各种有益于住户身心健康的活动。

③私人住宅的管理理事会。1968 年,新加坡《地契分层法令》规定,共管式公寓

和其他建筑物的私人业主必须依法组管理理事会,做到有系统、有规划地负责大楼的保养与管理工作。

（2）新加坡物业管理资金来源

①政府补贴。新加坡政府每年都提供一定的资金,作为实施安居计划和物业管理出现赤字的补贴。

②建屋发展局的资助。该局从售房、租房利润中提取一定比例的资金,作物业管理基金,以保证物业的正常运行。

③物业管理处的资助。建屋发展局从其下属物业管理处主管的商业中心、商务服务收费中提取一定资金,作为物业管理单位或公司资金来源的补充。

④物业服务企业管理费。物业服务企业根据建屋发展局制定的收费标准,一般按单元向业主、使用人收取物业管理费。

（3）新加坡物业管理的特点

①物业管理组织系统健全。新加坡物业管理统一由建屋发展局负责。该局的主席、副主席和6个委员由部长任命,下设行政与财务署、建设发展署、产业土地署、安置署和内部审计署。在全国设36个地区办事处,每个办事处管理2~3个邻区单位,约1万~1.5万套房屋。

②法制建设与管理制度完善。新加坡政府强调对住宅小区进行法制化管理。为此,政府制定了许多法律规范,如《市镇理事会法令》、《地契分层法令》、《土地所有权法案》、《住户公约》、《防火须知》等。对物业服务企业从业资格、管理人员培训、小区管理委员会成立等都有详尽规定。

③坚持以人为本,重视邻里和睦。新加坡政府提倡家庭和美、尊老爱幼、邻里和睦的伦理道德。政府在住宅政策方面鼓励多代同堂,在住房上为结婚的子女与父母同住提供优惠。新加坡政府自1989年3月起,决定每个居民区各种民族居住比例,在人口构成上实行多种族杂居,防止社会隔绝,促使他们逐步融合起来。

4）日本的物业管理

在日本,居民都是通过租赁和购买两种方式解决住房的。据日本建设省调查,租赁房屋者约占37.4%,购房者约占62.3%。在这些住房中,绝大部分为公寓住宅,少部分为独立住宅。

（1）公寓物业管理

公寓物业管理有3种形式:委托管理、自主管理、兼容式管理,前2种为主要形式。

①委托管理。指委托专门的物业服务企业对公寓实施管理,可以委托物业服务企业管理维修,也可以委托其代理经营。某些具有综合商社职能的企业,它从住户的中介到经营、税务、法律咨询、维修等各项工作都可以承担。公寓委托管理,需支付约为租房收入5%~10%的管理费用。

②自主管理。指各业主直接管理公寓的共用部分,共同设施和场地。为实施自

主管理,在各业主的自愿参与下,组成管理委员会(或管理小组),开展有组织的管理。自主管理一般采取各业主轮流承担管理事务的方式。

③兼容式管理。作为委托管理与自主管理的补充,出现了双功能兼容的管理方式,一部分管理项目委托专业性物业服务企业负责,一部分项目采取自主管理。

(2)物业管理收费

①管理费。主要用于维持物业管理所需的办公开支和人员酬金,其征收标准靠市场竞争的自发调节。

②维修公积金。按住宅维修长期执行计划书实施预算,每月分摊测定,按月收取,一般为物业管理费的60%。

③公益金。用于共用设施设备、环境卫生等支出,由物业服务企业根据每户实际使用情况而定。

④管理组合费。业主委员会的办公费等。

⑤泊车费、装修费等专项服务费。

日本人的市场意识、等价交换意识强,物业管理费的收缴到位率高。

(3)日本物业管理特点

日本属市场经济发达国家,物业管理发展较为成熟,主要有以下几个特点:

①物业管理的法律基础较好。日本物业管理的基本法律是区分所有权法,对诸如业主与业主关系、业主大会和业主委员会的产生、业主与物业服务企业关系等,均有阐述和体现。2000年12月8日,日本颁布专门的物业管理法律"关于推进公寓管理规范化的法律",对物业管理涉及的各类法律关系,从业公司和从业人员的资格,管理者与业主关系作了更加明确的规定,为日本物业管理提供了良好的法律基础。

②对从事物业管理的企业、人员有很高的要求,并重视对各类人员的培训和教育。日本物业服务企业均需领取特别的经营许可证,才能够从事物业管理。如"关于推进公寓规范化的法律"规定:经营公寓物业服务企业,事先应在国土交通省准备的公寓管理者登记簿——登录;登录有效期为5年。期满后必须重新登录,否则,不得经营物业管理业。而物业管理从业人员必须经过一定的考试,并取得资格后才能担任管理职务。

③物业管理的社会环境比较好。日本较早进入资本主义,民众的私权意识、等价交换意识较强。这种意识反映在物业管理上。一是公众积极参与物业管理;二是业主接受花钱买服务的管理形式。

④物业服务企业专业化程度高。日本物业管理水平发展较高,专业化程度较高,如管理水平齐整,设施、设备先进,维修技术先进等。

⑤物业管理行业协会作用大。在日本有"高层住宅管理协会"、"全国大楼管理协会"、"电梯管理协会"等。这些协会一方面为会员提供市场信息、人员培训等服务,另一方面也从事行业规范化工作。在"关于推进公寓管理规范化的法律"中,规定要成立"推进物业管理正规化中心",全国仅设一个,中心的任务是帮助管理工会(业产委员会)推进管理的正规化。

1.1.2　中国物业管理的发展历程与趋势

1）香港的物业管理

香港是世界上人口密度最高的地区之一,"寸土寸金"。香港住房制度由3个部分组成:一是"公共屋村"(简称"公屋"或"屋村"),由政府出资建造,并以优惠价格出租给低收入家庭(在香港居住7年以上方可申请轮候);二是居者有其屋(简称居屋),由政府建造并成套出售给收入较好家庭的完整社区住宅,现已成为香港一大基本物业类型;三是私人楼宇,由房地产开发商开发,出售给收入高家庭的私人住宅,也是香港另一大物业类型。

（1）香港物业管理机构

①香港房屋委员会与房屋署。香港房屋委员会是法定机构,对香港政府负责,统筹公屋的改建和出租事宜,主持实施大型屋村建设,并推动私人机构参与居屋建设。香港房屋署是香港特区直接负责物业管理机构,它为房屋委员会具体管理公屋、商场、居屋、工业大厦等物业,负责执行房屋委员会的决策。

②香港房屋协会。香港房屋协会是一个民间群众团体,自负盈亏,为香港市民提供更多住所。

③"业主立案法团"和楼宇互助委员会。"业主立案法团"是业主自治组成的大厦管理机构,它是根据香港法例第334章《多层大厦业主组织法团条例》而成立的法定团体,拥有一定强制权力去管理一座大厦。

楼宇互助委员会是民间物业管理组织,一座大厦只要有20%的住户同意,便可成立楼宇互助委员会,改善治安、卫生环境,使住户友好相处。

④物业服务企业。现时香港物业服务企业主要分3类:一是香港房屋署所辖的物业管理机构,负责公屋、居屋、商场等屋苑的物业管理;二是附属大型开发商的物业服务企业,管理的大多数是开发商参与兴建的楼宇,以增强买楼者对开发商的信任;三是私人物业服务企业,它是独立经营的专业性物业服务企业,受大厦业主立案法团、开发商的委托管理物业,竞争性强。

（2）香港物业服务企业的管理内容和管理费的构成

①管理内容。管理内容主要有:房屋使用管理、房屋及其设施的保养与维修、环境保洁与治理、保安与消防、园林绿化、经租与中介服务、居住区有关服务、财务管理、产业保险和组织居民的联谊活动等。

②管理费用的构成。管理费用包括:管理和维修人员的薪金及医疗、劳保等费用;公共部位与公用设施的维修和保养费;清洁用料和服务费;公用水电费;火灾及公用部位的保险费;管理人员及管理处所需的支出;物业服务企业酬金;环境、绿化费用;康乐设施开支;地税及批地书的费用;保安及其他与管理有关支出;会计统计及法律服务费等。

（3）香港物业管理特点

①按物业性质分类管理。香港物业分类非常明确,公屋和居屋由政府协调管理者与业主之间的关系,充分发挥业主的作用。对私人楼宇政府是尊重私有权和"大厦自治",务求业主主动管理自己的楼宇。

②物业管理法规全面、完善。香港政府倡导依法管理的理念,物业管理法规较为齐全,明确了开发商、业主和管理公司的权力、义务,可操作性强,执法严格。

③缔造"社区精神"。香港的物业规模较大,大多是一个拥有全部基础设施和康乐设施的小市镇或自治区。香港特区政府强调,要给住户创造和谐和归属感,组织住户参加社区活动,协调好建筑区划与有关部门的关系,营造和谐与合作的社区精神。

④专业服务社会化程度高。香港的物业管理机构组成人员少而精,所有专业性工作全部以合同形式发包给专业公司或承包商。物业管理人员的主要工作是按合同进行协调与监督管理。

⑤重视物业管理人员素质的提高。香港房屋署和大专院校以及部分物业公司,都设有专门培训。即注重理论知识,又强调技术操作能力。经过各种训练,管理人员都应具备专业、行政、心理学、社会学等知识,素质较高,能胜任高质量的管理工作。

⑥物业管理现代化。为了加强物业管理的科学性,提高综合管理效益和质量,香港各级物业管理部门都采取了先进管理技术和设备,从而从技术上有效地保证了物业管理服务活动的顺利开展。

2) 深圳的物业管理

我国现代意义的物业管理诞生于改革开放的特区深圳市。20 世纪 80 年代,深圳特区借鉴国外及香港的先进经验,结合本地实际,大胆探索,在一些涉外商品房屋管理中,首先推行了专业的物业管理方式。1981 年 3 月 10 日,深圳成立了第一家涉外物业管理专业公司(深圳物业管理公司),标志着深圳经济特区的涉外商品房产实施统一管理的开始,同时深圳的物业管理行业由此产生。1981 年 9 月,深圳市东湖丽苑小区设立了第一家物业管理处,对房屋公共设施、环境卫生、公共秩序等实施专业化的养护与管理,为居民生活提供规范化、高标准的专业服务,物业管理作为一种新型的房屋管理和人居环境建设模式开始进入人们的生活。

1985 年,深圳市设立住宅局,负责住宅建设与统一管理和协调深圳市物业管理工作,促进住宅管理向规范化、制度化、专业化方向发展。到 1988 年,由企业实施管理、由住宅局实施业务指导和监督的住宅区管理体制在深圳市已基本形成。1993 年 6 月30 日,深圳市物业管理协会成立,深圳市物业管理进入专业化新阶段。

1988 年深圳市政府颁布了《住宅区管理细则》;1994 年 6 月,深圳市人大颁布了全国第一部物业管理地方性法规《深圳经济特区住宅物业管理条例》。之后,深圳市政府及住宅局又有计划、有步骤地制定了 20 余个操作性强的配套细则和规章制度,构筑了深圳特区物业管理的法制基础,使物业管理能够按照较为完善的市场规则去运行、提高。

深圳市住宅局在 1992 年开始尝试将竞争机制引入物业管理市场,并在 1996 年后全面推行市场竞争,采取了系列措施完善物业管理市场竞争的程序、步骤、规则及监督措施,培育市场,规范市场。

法制化、专业化、市场化是深圳市物业管理成功的保证,为深圳市创建国际花园城市和人居环境建设的可持续发展奠定了坚实的基础。

3)中国内地物业管理的发展

（1）中国内地物业管理发展阶段

中国内地现代物业管理发展到现在经历了 3 个阶段:

第一阶段是探索和尝试阶段,从 20 世纪 80 年代初至 1994 年 3 月建设部发布 33 号令。这段时间主要是我国沿海地区和城市开始引进境外的一些专业物业管理模式,并根据自己的实际情况加以改造,专业化的物业管理处在探索阶段。

20 世纪 80 年代起,我国市场经济日趋活跃,城市建设事业迅速发展,房地产经营体制的改革步伐加快。在沿海开放城市和经济特区,尤其是深圳和广州,对旧的住宅管理体制进行改革,结合我国实际,大胆探索,在一些涉外商品房管理中,首先推行专业化的物业管理。1981 年 3 月 10 日,深圳市第一家物业服务企业的正式成立标志着我国住宅从此进入规范化、制度化、专业化的物业管理发展道路。

1989 年 9 月,建设部在大庆市召开了第一次全国住宅小区管理工作会议,正式把小区管理工作提到议事日程。在随后几年,建设部先后颁布了《关于在全国开展住宅小区管理试点工作的通知》、《全国文明住宅小区标准》、《全国城市文明小区达标考核办法》、《城市住宅小区综合验收管理办法》等一系列法规文件,为加强住宅小区管理提供依据。

1994 年 3 月,建设部颁布 33 号令《城市新建住宅小区管理办法》,明确指出:"住宅小区应当逐步推行社会化、专业化的管理模式,由物业管理企业统一实施专业化管理。"从而正式确立了我国物业管理的新体制和发展方向。

第二阶段是快速发展阶段,从 1994 年 3 月至 1999 年 5 月在深圳召开全国物业管理工作会议。这段时间我国住房体制改革全面展开,物业服务企业建立,从业人员培训和行业管理等有了长足进步。专业的物业管理已经被社会广泛接受,有无完善的物业管理成为人们选择物业的重要条件之一。

33 号令实施后,我国物业管理走上快速发展轨道,新建住宅小区普遍实行了专业化、企业化、社会化的物业管理模式。1995 年建设部要求把物业管理与城市管理体制改革配套工程结合起来;1996 年 2 月,国家计委、建设部联合颁布《城市住宅小区物业管理服务收费暂行办法》,使物业管理开始走向市场化。商业楼宇、综合写字楼等也越来越多地实行物业管理。

第三阶段是朝市场化、规范化、法制化发展阶段,从 1999 年 5 月至今。这段时间着重点是培育物业管理市场,建立竞争机制;加快和完善物业管理的规范化、法制化步伐。基本形成以公平竞争为核心,以社会、经济、环境效益的统一为目的,以规范化、法制化为内容,以创品牌、上规模为方向的物业管理格局。

1999 年 5 月,建设部在深圳特区召开了全国物业管理工作会议,会议总结以往的成功和经验,并提出了今后几年发展任务:建立业主委员会,发挥业主委员会的作用;推行招投标机制,引导扶植规模化经营,大力推进物业管理市场化的进程。

2003 年 6 月 8 日,国务院颁布了《物业管理条例》,2007 年 3 月 16 日,第十届全国人民代表大会第五次会议通过了《中华人民共和国物权法》,从而使我国物业管理活动全面纳入法制化发展道路。

(2)我国物业管理发展中的问题

物业管理行业在快速发展的过程中,也遇到诸多的困难和压力,暴露出一系列的问题和矛盾;行业公信受到质疑;相关主体矛盾频发;市场机制有待完善;执法困难没有解决;行业风险日益加剧。2006 年 9 月的北京美丽园事件就凸显出当前物业管理问题的严重。

(3)我国物业管理发展的对策

①加强物业管理法制建设和学习贯彻。尽管国务院《物业管理条例》已于 2003 年 9 月 1 日实施,但不能简单认为一部法规即可包打天下,应有更多的实施细则、办法等配套法律文件出台,加快物业管理法的立法工作,进一步完善物业管理法律体系,使物业管理的各项活动都有法可依。同时,也要加大物业管理法律宣传,使业主和物业服务企业都能依法行事。

②更新观念,提高服务质量。物业服务企业要更新观念,把"以人为本"的服务观念落实到整个物业管理当中去,不断改进服务质量,为业主和使用人提供更周到、更体贴的、优质的人性化服务。

③引进竞争,加快培育物业管理市场。市场经济是竞争的经济,只有竞争才能不断提高物业管理质量和服务水平,才能使物业管理行业充满生机和活力。要积极推进招投标方式选聘物业服务企业,实现物业管理市场朝有序化、规范化方向发展。

④加强对物业服务企业和从业人员的管理。与其他行业相比,物业管理具有较强的特殊性,它与居民生活密切相关。优质、完善的物业管理,取决于专业性强的物业服务企业和训练有素的从业人员。物业服务企业要积极创造条件,实施 ISO 9000 国际质量管理体系。对员工应定期或不定期进行专业培训,提升服务观念和服务技术。

⑤增加物业管理的科技水平。一个仍然停留在传统管理技术、管理手段的物业服务企业,不可能适应现代人和现代化物业的管理服务要求。要积极学习、不断更新,努力提高管理技术水平,使物业管理从劳动密集型向技术密集型转变。

(4)我国物业管理的发展趋势

物业管理在我国还属于一个新兴产业,困难和问题是前进、发展中的困难与问题,中国的物业管理发展潜力巨大。

①物业管理将与城市现代化发展融为一体。人居环境是一个国家城市发展规划的首要因素,也是一个国家政治、经济、文化、社会进步的综合反映。物业管理不仅要

介入房地产开发的全过程,更要介入城市发展规划,要与城市现代化发展规划的需求同步。广东省中山市获联合国最佳人居城市奖就是很好的例证。

②物业管理将走向品牌化、规模化。不同的物业有其不同的生命个性特征,不同的特征只有溶入不同的管理模式中,才能充分体现物业管理"以人为本"的真正内涵。上海万科城市花园的整个物业管理运作都围绕如何实现"城市花园"的鲜明个性特征而展开,使整个社区散发一种"品牌楼盘"的魅力,从而实现了品牌化管理,增强企业竞争力。

随着物业管理市场化的发展,那些管理技术先进、服务质量优秀和资金技术实力雄厚的物业服务企业可兼并管理和服务低下的企业,实现优胜劣汰,从而形成规模效益,更好地为业主和使用人提供优质服务。

③物业管理将进入智能化、健康化时代。科学进步,经济发展,要求物业规划科学化、配置智能化、环境园林化、空间功能化、管理专业化。物业管理不在仅局限于保洁、保安、绿化等方面,还要解决阳光、通风、降尘、降噪等环境生态问题,以实现人与自然和谐共存。如何运用先进技术手段进一步提高管理服务水平和质量,是每一个物业服务企业无法回避的问题。能否营造智能化、健康化的物业环境,将决定物业服务企业在物业管理市场发展的生命力。

1.2 物业的概念

1.2.1 物业及其类别

"物业"是香港地区人们对单元性房地产的称呼,随着我国改革开放,首先由香港传到深圳等沿海地区,后又在内地扩散。在英语中物业、房地产、不动产都由"Estate"或"Property"表示,其涵义包括财产、产业、个人的全部资产、地产等所有权,是一个较广义的范畴。20多年来,房地产和物业管理在我国有较大发展,人们对物业的认识基本统一。

物业是指已建成并投入使用的各类建筑物及相关的设施设备和场地。各类建筑物可以是住宅小区,也可以是写字楼、商业大厦、工业厂房、仓库等;相关设施设备和场地是指房屋内外的各类设备、市政设施、文化娱乐设施和与之相邻的场地、庭院、道路等。物业是房地产开发过程中的最终产品,也是物业管理的主体对象。

根据物业的用途不同,物业可分以下几种类型:

①居住物业,包括住宅小区、公寓、别墅等。

②商业物业,包括写字楼、百货商场、大型超市、酒店、宾馆、娱乐等。

③工业物业,包括工业厂房、仓库等。

④特种物业,包括学校、医院、车站、政府大楼、体育场馆等。

1.2.2　物业的特点

（1）位置的固定性

物业不论外形、结构、用途如何，它都依附于一定土地之上，通常情况下是不会移动的，具有固定性的特点。

（2）寿命的耐久性

物业不同于普通物品，一经建造完成，只要不故意损坏或意外损坏，一般可以使用数十年，甚至上百年以上的时间。

（3）功能的多样性

物业按使用功能可分为许多类型，即有住宅小区，又有写字楼、商业大厦、学校等，它们可满足人们对物业功能多方面的需要。

（4）价值的投资性

物业是土地与房屋构成的统一体，在房屋价格中包含土地的使用费。而土地具有稀缺性，城市的发展，会导致土地增值，从这一点来讲，物业具有投资价值。不过从市场经济角度讲，物业也同样有贬值的危险。

1.2.3　物业与房地产的关系

房地产是指土地和房屋以及附着于土地和房屋上不可分离的部分，包括土地和房屋作为物质存在的财产和由此形成的所有权、使用权、租赁权、抵押权等财产权益，它通常表现为房地产的开发、建设、流通、消费。物业是指建筑物及配套设施设备和场地，它与房地产在财产上所指乃同一对象。物业是房地产进入消费领域后的房地产产品，是房地产中的一个局部，是房地产的流通与服务环节。

物业与房地产既有本质上的联系，又有所区别。

（1）称谓领域不同

房地产指全部土地与房屋及因着于土地和房屋上不可分离的部分，而物业仅仅是房地产领域中单元性的房地产概念的别称。

（2）适用范围不同

房地产一般一个国家、地区或城市所拥有的房产和土地；物业多指一个单项房产、地产或一个独立的房地产公司（也称物业公司）。因此，从宏观角度看，不能用物业代替房地产业。

（3）概念外延不同

房地产包括房地产的投资开发、建造、销售、售后管理等整个过程。物业只是指房地产的交易、售后服务这一使用阶段。

1.2.4　健康住宅

21世纪,人类的生存环境和居住环境将朝生态型,可持续发展的方向演进。随着社会经济的发展和人们支付能力大大提高,物业的所有人和使用人在观念上已发生变化,他们不再仅注重自己物业的保值、增值,而是更加追求自己生活环境的质量,追求住宅的舒适、安全、卫生和健康。

健康住宅是指在符合住宅基本要求的基础上,突出健康要素,以人类居住与健康的可持续发展的理念满足居住者生理、心理和社会等多层次的需求,为居住者营造出健康、安全、舒适和环保的高品质的住宅和住区。

健康住宅的开发,要求住宅开发商与科研、设计、生产、施工等有关部门通力合作,依靠技术进步,做到:指标明确、操作性强;技术先进、造价适宜;保护环境,节约资源;实现人文、社会、环境和经济效益的统一。

健康住宅的标准主要涉及人居环境的健康性、自然环境的亲和性、居住环境的保护和健康环境的保障四大方面。

1.2.5　智能物业

智能化物业源于20世纪80年代初的美国,1984年1月,美国康涅狄格州的哈特福特市对一座金融大厦进行改造,楼内的空调、电梯、照明、防盗等设备采用计算机控制,利用网络为客户提供文字处理、电子邮件和情报资料等信息服务,该大厦公被认为是世界上第一座智能大厦。我国的智能化物业于20世纪90年代初起步,北京的发展大厦被认为是我国第一座智能大厦。

智能化物业是指运用以计算机技术为核心,包括通讯技术、电子技术在内的信息技术与现代建筑技术相结合,在建筑中嵌入各种自动化控制系统,多方位提供自动化应用功能的物业。这里的智能化物业包含了智能化写字楼、商场、住宅等。具有相当于住宅神经的家庭内网络、能够通过这种网络提供各种服务、能与地区社会等外部世界相连接是构成智能化住宅的3个基本条件。

智能化物业主要包括物业自动化系统(5A系统)和物业管理自动化系统(物业服务企业办公自动化和业务管理自动化)。

智能化住宅区是指利用现代4C(即计算机、通讯与网络、自控、IC卡)技术,通过有效的传输网络,将多元化的信息服务与管理、物业管理与安防、住宅智能化系统集成等高技术的智能化手段,提供于住宅小区的服务与管理,以期实现快捷高效的超值服务与管理和提供安全的家居环境,而成片开发的居民住宅区。

为了促进住宅建设的科技进步,提高住宅功能质量,采用先进适用的高新技术推动住宅产业现代化进程,建设部出台了《全国住宅小区智能化系统工程建设要点与技术导则》。其总体目标是:通过采用现代信息传输技术、网络技术和信息集成技术,进行精密设计、优化集成、精心建设和工程示范提高住宅高新技术的含量和居住环境水平,以适应 21 世纪现代生活的需求。

国家建设部将示范工程划分为普及型、提高型、超前型 3 个层次并制定有相应的技术要求。

1.2.6　节能型住宅

节能住宅指的是满足《夏热冬冷地区居住建筑节能设计标准》要求的住宅,通过提高建筑围护结构(外墙、屋面、外门窗和楼板)的热工性能,同时提高采暖、空调的能源利用效率,使节能住宅的耗能比普通住宅降低 50%,其中围护结构和采暖、空调的节能贡献率各约占 25%。

节能住宅,应是高效低耗、环保节能、健康舒适、生态平衡的高质量居住建筑,是今后住宅建筑的发展方向。建设部颁布的《民用建筑节能管理规定》指出,从 2007 年 1 月 1 日起,所有房地产开发企业都应当将所售商品住房的节能措施、围护结构、保温隔热性能指标等基本信息在销售现场显著位置予以公示,并在《住宅使用说明书》中予以载明。

1.3　物业管理的概念

1.3.1　物业管理的概念与性质

长期以来,对什么是物业管理争论较多,在理论界没有统一的定义,主要是在一些地方性法规和部门规章中加以规范。2003 年 9 月 1 日实施的国务院《物业管理条例》中对物业管理这样定义:"物业管理,是指业主通过选聘物业服务企业,由业主和物业服务企业按照物业服务合同约定,对房屋及配套的设施设备和相关场地进行维修、养护、管理,维护相关区域内的环境和秩序的活动。"

一般来讲,物业管理有下面几层涵义:

①实施物业服务的企业必须是具备一定资质的法人经济组织。

②物业管理是通过提供有偿物业服务来获取经济效益的。

③物业管理是以合同、契约为中介的委托管理。

④物业管理是通过对物业及其设施设备的管理来为业主和使用人服务的。

物业管理的客体是物业,服务的对象是业主和使用人,是集管理、服务、经营于一体的有偿劳动。所以,按行业划分,属于社会服务性行业范畴;依产业划分,属于第三产业。可见,物业管理的性质就是"服务性",寓管理于服务之中,在管理中服务,在服务中管理。

物业管理作为城市管理体制的重大改革,与传统的房地产管理相比,从观念上、管理模式上、管理内容上都有本质的区别。

①管理体制不同。传统房管是在计划经济体制下由政府或各部门、企事业单位采用行政手段直接进行福利型的封闭式管理,管理单位是终身制,是一种政府行政行为。而物业管理是市场经济体制下的企业行为,是经营型的、有偿的开放式管理。

②管理内容不同。传统的房管以收租养房(维修)为主要内容,内容单一。由于是福利型的低租金,收了租也养不起房,还需要政府大量的财政补贴。这样,盖的房越多,管的越多,包袱就越重,形成恶性循环。所以就造成许多房屋严重失修。而物业管理是通过以业养业,即对物业实行多功能、全方位、综合性、企业化的经营、管理与服务,不需要政府补贴,便可实现资金的良性循环。

③所管房屋的产权结构不同。传统房管的房屋产权单一,都是国家财产;而物业管理的物业产权多元,个人、国家、单位或境外人士都有。

④管理机制不同。传统房管是受国家指定管理,管理者按自身的意志管理用户,与用户是管理与被管理的关系。用户无法选择管理者,很少有监督权,更谈不上决策权,处于被动地位;而物业管理的情况是,业主有权通过市场选聘物业服务企业,企业也有权接受或不接受选聘,双方平等,是服务与被服务、委托与被委托的关系。

1.3.2　物业管理的基本内容

物业管理是属于第三产业的服务性行业,它是一项涉及范围相当广泛的多功能全方位的管理工作。从服务性质和提供的服务方式来看,物业管理内容通常可分为:常规性的公共服务和非公共性延伸服务。

1)常规性的公共服务

常规性的公共服务是为全体业主和使用人提供的经常性服务,是所有的住户都可以享受的,贯穿于物业管理始终,具体服务内容和要求一般在物业服务合同中明确规定。因此,物业服务企业有义务按时按质提供约定服务,业主在享受这些服务时不需事先提出或作出某种约定。

常规性的公共服务主要包括:房屋建筑主体管理,保持完好;房屋设施、设备管理,保证设施、设备正常使用;环境卫生管理,净化环境;绿化管理,提供宜人生态环境;治安管理,保障建筑区划安全、安静:消防管理,保持设备完好,有应急措施;车辆管理,车辆停放有序,道路安全畅通等。

2)非公共性延伸服务

非公共性延伸服务,是物业服务企业为满足建筑区划内业主更高的需求,利用物业辅助设施或物业管理的有利条件,为业主提供公共性服务以外的服务,是物业管理公共性服务范围的延伸。一般包括委托性的特约服务和针对性的专项服务,即特约性服务和兼营性服务。

（1）针对性的专项服务

针对性的专项服务是为某些有需要的业主和使用人提供的服务。该服务有一个特点是物业服务企业预先设立服务项目，并将服务内容、质量和收费予以公布，有需要的业主或使用人可自行选择。

（2）委托性的特约服务

委托性的特约服务是为了满足业主和使用人特别需要提供的个别服务。此类服务在物业管理委托合同中一般没有约定。该服务具有临时性、不固定性和选择性，如照顾孤寡老人等。

以上各类服务具有相互促进，相互补充的内在联系，第一类是基本工作，是物业服务企业必须做好的根本工作。第二类应采取灵活多样经营机制和服务方式，突出以人为本原则，搞好物业管理服务的各项工作，让业主、使用人更满意。

1.3.3　物业管理的阶段划分与基本环节

物业管理是一个完整的系统工程，从物业管理的策划阶段开始，经物业管理的前期准备和物业管理的启动阶段，最后到物业管理日常运作阶段，物业管理企业需要做艰苦的工作，分 4 个阶段共 13 个基本环节，其中任何一个环节都至关重要。

（1）物业管理的策划阶段

在此阶段有 3 个环节，物业服务企业首先要做的就是物业管理的总体策划（包括企业理念、品牌和形象的策划），通过物业管理的招投标策划来选择项目，并策划此项目的物业管理方案。

（2）物业管理的前期准备阶段

此阶段一般包括物业管理的早期介入、物业服务企业机构设置、人员选聘和培训、规章制度制定 4 个环节。

（3）物业管理启动阶段

物业管理启动阶段是从物业的承接验收开始到首次业主大会召开、成立业主委员会、重新签订物业服务合同时止。包括物业的承接验收、交房、产权备案和档案资料的建立、召开首次业主大会等 4 个环节。

（4）物业管理的日常运作阶段

此阶段由日常服务与管理、系统协调 2 个环节组成。日常服务与管理是指用户入住后，物业服务企业在实施物业管理中所做的各项工作。这是物业服务企业最经常、最持久、最基本的工作内容，也是物业服务企业管理水平和服务质量的集中体现。而系统的协调是指物业服务企业在开展物业管理活动中，必须正确、科学处理好与业主、业主大会和业主委员会的相互关系，处理好与政府主管部门、居委会等相关部门的相互关系，为物业管理活动创造良好的、协调的内、外部环境条件。

1.3.4　物业管理的特性

物业管理是与房地产开发相配套的综合性管理,其具有社会化、专业化、市场化、企业化的特性。

(1)社会化

物业管理是社会体系分工的组成部分,物业管理社会化它有两个基本含义:一是物业的业主需到社会上通过招投标等方式选聘物业服务企业;二是物业服务企业要到社会上去寻找可代管的物业。即物业管理既是多个产权单位、产权人的总管家;又是政府各管理职能部门的社会总代管。

(2)专业化

专业化就是要求物业服务企业应为业主和使用人提供专业化的管理及服务,只有专业化的服务,才会有高水平、高质量、高标准。因此物业服务企业要有专业的人员配备,要有专业的工具、设备,有健全的、科学的、规范的管理制度和程序,结合先进的管理方法和专业的维修养护技术实施的管理。也可将部分专业工作委托给专业服务公司,实现专业化、规模化经营,这样有利于物业服务企业降低成本,促进技术进步。

(3)市场化

物业管理市场化也就是在物业管理活动中引入市场竞争机制,实行双向选择,进行物业管理的招投标。中标物业服务企业与招标方签订物业管理服务合同,物业服务企业按合同约定提供专业化管理与服务,业主向物业服务企业支付等价的报酬。物业服务企业只有向业主提供优质服务,才能占领市场;业主享受到满意的服务,才会继续委托给物业服务企业实施管理。

(4)企业化

物业管理组织是企业组织,不是事业单位,也不具备政府行为职能,不能让物业服务企业成为政府的另一个居委会。物业管理的属性是经营,所提供的商品是服务,它推行的是有偿服务,合理收费,即经营性的服务。物业服务企业必须是按现代企业制度组建,自主经营,自负盈亏,自我发展。物业服务企业应依照物业管理市场的运行规则参与市场竞争,用管理业绩创建企业品牌。

1.3.5　物业管理的运作模式

物业管理的运作模式是指物业管理的运行机制与组织形式。我国物业管理的运作模式伴随改革进程先后经历了以下4种类型:

(1)行政福利型管理模式

这种管理模式是在计划经济体制下产生的,目前仍有存在。其特点是行政性管理、福利性分配,产权归国家、使用权归个人,按个人职务资历分配房屋。

（2）双轨共管型管理模式

这种管理模式是在计划经济向市场经济体制的转轨过程中出现的一种行政型专业化管理模式。一般使用于单位自买自建的自管房，其实质是行政性的管理组织和专业性的管理形式。目前这种模式也有少量存在。

（3）直管型专业化管理模式

即房地产开发商自己组建公司对所开发出售的物业进行管理，即所谓的母子公司模式。虽然公司注册了，但部分仍做不到独立法人和自主经营。

（4）市场型专业化管理模式

这是真正意义上的物业管理，物业的产权与管理权分离，是未来物业管理的主导模式，代表了市场的发展方向。

1.3.6　物业管理的宗旨和作用

1）物业管理的宗旨

物业管理是为物业所有人和使用人提供全方位、立体式的综合性管理和服务，其宗旨概括地讲就是"管理物业，服务业主"。通过物业管理使物业保持良好的运行状态，完善物业使用功能并促使物业的保值和增值；同时，通过物业管理服务，为业主和使用人营造一个能满足其偏好的舒适、安全而又宁静的生活、工作环境。物业管理属于服务行业，在物业管理全过程中要突出"服务"二字，寓管理于服务之中，在管理中服务，在服务中管理。

2）物业管理的作用

物业管理是顺应房地产开发的发展而产生的，通过多年实践，物业管理活动在维护物业功能，为业主提供舒适安全的服务等方面发挥着重要作用：

①物业管理可延长物业使用寿命，充分发挥物业使用价值，使物业得到有效保值和增值。物业建成后，会受到自然环境和人为因素的影响而造成物业不同程度的损坏。推行社会化、专业化的物业管理，确保物业在整个使用周期内功能的正常发挥，使物业的寿命延长。专业化的管理维护、更新改造等还可以提高物业品牌和企业品牌档次，即使在市场比较疲软的情况下，也能招徕顾客，实现物业的保值和增值。

②物业管理能够为物业的业主和使用人创造和保持一个安全、舒适、文明、和谐的生活与工作环境。物业是人们生活、工作、活动的基本场所，是人们休养生息的地方。物业管理的主要任务，就是通过对物业的管理，为业主和使用人服务，为他们创造并维持舒适安全、文明和谐的生活和工作环境。这是社会稳定和人民生活素质提高的重要前提和保证，也是社会公德建设的一个重要内容。

③物业管理有利于提高城市化、社会化和现代化水平。物业管理将分散的社会分工汇集起来，统一进行清洁卫生、治安保卫、园林绿化、水电保障和设施设备维修

等,每个业主或使用人只需面对一家物业服务企业,就能将有关物业和服务事宜办妥。同时也培养业主和使用人的社会意识,促进了城市管理的社会化、专业化和现代化,提高城市管理水平。

④物业管理可以拓宽劳动就业领域,增加就业机会。物业管理作为劳动密集型的服务行业,它涉及的范围很广,设施设备维修、治安保障、保洁绿化等需要大量劳动力,极大地拓宽了社会就业机会。可见,物业管理大大发展了第三产业,为解决城乡剩余劳动力提供了重要途径。

⑤物业管理有利于房地产开发和销售、租赁业务的发展。物业管理是房地产开发、建设、销售、租赁的延伸。鉴于房地产(物业)的固定性、使用期长的特点,业主和使用人在选购和租赁物业时,必然会关注该物业的物业管理水平。因此,良好的物业管理,将可以推动房地产的销售和租赁业务的发展。

1.4 物业管理服务标准及原则

1.4.1 物业管理服务标准

物业管理是服务领域的行业,它不同于一般的实物商品的生产业,所生产的是无形的服务产品,服务的好坏影响到业主和使用人生活、工作环境及物业服务企业的效益。严规范、高标准是提供优质服务和实现物业管理宗旨的保证。物业管理涉及的对象和范围相当广泛,物业的类型、用途差异很大,但物业管理服务的宗旨、目标、要求等大同小异。随着我国经济持续稳定的增长,物业的硬件条件得到很大的改善,人们开始对物业服务、工作生活环境等软件方面的物业管理服务有了更高的要求。目前我国还没有全面的、完整的、系统的物业管理服务标准,不过为了提高物业管理服务水平,督促物业服务企业提供质价相符的服务,引导业主正确评价物业管理企业服务质量,树立等价有偿的消费观念,促进物业管理规范发展,中国物业管理协会于2004年1月6日公布了《普通住宅小区物业管理服务等级标准》(试行)。该标准由基本要求、房屋管理、共用设施设备维修养护、协助维护公共秩序、保洁服务、绿化养护管理等六大项主要内容组成。根据普通住宅小区物业服务需求的不同情况,由高到低设定为一级、二级、三级3个等级,级别越高,表示物业服务标准越高。该标准主要内容如下:

(1)一级

签订规范物业服务合同,有完整房屋维修养护记录。设有服务接待中心,公示24小时电话。急修半小时内,其他报修按双方约定时间到达现场,有完整的报修、维修和回访记录。每年至少1次征询业主对物业服务的意见,满意率应达80%以上。小区主入口24小时站岗值勤,对重点区域、重点部位每1小时至少巡查1次,配有安全监控设施的实施 24 小时监控。高层按层、多层按幢设置垃圾桶,每日清运 2 次。垃圾袋装化,保持垃圾桶清洁、无异味。合理设置果壳箱或垃圾桶,每日清运 2 次。小区道路、广场、停车场、绿地等每日清扫 2 次,电梯厅、楼道每日清扫 2 次,每周拖洗 1 次。一层共用大厅每日拖洗 1 次,楼梯扶手每日擦洗 1 次,共用部位玻璃每周清洁 1 次,路灯、楼道灯每月清洁 1 次。及时清除道路积水、积雪。草坪生长良好,及时修剪和补栽补种,无杂草、杂物。

(2)二级

签订规范物业服务合同,有完整房屋维修养护记录。设有服务接待中心,公示 16 小时电话。急修 1 小时内,其他报修按双方约定时间到达现场,有完整的报修、维修和回访记录。每年至少 1 次征询业主对物业服务的意见,满意率应达 75% 以上。小区主入口 24 小时站岗值勤,对重点区域、重点部位每 2 小时至少巡查 1 次。按层按幢设置垃圾桶,每日清运 1 次。垃圾袋装化,保持垃圾桶清洁、无异味。小区道路、广场、停车场、绿地等每日清扫 1 次,电梯厅、楼道每日清扫 1 次,每半月拖洗 1 次。楼梯扶手每周擦洗 2 次,共用部位玻璃每月清洁 1 次,路灯、楼道灯每季清洁 1 次。及时清除道路积水、积雪。对草坪、花卉、绿篱、树木定期进行修剪、养护。

(3)三级

签订规范物业服务合同,有完整房屋维修养护记录。公示 8 小时电话。报修按双方约定时间到达现场,有报修、维修记录。每年至少 1 次征询业主对物业服务的意见,满意率 70% 以上。小区 24 小时值勤,对重点区域、重点部位每 3 小时至少巡查 1 次。小区设有垃圾收集点,生活垃圾每天清运 1 次。小区公共场所每日清扫 1 次,电梯厅、楼道每日清扫 1 次,共用部位玻璃每季清洁 1 次,路灯、楼道灯每半年清洁 1 次。定期清除绿地杂草、杂物。

1.4.2　物业管理服务原则

物业管理全过程中要突出"服务"两字,为业主和使用人提供多功能、全方位的管理服务,满足人们的需求,营造舒适环境。因此,物业管理服务应遵循以下几项基本原则:

(1)服务至上原则

物业管理的目的是要为业主和使用人提供一个舒适安全、方便整洁的工作和生活环境,服务是物业管理的本质。服务至上原则要求在物业管理活动中,树立为业主服务的思想,更新服务观念,增强服务意识,优化服务质量,为业主和使用人提供更细致、更周到、更体贴的人性化服务,让业主和使用人舒心、放心、安心。

(2)自觉管理与强制管理相结合原则

物业管理的好坏,全体业主和使用人也有责任。这需要所有业主增强自治意识和自律意识,共同参与管理,自觉地维护公众利益和公共环境。同时,业主组成较为复杂,他们来自不同地方,受教育程度不同,风俗习惯和文化,对服务的需求等都有所

不同,彼此关系错综复杂,矛盾冲突时有发生。为此,必须加强法制宣传教育,制定相应的规章制度,约束和规范业主行为,确保物业管理服务的健康发展。

（3）服务收费与服务质量相符原则

物业管理服务费用是物业服务企业资金最基本和稳定的来源,因此物业管理服务费的按时收缴,有利于企业良性运作,否则企业无法提供服务,也无法生存。但是物业管理服务收费标准必须对应相应的服务质量,根据不同的消费群体,提供不同的物业管理服务,收取不同的费用,物业服务企业不能只收费不服务或少服务。同时,公开服务项目、服务标准及收费标准,定期公布收支情况,接受业主监督。

（4）有限责任原则

物业管理服务涉及关系众多,一个建筑区划就是一个小"社会",政府主管部门、市政部门、公安部门、居委会等都与服务有关,如上户口、办理房产证、市政配套设施。物业服务企业不可能完全替代这些部门提供相应的服务,当然,物业服务企业应做好协调和配合工作。

（5）提高现代服务手段原则

面对日益现代化的物业,一个停留在传统管理技术、管理手段的物业管理企业,不可能适应现代人和现代化物业的管理服务要求。特别是当前宽带网络技术的迅速普及推广,为物业管理服务手段的革新提供了新的平台,网络化、智能化成为物业管理服务的基本手段。

1.5 物业管理市场

1.5.1 物业管理市场概述

关于市场的定义目前有许多概念,一般来说是指商品交换和商品买卖的总和,也就是商品交换的场所。物业管理是服务性行业,所出售的是无形的商品,核心是服务。这种管理服务同其他商品一样也具有价值和使用价值。

物业管理市场,是指出售和购买以物业为对象的管理服务这种无形劳动的场所和由此而引起交换关系的总和,也就是物业管理服务消费需求的总和。

物业管理市场与其他专业市场一样,由市场主体、市场客体、市场环境等方面组成。

（1）市场主体

市场主体是指直接在市场中进行交换的个人或组织,可分为供给主体和需求主体。供给主体是各类的物业管理机构,即通过合法手续取得物业管理经营资质的组织。如专业物业服务业、专项服务企业（保洁、保安、绿化等）。需求主体是物业的业主和使用人。

（2）市场客体

市场客体是在市场上用于交换或出售的对象。物业管理市场上的交换对象就是物业管理服务，是一种无形的商品。主要体现在 3 个方面：一是常规性的公共服务，保安保洁、环境绿化、设施维护等；二是针对性的专项服务，饮食、超市、健身美容等；三是委托性的特约服务，照顾老人等。

（3）市场环境

市场环境是在市场上保证交换进行的各类法律法规。市场秩序要由相应的法律法规来约束。针对物业管理市场法律法规主要有：与物业管理相关的各种专门性法律，如民法、经济法、合同法等；具体的有关物业管理的法规和政策，如物业管理条例、物业管理收费办法等；各类物业管理的契约或合同，如物业服务合同、管理规约等。

1.5.2　物业管理市场的特性

物业管理市场除了具有一般市场的特点外，还具有以下几个特性。

①交换对象的固定性。物业是建筑在土地之上的，具有不可移动性，它不同一般商品在交换时可进行空间上的移动。而物业是物业管理的载体，物业管理活动必须在一定的建筑区划内进行，为特定的业主和使用人提供服务。

②交换行为的约定性。在一般商品市场上，大多数商品是先交换后消费，并由此建立交换行为。但在物业管理市场上，确定交换行为是供求之间的一种事先约定。为了明确双方的责任、权利和义务，供求双方必须事先签订物业管理委托合同。

③交换内容的多样性。物业管理的对象范围相当广泛，物业管理提供的服务种类和内容比较多，也比较复杂。不同的物业类型，不同的业主和使用人他们需要的管理服务是不一样的，就是同一建筑区划内物业管理服务也是复杂多样的，如日常服务、特约服务、专项服务等。

④交换时间的延续性。一般的商品交换或服务与交换对象接触的时间短，大多数都是一次或数次。物业的使用周期较长，短的十几年，长的几十年，甚至上百年。物业管理服务不能像有形的商品一样被库存起来，需要周而复始持续供给。提供服务和接受服务都是相对长期而稳定的。

⑤交换过程的整体性。在商品或服务过程中，通常只强调商品或服务的某几项作用，如自行车的代步与锻炼、旅游的观光与休闲。物业管理的目的是为业主和使用人提供一个舒适、安全、方便、健康、优雅的生活和工作环境，这需要物业管理全方位、整体的管理服务。

1.5.3　物业管理市场的分类

我国物业管理经过 20 多年的发展，物业管理市场初具规模。可以从下面几个方面对物业管理市场进行分类。

按物业所处的地域来划分:如南方市场,北方市场。由于我国物业主要集中在经济比较发达的大中城市,所以常见的是按城市来划分。例如,北京市场、上海市场、广州市场、成都市场等。

按物业的等级来划分:如甲级写字楼市场、乙级写字楼市场、高档商品住宅市场、普通住宅市场等。这为物业管理市场确定管理服务等级、服务内容、制定服务收费标准提供了依据。

按物业的用途来划分,这是最常见的分类形式:

①居住物业管理市场,如住宅小区市场、公寓市场、别墅市场等。

②商业物业管理市场,如写字楼市场、商业中心市场、酒店市场等。

③工业物业管理市场,如工业厂房市场、仓库市场等。

④特殊物业管理市场,如学校市场、车站市场、体育场馆市场。

[案例分析]

张先生于2007年国庆节,在某小区购入房屋一套,并于当月入住。不久就感觉很不方便,如进出小区要出示业主证,自行车必须停放在指定地方,被子也不能在小区空地上随意晾晒,音响声大保安也要干预。张先生认为,物业服务企业是业主聘请来为业主服务的,为什么却又处处管着自己。

讨论:

1. 物业管理到底是管理还是服务?

2. 物业服务企业的做法是否违背物业管理宗旨?

复习思考题

1. 什么是物业?它有哪些特点?

2. 健康住宅的概念与健康住宅的标准是什么?

3. 智能物业的概念是什么?

4. 何谓物业管理?其内涵是什么?

5. 物业管理服务标准的主要内容有哪些?

6. 物业管理的作用和宗旨是什么?

7. 搞好物业管理服务,提高服务质量要注重什么原则?

8. 我国物业管理未来的发展趋势?

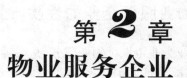

第2章 物业服务企业

《中华人民共和国物权法》第81条第1款规定："业主可以自行管理建筑物及其附属设施,也可以委托物业服务企业或者其他管理人管理。"本教材所讲的基本概念都是源自物业服务企业接受委托管理物业的情况。本章主要介绍物业服务企业的资质管理、组织构架、物业服务企业的权利、义务和人力资源管理。目的是使人们对物业服务企业有较全面的认识与了解。

2.1 物业服务企业的概念

2.1.1 物业服务企业及其特征

由于现代物业产权的多元化及建筑物共同产权的形成,需要社会化、专业化的企业进行专业化管理,并实行有偿服务,因而产生了专业管理公司——物业服务企业。

物业服务企业是指依法设立,具有物业管理资格,根据物业服务合同的约定为业主提供物业服务的企业。

物业服务企业具有以下4个特征:

①物业服务企业必须依法成立。物业服务企业应当是依据《公司法》等法律法规的规定成立,同时必须符合各项法律所规定的企业成立的条件和企业的资质条件。

②物业服务企业是法人企业。物业服务企业必须是企业法人,能够独立享有民事权利和独立承担民事义务。

③物业服务企业根据物业服务合同的约定提供物业服务。按照国务院《物业管理条例》第三十六条的规定,"物业服务企业应当按照物业服务合同的约定,提供相应的服务。"

④物业服务企业应当获得经济报酬。物业服务企业是一个经济实体,其所提供服务的直接受益者为建筑区划的全体业主,业主应当根据物业服务合同的约定交纳物业服务费用。业主与物业使用人约定由物业使用人交纳物业服务费用的,从其约定,业主负连带交纳责任。

2.1.2 物业服务企业的性质与类别

物业服务企业为业主提供物业服务,是一种以营利为目的经济组织,属于从事经营活动的市场主体,其性质仍属服务性企业。

物业服务企业的分类方法很多,主要有以下几种:

(1)以组建形式分类

从其组建形式可以分为公司制企业、合伙制企业和合作经营制企业。

①公司制企业,包括有限责任物业服务企业和股份制物业服务企业。

②合伙制企业,包括私营物业服务企业、合伙物业服务企业等。

③合作经营制企业,包括中外合作物业服务企业、中外合资物业服务企业。

(2)以投资来源分类

从其投资来源可以分为内资物业服务企业和外资物业服务企业。

(3)以内部运作机制分类

物业服务企业从其内部运作机制可以分为管理责任型物业服务企业、顾问型物业服务企业和综合型物业服务企业。

①管理责任型物业服务企业。这类企业除主要领导人和各专业管理部门技术骨干外,其他各项服务,如秩序维持、环卫维护、绿化维护等以合同形式交由社会上的专业化队伍承担。

②顾问型物业服务企业。这类企业由少量具有丰富物业管理服务经验的人员组成,不具体承担物业管理服务工作,而是以顾问的形式出现,收取顾问费。

③综合型物业服务企业。这类企业不仅直接从事物业管理服务,还提供物业顾问服务和物业中介服务等。

(4)以与物业权属关系分类

物业服务企业从其与物业权属关系可以分为合同约定服务型物业服务企业(又称委托服务型)和自主经营型(或租赁经营型)物业服务企业。

①合同约定服务型物业服务企业。这类企业受业主、业主大会的选聘,按物业服务合同约定提供物业服务,物业所有权与经营管理服务权是分开的。

②自主经营型物业服务企业。这类企业受上级公司指派管理自主开发的物业。物业所有权属上级公司或物业服务企业本身,通过经营管理收取租金(包括物业服务费在内),实现投资回报。物业所有权与经营管理服务权于一体,常见于商业大楼、办公写字楼等。

2.2 物业服务企业的设立

2.2.1 物业服务企业的设立条件

按照《中华人民共和国公司法》规定,物业服务企业设立须向工商行政管理部门进行注册登记,取得营业执照,方可开业。物业服务企业一般申请登记注册为有限责任公司或股份有限公司。

1) 有限责任公司制企业的设立条件

设立有限责任公司,应当具备下列条件:

①股东符合法定人数。股东符合法定人数是指股东一般应在 2 人以上 50 人以下,同时根据《中华人民共和国公司法》第二十条二款规定:"国家授权投资的机构或者国家授权的部门可以单独投资设立国有独资的有限责任公司"。

②股东出资达到法定资本最低限额。股东出资达到法定资本最低限额,即是根据《中华人民共和国公司法》第二十三条的规定,服务性的公司注册资本最低限额为人民币 10 万元。

③股东共同制定公司章程。有限责任公司制企业应由全体股东制定公司的章程。章程应当载明下列事项:名称和住所;经营范围;注册资本;股东的姓名或者名称;股东的权利和义务;股东的出资方式和出资额;股东转让出资的条件;企业的组织机构及其产生办法、职权、议事规则;法定代表人;解散与清算;其他事项。

④有公司名称,建立符合有限责任公司要求的组织机构。

⑤有固定的生产经营场所和必要的生产经营条件。

同时物业服务企业还要配备专业的管理人员和技术人员,建立健全物业管理制度。

2) 股份有限公司制企业的设立条件

设立股份有限公司,应当具备下列条件:

①发起人符合法定人数。《中华人民共和国公司法》第七十五条规定:"设立股份有限公司,应当有 5 人以上为发起人,其中须有过半数的发起人在中国境内有住所。国有企业改建为股份有限公司的,发起人可以少于 5 人,但应当采取募集设立方式。"

②发起人认缴和社会公开募集的股本达到法定资本最低限额。股份制物业服务企业的最低注册资本额为人民币 1 000 万元。

③股份发行、筹办事项符合法律规定。

④发起人制订公司章程,并经创立大会通过。股份制物业服务企业应当制订章程,其章程应当载明如下列事项:名称和住所;经营范围;设立方式;股份总数、每股金额和注册资本;发起人的姓名或者名称、认购的股份数;股东的权利和义务;董事会的组成、职权、任期和议事规则;法定代表人;监事会的组成、职权、任期和议事规则;利润分配办法;解散与清算;发布通知和公告的办法;其他事项。

⑤有公司名称,建立符合股份有限公司要求的组织机构。

⑥有固定的生产经营场所和必要的生产经营条件。

以上是物业服务企业按《公司法》的规定成立的条件,除以上的组织条件外,现阶段还必须符合如下的条件:

①有一定数额以上的持有房地产类、建筑工程或经营管理类中级以上资格证书的专业技术人员。

②企业负责人经专业培训并取得相应的岗位资格证书。

③物业服务企业必须取得资质合格证书。

我国现阶段对物业服务企业实行资质等级管理,没有取得物业管理资质证书的企业不得从事物业管理服务活动。

物业服务企业应当自领取企业营业执照之日起30日内,持营业执照复印件、专业技术人员的资格证书和聘用合同、省市物业管理行政主管部门规定的其他材料到所在地政府物业行政主管部门备案。

以上是内资物业服务企业的成立,外商投资物业服务企业无论是有限责任制还是股份制都应当符合外资企业的特别规定。随着经济的国际化发展,内资与外资企业的成立条件与待遇将会逐渐统一。

就目前来说,股份制物业服务企业在我国还不多见,但是随着物业管理制度的不断发展,股份制物业服务企业将逐步地壮大发展。物业服务企业不论采取的是有限责任公司制,还是股份公司的形式,其根本目的就是为了适应不断发展的物业管理制度。随着物业管理的不断进步与发展和对专业化物业管理需求的不断增加,物业管理集团制企业也开始在我国出现。集团制物业服务企业通过对其专业化物业管理资源的优化、组合、配置,更加具有市场竞争优势和为业主、物业使用人提供物业管理服务的专业性。

2.2.2　物业服务企业的设立程序

一般地,设立物业服务企业有以下程序:

1)可行性研究

物业服务企业是一个以营利为目的的经济组织,能否盈利是其生存和发展的关键。因此,设立物业服务企业之前,必须进行充分的论证和可行性研究,只有当设立物业服务企业具有现实的必要性、财务上的可行性、法律上又允许的情况下,才能着

手设立物业服务企业。否则,就会造成社会人力、物力和财力资源的浪费。一般有以下步骤:

①供求情况调查。在进行可行性研究时,首先,要针对物业管理市场的供求情况进行调查,对物业服务企业提供的物业管理服务的需求和供给进行分析和比较。需求调查包括:现有物业总量,每年增加的物业量以及对未来发展趋势的预测。供给调查的内容包括:现有物业公司的数量、规模和经营状况。如求大于供,且今后几年仍能维护现状,则建立可行。

②了解国家和政府有关法律和法规。任何一次可行性研究都不得与国家政策和法规相悖。对成立物业服务企业具备的条件也应进行分析,如国家和政府对物业服务企业注册资金、专业技术人员、注册及经营地点等的要求。

③编写可行性报告。主要内容包括:市场调查情况分析;自身所具备条件的分析;建立物业管理的前景预测;未来经济效益的分析;结论。

2)订立发起人协议

经过可行性分析,物业服务企业发起人应该签订发起人协议。对拟设立公司的基本情况作出意向性规定,并明确各方权利义务。发起人协议作为发起人在公司设立过程中权利义务约定的书面文件,是一份合伙协议。在公司设立前,发起人对设立费用及相关债务承担连带无限责任。

3)申请企业名称预先核准

根据《公司法》规定,设立物业服务企业,应当申请名称预先核准。

设立有限责任公司,应当由全体股东指定的代表或者共同委托的代理人向公司登记机关申请名称预先核准;设立股份有限公司,由全体发起人指定的代表或者共同委托的代理人申请名称预先核准。申请名称预先核准,应当提交下列文件:

①有限责任公司的全体股东或者股份有限公司的全体发起人签署的公司名称预先核准申请书。

②股东或者发起人的法人资格证明或者自然人的身份证明。

③公司登记机关要求提交的其他文件。

公司登记机关自收到前款所列文件之日起 10 日内作出核准或者驳回的决定。公司登记机关决定核准的,发给《企业名称预先核准通知书》。预先核准的公司名称保留期为 6 个月。预先核准的公司名称在保留期内,不得用于从事经营活动,不得转让。

4)出资验资、确立公司的组织机构

股东应当按照其在发起人协议以及公司章程中认购的出资额出资,这是股东对公司以及其他股东应尽的义务。股东以货币出资的,应当将货币出资足额存入准备设立的有限责任公司在银行开设的临时账户;以实物、工业产权、非专利技术或者土

地使用权出资的,应当办理其财产权的转移手续。

另外,对股东的出资必须经国家核准登记的注册会计师验证和出具证明。其中涉及国有资产的,应由国有资产管理部门确认产权归属。股东办理公司登记应当将现金出资一次足额存入公司的临时账户,并办理实物出资的转移手续。现金以外的其他形式的出资,由有关验资机关验证。如估价不当的,政府授权部门可以责令验资机构重新验资。

股东出资缴纳完毕后,应依法建立公司组织机构。股东只有确立了公司组织机构及公司高级管理人选后,才可申请设立登记。

5) 申请工商注册登记

物业服务企业营业前必须到工商行政管理部门注册登记。组建不同类型的物业服务企业,登记注册时应提交的文件不同。

(1) 外资物业服务企业的设立登记

外资物业服务企业向工商行政管理机关申请登记之前,先要经过对外经济贸易主管部门审批。对外经济贸易主管部门主要审查外资企业、中外合资企业、中外合作企业的经营目的、范围、资金和章程;合资企业合营各方签订的合营协议、合同、章程、合作企业中外合作者签订的协议、合同、章程等文件。审查机关一般在3个月内做出批准或不批准的决定。

外资物业服务企业接到对外经济贸易主管部门的批准证书之日起30日内,到工商行政管理机关申请营业登记。营业登记的主要事项有:名称、住所、经营范围、投资总额、注册资本、企业类别、董事长、副董事长、总经理、副总经理、经营期限、分支机构等。在登记时应向工商行政主管部门提交以下文件、证件:

①由董事长、副董事长签署的《外商投资企业申请登记表》。

②合同章程以及审批机关的批准文件和批准证书。

③项目建议书、可行性研究报告及其批准文件。

④投资者合法的开业证明。

⑤投资者的资信证明。

⑥董事会名单及董事会成员、总经理、副总经理的委派任职文件及上述人员的身份证明。

⑦其他有关文件证件。

(2) 内资物业管理有限责任公司与股份公司的设立登记

设立内资物业管理有限责任公司,应当由全体股东指定的代表或者共同委托的代理人向公司登记机关申请设立登记。申请时,向工商行政管理部门提交下列文件:

①公司董事长签署的设立登记申请书。

②全体股东指定代表或者共同委托代理人的证明。

③公司章程。

④具有法定资格的验资机构出具的验资证明。

⑤股东的法人资格证明或者自然人身份证明。

⑥载明公司董事、监事、经理的姓名、住所的文件以及有关委派、选举或者聘用的证明。

⑦公司法定代表人任职文件和身份证明。

⑧企业名称预先核准通知书。

⑨公司住所证明。

设立内资物业管理股份有限公司,董事会应当于创立大会结束后 30 日内向公司登记机关申请设立登记。应提交的文件与有限责任公司的①、③、④、⑥、⑦、⑧、⑨相同外,还应提交:国务院授权部门或者省、自治区、直辖市人民政府的批准文件;募集设立的股份有限公司还应当提交国务院证券管理部门的批准文件;创立大会的会议记录;筹办公司的财务审计报告;发起人的法人资格证明或者自然人身份证明。

公司登记机关收到申请人提交的符合规定的全部文件后,发给《公司登记受理通知书》。公司登记机关自发出《公司登记受理通知书》之日起 30 日内,做出核准登记或者不予登记的决定。公司登记机关核准登记的,自核准登记之日起 15 日内通知申请人,发给、换发或者收缴《企业法人营业执照》或者《营业执照》。公司登记机关不予登记的,自做出决定之日起 15 日内通知申请人,发给《公司登记驳回通知书》。

经公司登记机关核准设立登记并发给《企业法人营业执照》,物业服务企业即告成立,取得法人资格,具有权利能力和行为能力。

6) 申请税务登记、印章刻制、相关账户设立

物业服务企业在取得营业执照后,应在规定时限内持规定资料向税务部门办理税务登记,取得《税务登记证》。

同时,物业服务企业还应当持规定资料到公安管理部门办理企业印章刻制手续。物业服务企业还应当同时到银行管理部门办理企业相关账户设立手续。

7) 申请资质审核

由于国家对从事物业管理活动的企业实行资质管理制度。因此,物业服务企业在取得前述相关手续后,还应持规定资料向当地县级以上人民政府房地产行政主管部门申请办理物业服务企业资质审核手续,取得《物业服务企业资质证书》后,方可从事物业管理经营服务活动。

2.3　物业服务企业的资质管理

资质,根据"辞海"的释义,是指人的天资、禀赋,现在借用到物业公司的审批过程中,主要是为了界定、衡量这类公司具备或拥有的资金数量、专业人员、受委托管理规模等。物业服务企业的资质,是物业服务企业实力、规模和业绩的标志。

1999 年 10 月以前,物业服务企业的资质在全国尚未有统一的执行标准。深圳市将物业服务企业的资质分为甲、乙、丙级;上海市将物业服务企业的资质分为一、二、三级;四川省将物业服务企业的资质分为 A、B 两类。直至 1999 年 10 月国家建设部颁发了《物业管理企业资质管理试行办法》,全国才有了一个统一的执行标准。在不断总结工作的基础上,建设部又于 2004 年 2 月正式颁布了第 125 号令——《物业管理企业资质审批管理办法》。

2.3.1 物业服务企业资质等级管理

为了加强对物业服务企业的管理,维护物业管理市场秩序,根据建设部《物业管理企业资质审批管理办法》(建设部令第 125 号)规定,物业管理资质管理的主要内容手段、形式如下:物业服务企业资质等级分为一、二、三级;国务院建设主管部门负责一级物业服务企业资质证书的颁发和管理;省、自治区人民政府建设主管部门负责二级物业服务企业资质证书的颁发和管理;直辖市人民政府房地产主管部门负责二级和三级物业服务企业资质证书的颁发和管理,并接受国务院建设主管部门的指导和监督;设区的市人民政府房地产主管部门负责三级物业服务企业资质证书的颁发和管理,并接受省、自治区人民政府建设主管部门的指导和监督。

物业服务企业资质一级、二级、三级条件如下:

(1)一级资质

①注册资本人民币 500 万元以上。

②物业管理专业人员以及工程、管理、经济等相关专业类的专职管理和技术人员不少于 30 人。其中,具有中级以上职称的人员不少于 20 人,工程、财务等业务负责人具有相应专业中级以上职称。

③物业管理专业人员按照国家有关规定取得职业资格证书。

④管理 2 种类型以上物业,并且管理各类物业的房屋建筑面积分别占下列相应计算基数的百分比之和不低于 100% :

a. 多层住宅 200 万 m^2 ;

b. 高层住宅 100 万 m^2 ;

c. 独立式住宅(别墅)15 万 m^2 ;

d. 办公楼、工业厂房及其他物业 50 万 m^2 。

⑤建立并严格执行服务质量、服务收费等企业管理制度和标准,建立企业信用档案系统,有优良的经营管理业绩。

(2)二级资质

①注册资本人民币 300 万元以上。

②物业管理专业人员以及工程、管理、经济等相关专业类的专职管理和技术人员不少于 20 人。其中,具有中级以上职称的人员不少于 10 人,工程、财务等业务负责人具有相应专业中级以上职称。

③物业管理专业人员按照国家有关规定取得职业资格证书。

④管理 2 种类型以上物业,并且管理各类物业的房屋建筑面积分别占下列相应计算基数的百分比之和不低于 100% :

a. 多层住宅 100 万 m²;

b. 高层住宅 50 万 m²;

c. 独立式住宅(别墅)8 万 m²;

d. 办公楼、工业厂房及其他物业 20 万 m²。

⑤建立并严格执行服务质量、服务收费等企业管理制度和标准,建立企业信用档案系统,有良好的经营管理业绩。

(3)三级资质

①注册资本人民币 50 万元以上。

②物业管理专业人员以及工程、管理、经济等相关专业类的专职管理和技术人员不少于 10 人。其中,具有中级以上职称的人员不少于 5 人,工程、财务等业务负责人具有相应专业中级以上职称。

③物业管理专业人员按照国家有关规定取得职业资格证书。

④有委托的物业管理项目。

⑤建立并严格执行服务质量、服务收费等企业管理制度和标准,建立企业信用档案系统。

新设立的物业服务企业,其资质等级按照最低等级核定,并设 1 年的暂定期。

一级资质物业服务企业可以承接各种物业管理项目;二级资质物业服务企业可以承接 30 万 m² 以下的住宅项目和 8 万 m² 以下的非住宅项目的物业管理业务;三级资质物业服务企业可以承接 20 万 m² 以下住宅项目和 5 万 m² 以下的非住宅项目的物业管理业务。

2.3.2　物业服务企业资质的申报和审批

物业服务企业申报资质等级时应当提交下列资料:

a. 企业资质等级申请表;

b. 营业执照;

c. 企业资质证书正、副本;

d. 物业管理人员的职业资格证书和劳动合同,管理和技术人员的职称证书和劳动合同,工程、财务负责人的职称证书和劳动合同;

e. 物业服务合同复印件;

f. 物业管理业绩材料。

资质审批部门收到申请审批物业服务企业资质报告和准备齐全的资料后,应当自受理申请之日起 20 个工作日内,对符合相应资质等级条件的企业核发资质证书;一级资质审批前,应当由省、自治区人民政府建设主管部门或者直辖市人民政府房地产主管部门审查,审查期限为 20 个工作日。设立物业管理资质审批制度,有利于树立物业管理的执业规范。对于资质审批部门,可以规范物业服务企业的经营范围;对于物业管理行业,有利于加强行业管理;对于物业服务企业来说,有利于提高企业的管理、经营和服务,在物业服务企业建立之初就规范其管理服务行为。资质证书分为正本和副本,由国务院建设主管部门统一印制,正、副本具有同等法律效力。

物业服务企业申请核定资质等级,在申请之日前一年内有下列行为之一的,资质审批部门不予批准:

①聘用未取得物业管理职业资格证书的人员从事物业管理活动的。

②将一个建筑区划内的全部物业管理业务一并委托给他人的。

③挪用专项维修资金的。

④擅自改变物业管理用房用途的。

⑤擅自改变建筑区划内按照规划建设的公共建筑和共用设施用途的。

⑥擅自占用、挖掘建筑区划内道路、场地,损害业主共同利益的。

⑦擅自利用物业共有部分进行经营的。

⑧物业服务合同终止时,不按规定移交物业管理用房和有关资料的。

⑨与物业管理招标人或者其他物业管理投标人相互串通,以不正当手段谋取中标的。

⑩履行物业服务合同,业主投诉较多,经查证属实的。

⑪越资质等级承接物业管理业务的。

⑫租、出借、转让资质证书的。

⑬发生重大责任事故的。

物业服务企业资质实行年检制度,各资质等级物业服务企业的年检由相应资质审批部门负责。符合原定资质等级条件的,物业服务企业的资质年检结论为合格。不符合原定资质等级条件的,物业服务企业的资质年检结论为不合格,原资质审批部门应当注销其资质证书,由相应资质审批部门重新核定其资质等级。资质审批部门应当将物业服务企业资质年检结果向社会公布。

物业服务企业超越资质等级承接物业管理业务的,由县级以上地方人民政府房地产主管部门予以警告,责令限期改正,并处 1 万元以上 3 万元以下的罚款。

物业服务企业无正当理由不参加资质年检的,由资质审批部门责令其限期改正,可处 1 万元以上 3 万元以下的罚款。

物业服务企业出租、出借、转让资质证书的,由县级以上地方人民政府房地产主管部门予以警告,责令限期改正,并处 1 万元以上 3 万元以下的罚款。

物业服务企业不按照《物业管理企业资质管理办法》的规定及时办理资质变更手续的,由县级以上地方人民政府房地产主管部门责令限期改正,可处 2 万元以下的罚款。

2.4 物业服务企业的组织形式和职位说明书

2.4.1 物业服务企业的组织形式

组织形式(又称组织结构形式)是组织结构设置的具体模式。在组织的发展过程中,形成了不同的组织形式。具有典型意义的组织形式主要有:直线制组织结构、职能制组织结构、事业部制组织结构、矩阵制组织结构。这些组织形式虽然具有典型模式意义,但是,不同的组织在采用组织形式时,必须切实把握自己的特点和实际状况,并根据组织发展的要求,采用不同的组织形式。因此,物业服务企业应根据所管物业的类型、范围、数量和企业自身的人力、物力、财力等实际情况,选择与之相适宜的组织形式。一般采用直线制、职能制、直线职能制、事业部制。下面结合物业管理的实际予以分别概述。

1) 直线制

这是最早的一种企业管理组织形式。它的特点是企业领导者亲自执行全部管理职能,按垂直系统直接领导,不设专门职能机构,只设职能人员协助主管人工作。这种组织形式适用于小型物业管理项目,如图 2.1 所示。

直线制的优点是命令统一,指挥及时、责权分明;缺点是要求领导者通晓各种专业知识、技能,亲自处理许多具体业务,结构不够灵活,不适应大范围的管理。

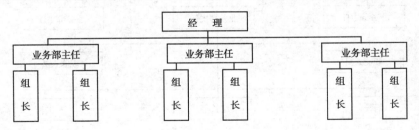

图 2.1 直线制物业管理组织形式

2) 职能制

这是在直线制组织形式基础上为各级领导者相应地设置职能机构或专职人员,以使他们能在各自职权范围内有权直接指挥下属部门,又能协助领导工作。这种组织形式适于单个、中等规模管理服务项目的企业,如图 2.2 所示。

职能制的优点是能适应物业管理复杂的特点,减轻领导者的工作负担;其缺点是容易造成多头指挥,不利于健全责任制。

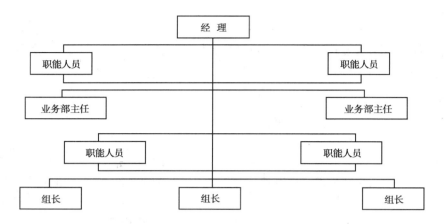

图 2.2　职能制物业管理组织形式

3）直线职能制

这是在直线制和职能制的基础上,把垂直指挥职能与职能部门的专业管理职能相结合的一种组织形式,即保持直线的统一领导和指挥,又发挥职能部门的职能作用,它的特点是为各层领导者设置职能机构人员,充当同级领导的参谋或助手,但对下级没有指挥的权利,如图2.3所示。

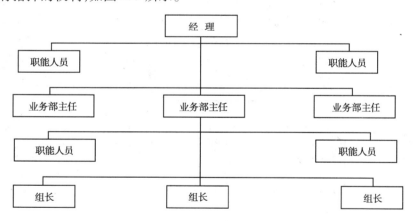

图 2.3　直线职能制物业管理组织形式

优点是各级领导人员都有相应的职能人员作参谋或助手,因而能对本部门的管理、技术、经济活动进行有效的指挥,而每一个部门都由领导人员统一领导和指挥,可以满足企业经营、管理活动的统一指挥和实行严格责任制度的要求。它适合于中等规模的企业,也是目前较多企业采用的组织形式。

4）事业部制

所谓事业部制,是原来西方国家为了管理产品种类复杂,各类产品又差别很大的大型联合公司所采用的一种介于总公司和工厂之间,相当于总公司与分公司的这样一种组织形式。大公司将公司所属的分公司,根据商品经济内在的联系,分别按产品大类或地区组织事业部,实行集中决策指导下的分散经营,统管所属产品的生产、销售或采购和销售等全部活动。一个特大型的总公司,属于一个大财团,在总公司之下还要设立若干执行部(或称超事业部),每个执行部又负责若干个事业部,总公司只掌管战略决策,规定经营方针、销售额、利润额,统一调度资金等。总公司是职能机构只是参谋部门,他们为事业部提供资料、决策和方案。如图2.4所示。

这种管理机构的组织形式是按照"集中决策、分散经营"的原则,把企业的管理、经营活动,按大类地区或地区建立事业部。实行总公司决策,事业部在总公司领导下,实行独立核算、独立经营,每个事业部都是实行企业目标的基本经营管理单位。其优点是有利于企业最高领导层摆脱日常事务,集中精力做好战略决策和规划,能加强各事业部领导人的责任心,调动他们搞好管理、经营活动的积极性和主动性。一般地,企业规模大、物业种类多、经营业务复杂多样的大型综合物业服务企业,可以采用这种组织形式。

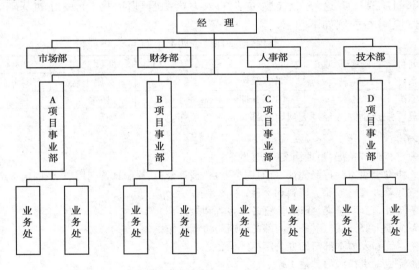

图2.4　事业部制物业管理组织形式

2.4.2　职位说明书

企业光有组织结构还不够,还不能有效地解决企业管理者在管理中常遇到的问题,如:员工不知道自己该做什么,不该做什么;工作内容与角色发生冲突;工作职责与权利重叠,工作内容重复;不合适、不合理、不一致的薪酬计划;招聘与工作内容不符的员工;不合适的工作培训;绩效考核缺乏依据,激励机制难以到位等。因此,还必须认真设计企业组织的职位说明书。

优秀的职位说明书,一方面对提高企业人力资源管理的效率非常关键,它能使企业不同层面的工作人员了解自己的工作内容、目标与职责,集中精力做好本职工作,从而大幅度地提高员工的工作效率;另一方面,它是绩效管理的基础,没有职位说明书就很难有效地进行绩效评价。

所谓职务说明书,并非是对现有职位的一种机械的、事无巨细的描述,而是应当围绕职位存在的目的,来对职位上的人所应当承担的工作任务进行归类、提炼以及总结,概括为1～8项左右的职责范围;然后,在每一项职位范围之下,再对于一些重要的工作任务进行描述,使得不是承担这一工作的人也能了解这一职位的主要职位范围及其重要工作任务。职务说明书的内容通常包括:a.职位名称、职位代码、所属部门、职等职级、直属上级、直接下属、间接下属、晋升方向等;b.介绍职位概要和工作内容;c.交代职位上的人所应当具备的任职资格(教育背景、培训经历、技能技巧、态度等);d.工作条件。优秀的职位说明书还交代出每一项工作职责在职位承担者的总工作时间中所占的百分比以及职位的关键绩效指标,还有一些职位说明书甚至连本职位所面临的最主要挑战以及工作难点也加以交代。

物业服务企业的领导者必须对编制职位说明书的重要性有充分的认识,鼓励人力资源部门认真完成这一工作,为企业的人力资源管理活动打下良好的基础。

职位说明书示例如下:

财务助理职位说明书示例

职位名称	财务助理	职位代码		所属部门	财务部
职系		职等职级		直属上级	财务经理
薪金标准		填写日期		核准人	
职务概要	协助财务经理完成财务部日常事务工作。				
工作内容: ____% 审核财务单据,整理档案,管理发票; ____% 协助上级审核记账凭证、核对调整账目、预算分析、控制日常费用、管理固定资产; ____% 起草处理财务相关资料和文件; ____% 统计、打印、呈交、登记、保管各类报表和报告; ____% 协助上级开展与财务部内部的沟通与协调工作; ____% 保管和发放本部门的办公用品及设备; ____% 完成上级指派的其他工作。					
任职资格	教育背景	会计、财务或相关专业大专以上学历			
	培训经历	受过管理学、经济法、公司产品知识等方面的培训			
	经验	两年以上财务管理工作经验,有中级会计师以上职称			
	技能技巧	具有一定的账务处理及财务管理经验; 熟悉国际和国内会计准则以及相关的财务、税务、审计法规、政策; 熟练应用财务软件和办公软件; 良好的中英文口头及书面表达能力。			
	态度	责任心强,作风严谨,工作认真,有较强的人际沟通与协调能力; 有良好的纪律性、团队合作以及开拓创新精神。			

工作条件	工作场所	办公室		
	环境状况	舒适		
	危险性	基本无危险,无职业病危险		
直接下属			间接下属	
晋升方向			轮换岗位	

注:"__%"指每一项工作职责在职位承担者的总工作时间中所占的百分比。企业根据自己的情况,自行填写。

2.5 物业服务企业的机构职能设置

2.5.1 物业服务企业的机构职能设置原则

物业服务企业的设置管理机构,应从实际出发,根据企业的组织形式不同、企业规模大小不同、管理类型的不同和管理内容的不同来设置,并应遵循物业管理的社会化、专业化、企业型的要求。因为合理设置各职能部门,是物业管理的工作顺利开展的基本保障。在组织机构设置时,应遵循以下几个主要原则:

(1)统一领导,分级管理原则

物业服务企业大的方针政策制定及重大决策权应该集中在高层领导中,而日常经营管理权应逐级下放。只有统一领导,才能保证各项工作的协调进行和总的目标实现;只有实行分级管理,才能充分发挥各级管理人员的积极性和主动性。同时,公司的领导才有更多的时间和精力去考虑企业的重要决策。

(2)精干、高效原则

物业服务企业是实施市场经济体制下的现代化管理的新兴行业组织,不能沿袭计划经济体制下的传统房地产管理的机构设置方式,应根据所管物业的规模、特点灵活设置。岗位设置和职能安排即要分工明确,又要注意各部门之间的衔接配合,因事设岗,以岗定人,也就是说,职责在先,组织在后;岗位在先,配人在后,最大限度减少冗员,使企业的人力、物力、财力资源得到优化高效的配置,建立一个以最少人力资源而能达到最高运作的组织机构。

(3)服从管理、服务、经营需要的原则

物业服务企业机构设置一方面要根据现代化、企业化、社会化生产的需要;另一方面,还必须服从物业服务企业管理、服务、经营的实际需要。其一,无论是引进英国、美国模式,还是引进新加坡、日本模式,都必须符合中国国情,否则会给操作带来矛盾,其二,我国疆域广阔,地理环境和经济发展水平差距悬殊,其管理机构的设置也不能千篇一律,而每一栋写字楼、每一个住宅小区的面积与功能也都不一样,管理机构的设置也应有所区别。

(4)权责对应原则

物业服务企业的权利和责任应该是对等的,权利是完成工作的必要条件,因此,进行专业分工时,委以责任必须同时委以完成任务必需的权利,有权无责,不仅不能调动员工完成工作的积极性,而且使工作责任制形同虚设,必然造成官僚主义,使企业的管理目标无法实现。

2.5.2 物业服务企业的主要机构职能

物业服务企业岗位职责是物业服务企业自律性的规章制度,它规定了物业服务企业内部各职能部门和各类人员的职责范围,既体现了企业素质,又能为业主提供良好的服务,为人们创造一个幽静、舒适、安全、方便的工作和生活环境。物业服务企业实行总经理负责制,一般情况下可设 5 部 1 室,即办公室、财务部、工程部、秩序维护部、综合经营管理部、客户服务部。其各自的主要职能分别为:

1)总经理

①贯彻落实董事会决议、决定,全面负责企业的领导与管理工作。

②负责主持总经理办公会议职权内的各种工作事务,督促企业各方面工作的顺利进行。

③负责组织、编制企业年度、季度财务预算,做好财务审核、监督。

④负责企业重要的公关和重点接待工作,处理重大事务和活动安排。

⑤负责企业下属人员的录用、任命、晋升、奖惩、辞退等工作。

⑥完成董事会授权交办的其他工作,并对其结果负责。

2)办公室

①建立健全行政管理运作制度,并监督企业各项规章制度的贯彻、执行。

②负责企业的人事行政管理、产权产籍管理、档案资料管理、员工培训等工作。

③组织编制办公用品和劳保用品的计划。

④协调企业各部门之间的工作。

⑤负责组织社区文化活动的开展。

3)财务部

①依据国家的有关法规、政策、文件,建立健全企业会计核算制度、财务管理制度及操作程序。

②监督企业资金运行状况,定期做出财务分析报告,为总经理决策提供财务依据。

③组织拟订物业管理各项费用标准的预算方案。

④审核控制各项费用的支出,杜绝浪费。

⑤负责各类收费工作。

⑥负责与财务、税务、工商、银行等部门和客户的沟通联络。

4)秩序维护部

①建立健全建筑区划内公共秩序的组织机构。

②制定和完善建筑区划内公共秩序维护的岗位责任制。

③负责建筑区划内公共秩序的维护。

④做好建筑区划内的安全防范工作、消防工作。

⑤做好保安人员的配备和培训工作。

5)工程部

①负责建筑区划内的房屋建筑附属设施、共用设施、设备的修缮管理。

②做好房屋本体完好状况、设施设备的安全运行。

③做好住户自用设施的特约有偿维修服务。

④负责监督检查房屋装饰装修管理工作。

⑤负责工程前期介入。

6)客户服务部

①负责受理住户咨询、投诉、回访及住户需求信息传达。

②负责管理区域内卫生保洁、环境美化,水、电、气抄表,礼仪等服务。

③负责工程部责任以外的住户特殊需求服务。

④负责建筑区划年度服务满意率的调查。

7)综合经营服务部

①负责策划和从事各种经营服务项目。

②利用管理区域内设施、商业网点、会所等开展便民综合经营服务。

③负责物业的租赁工作。

④负责商业信息的整理工作。

⑤负责市场拓展工作。

综合经营服务部的工作是提高物业服务企业经济效益的重要环节,即为住户提供方便,又为企业增加经营性收入。物业服务企业在实施物业管理服务时,必须做好最基本的管理服务,同时,应根据自身的能力和住用人的需求,不断拓展业务的深度和宽度,采取灵活多样的经营机制和服务方式,以人为核心做好物业管理的综合经营服务工作。

2.6 物业服务企业的权利义务

2.6.1 权利义务概述

1)权利与义务的概念

从权利的法律功能和社会价值的角度来说,权利是规定或隐含在法律规范中、实现于法律关系中的、主体以相对自由的作为或不作为的方式获得利益的一种手段。而义务则是设定或隐含在法律规范中、实现于法律关系中的、主体以相对受动的作为或不作为的方式保障权利主体获得利益的一种约束手段。

2)权利与义务的关系

①结构上的相关关系。权利与义务是相互关联的,即对立统一的。权利与义务一个表征利益,另一个表征负担;一个是主动的,另一个是受动的。没有无义务的权利,也没有无权利的义务。权利与义务一方如果不存在了,另一方也不能存在。

②数量上的等值关系。权利与义务在数量上是等值的,且权利义务互相包含,权利的范围就是义务的界限,义务的范围就是权利的界限。

③功能上的互补关系。权利直接体现法律的价值目标,义务保障价值目标和权利的实施。权利提供不确定的指引,义务提供确定的指引,权利总是与某种有利的、至少一般来说不是人们不希望的后果的归结相连,而义务总是与某种不利的、或一般来说人们不希望发生的后果归结相连;权利以其特有的利益导向和激励机制而更有助于实现自由,义务以其强制某些积极行为发生、防范某些消极行为出现的特有机制而更有助于建立秩序。由于自由和秩序都是社会的基本价值目标,因而权利与义务对一个社会来说都是必需的。

④价值意义上的主次关系。社会成员皆为法律上平等的权利主体,法律设定义务的目的在于保障权利的实现,权利是目的,而义务则是手段,权利是义务存在的依据和意义;在法律没有明确禁止或强制的情况下,可以作出权利推定;法律的力量仅限于禁止每一个损害别人的权利,而不能禁止他行使自己的权利。

2.6.2 物业服务企业的权利

依照国务院《物业管理条例》规定,物业服务企业在物业管理活动中,享有以下权利:

①参与和资质要求相对应的物业管理招投标的权利。

②承接物业时,对物业共有部分进行查验,并按规定接管相关资料的权利。

③根据物业服务合同约定,对物业实施管理经营服务的权利。

④根据法规、规章、政策的规定、物业服务合同与委托合同的约定,收取物业服务等费用的权利。

⑤可以将建筑区划内的专项服务业务委托给专业性服务企业的权利。

⑥可以根据业主的委托提供物业服务合同约定以外的服务项目,可以接受水气视讯等公用事业单位的委托,提供水电气视讯等公用事业费用的代收服务的权利。

⑦与相关委托人在合同中约定相关费用、报酬的权利。

⑧对建筑区划内违反有关治安、环保、物业装饰装修和使用等方面法律法规规定的行为,予以制止的权利。

⑨协助做好建筑区划内安全防范工作的权利。

⑩向物业管理主管部门投诉物业管理活动中相关事项的权利。

⑪根据相关法规、规章的规定、房屋装饰装修管理服务协议,监督房屋装饰装修的权利。

⑫经业主、业主大会同意,可以利用物业共有部分进行经营的权利。

⑬法律法规规定的或物业服务合同约定的其他权利。

物业服务企业的权利应主要来源于法律法规规定、物业服务合同的约定,物业服务企业的权利行使必须以物业服务合同的约定或业主大会的授权为依据。

2.6.3　物业服务企业的义务

依照国务院《物业管理条例》的规定,物业服务企业的义务主要有:

①按照物业服务合同的约定,提供相应服务的义务。

②物业服务合同终止时,应将物业管理用房和承接物业时所接管的相关资料,移交给业主委员会的义务。

③物业服务合同终止时,业主大会选聘了新的物业服务企业的,物业服务企业之间做好交接工作的义务。

④不得随意改变物业管理用房用途的义务。

⑤不得将建筑区划内的全部物业管理一并委托给他人的义务。

⑥接受水电气视讯等公用事业单位委托代收相关费用的,不得向业主收取手续费等额外费用的义务。

⑦在制止建筑区划内违反有关治安、环保、物业装饰装修和使用等方面法律、法规规定的行为时,有及时向有关行政管理部门报告的义务。

⑧协助做好建筑区划的安全防范工作。发生安全事故时,在采取应急措施的同时,应及时向有关行政管理部门报告,协助做好救助工作的义务。

⑨确需改变公共建筑和共用设施用途的,有提请业主大会讨论决定同意的义务。

⑩因维修物业或者公共利益,确需临时占用、挖掘道路、场地的,应征得业主委员

会同意的义务。

⑪将房屋装饰装修中的禁止行为和注意事项告知业主的义务。

⑫法律法规规定的或物业服务合同约定的其他义务。

2.7　物业服务企业的人力资源管理

任何一个企业的经济活动,都不能缺人、财、物这三个基本要素。无论是对财的管理还是对物的管理,都是以人为主体和由人来进行的,人是一切社会活动的主体,是众多资源中最重要、最宝贵的资源,对人力资源的管理始终是企业管理的核心。物业管理行业属于第三产业即服务性的行业,提供的是无形产品,按照物业服务合同,为业主、使用人提供各项满意的服务,而这一切取决于服务者的能力和素质,也即取决于物业服务企业人力资源的有效管理,所以,做好人力资源的管理是物业服务企业搞好其他各项管理工作的基础。因此,人力资源管理是一个人力资源的获取、整合、保持激励、控制调整及开发的过程。通俗地说,人力资源管理主要包括求才、用才、育才、激才、留才等内容和工作任务。

物业服务企业主要根据所管物业的规模、类型、档次和物业服务企业的实际情况,确立公司组织,工作分析,制订人力资源计划,做好员工的定编、定岗、定任务,人力资源的招聘与配置,雇佣管理与劳资关系,入企教育与培训和发展,绩效考评,帮助员工的职业生涯发展,员工工资报酬与福利保障,建立员工档案等。现将物业服务企业人力资源管理的几个基本工作内容简述如下。

2.7.1　工作分析

工作分析,又叫职务分析或岗位分析,它是物业服务企业的人力资源管理中一项重要的常规性技术,是整个人力资源管理工作的基础。它是借助于一定的分析手段,确定工作的性质、结构、要求等基本因素的活动。工作分析对于物业服务企业选拔和任用合格的人员、制订有效的人事预测方案和人事计划、设计积极的人员培训和开发方案、提供考核、升职和作业的标准、提高工作和生产效率、建立先进、合理的工作定额和报酬制度、改善工作和环境等工作具有非常重要的作用。

2.7.2　员工招聘

在工作分析的基础上,首先确定企业的组织形式、组织机构设置和职务说明书,然后就是员工招聘。物业服务企业的员工招聘是按照企业经营战略规划及人力资源规划的要求把优秀、合适的人招聘进企业,把合适的人放在合适的岗位。只有选聘到合格的人才,才能在进一步培训的基础上建设一流的员工队伍。

1) 员工招聘途径

员工招聘主要可以通过下列途径：

①内部招聘：这种方式可更好地用人所长，有利于激励士气，更好地调动和激发员工的工作积极性。

②媒体招聘：充分利用媒体招聘，影响面宽，求职人多，对招聘非技术工种的新员工非常有效。

③通过人才市场招聘：通过比较成熟的劳动人才市场，容易招聘到清洁工等服务人员。

④通过大、中专学院招聘：国家教委已批准有关院校增设物业管理专业，通过3年或4年的专业理论学习，培养出一代新型的高级物业管理人才。

2) 物业服务企业的员工招聘与录用步骤

物业服务企业的员工招聘与录用工作，大致可以分为以下几个步骤：

①人力需求诊断。

②制订招聘计划。

③员工招聘与录用。

④招聘测试与面试，包括组织各种形式的考试和测验，确定参加面试的人选，发布面试的人选，发布面试通知和进行面试前的准备工作，面试过程的实施，分析和评价面试结果，确定最后的录用人选，面试结果的反馈，面试资料存档。

⑤录用人员的岗前培训。

⑥试用员工的上岗试用。

2.7.3　员工的培训与开发

培训是给新员工或现有员工传授其完成本职工作所必需的基本技能的过程；开发主要是指管理开发，指一切通过传授知识、转变观念或提高技能来改善当前或未来管理工作绩效的活动。

培训与开发就是组织通过学习、训导的手段，提高员工的工作能力、知识水平和潜能发挥，最大限度地使员工的个人素质与工作需求相匹配，进而促进员工现在和将来的工作绩效提高。严格地讲，培训与开发是一系统化的行为改变过程，这个行为改变过程的最终目的就是通过工作能力、知识水平的提高以及个别潜能的发挥，明显地表现出工作上的绩效特征。工作行为的有效提高是培训与开发的关键所在。

总的来说，实施培训与开发的主要目的有三：一是提高工作绩效水平、提高员工的工作能力；二是增强组织或个人的应变和适应能力；三是提高和增强企业员工对组织的认同和归属。

2.7.4 绩效考评

1）绩效考评的概念

绩效考评从内涵上说,就是对人及其工作状况进行评价;从外延上说,就是有目的、有组织地对日常工作中的人进行观察、记录、分析和评价。其目的在于:考核员工工作绩效;建立物业服务企业有效的绩效考评制度、程序和方法;促进企业整体工作绩效的改善和提升。它是人力资源管理工作的重要组成部分,是人事决策和人事管理的依据,建立完善的绩效考评机制,增加考评工作的透明度,尽量使考核量化,一般地物业服务企业对员工的绩效考评有例行考核、晋级考核、转正考核、培训考核等,其中例行考核可分年度考核、平时考核、专项考核 3 种类型。

2）绩效考评的内容

考核的内容主要包括以下 5 个方面:

①德,德是指人的思想素质、道德素质。包括社会公德、职业道德、遵纪守法。

②勤,勤是指人的勤奋,包括工作的积极性、主动性、协调性和出勤率等。

③能,能是指人的能力素质,包括文化水平、专业知识、业务水平、语言运用能力、分析判断能力、决策和组织能力等。

④绩,绩是指人的工作绩效,包括员工完成工作的数量、质量和效率。

⑤体,体是指身体的健康状况,包括适应能力、忍耐能力和承受能力等。

3）绩效考评方式

绩效考评应逐级进行,第一级考核者应当是被考核者的直接上司,第二级考核者应当是被考核者的直接上司的上司或授权考核部门。绩效考评方式分为封闭式考核和开放式考核两种:

①封闭式考核。封闭式考核不将考核情况告知被考核者,不进行考核面谈,考核过程封闭进行。

②开放式考核。开放式考核通过被考核者填写"自我考核"部门,考核者与被考核者进行绩效面谈,交换意见,以达成观点的一致,考核过程开放进行。采取封闭式考核还是开放式考核,应根据企业管理水平进行选择。

4）绩效考评的程序

绩效考评的一般程序如下:

①人力资源部制定绩效考评办法,发放绩效考评表。

②员工以本人的实绩与行为事实为依据,对本人逐项评分。

③直接主管以员工的实绩与行为事实为依据,对员工逐项评分并写评语。

④业务部门或职能部门进行综合评核打分,总评核后直接主管将考核结果告知员工。

⑤由直接主管与员工面谈,并提出改进意见。如员工本人不同意主管考核意见,可向上一级主管提出申诉并由上一级主管做出最终考核。员工应理解和服从考核结果。

⑥季度或半年考核时,各业务部或职能部仅向人力资源部递送绩效考评评分汇总表,考核表存在各业务部或职能部门。年终考核时,应将年度绩效考评表和考核分数汇总表一并送交人力资源部。

⑦员工的年终考核分数汇总表交人力资源部存档,人力资源部对年终考核结果做出分类统计分析,报主管总经理签核。

2.7.5　员工的奖励和惩罚

奖励是调动工作积极性,激发工作热情的有效机制,包括物质奖励和精神奖励。而惩罚是一种负奖励,通过惩罚使员工改正自己的错误之处,从而实现企业的期望目标,物业服务企业可以根据自己制定的具体惩罚标准对员工做出警告、降级、扣发工资奖金、罚款、开除等不同种类的惩罚。

2.7.6　员工的报酬和福利

薪酬是员工为企业提供劳动而得到的各种货币与实物报酬的总和,包括工资、资金、津贴、提成工资、劳动分红、福利等。科学、合理地制定员工的劳动报酬,有利于吸引人才、留住人才,促进员工努力实现工作目标;改善员工的福利待遇,能使员工增加安全感,产生凝聚力,并以主人翁的精神全身心投入到企业的工作中。因此,制定完善、高效的薪酬体系,也是企业人力资源管理过程中的一项非常重要的工作,必须认真落实。

薪酬系统的制定一般有 6 个基本步骤:

①制定薪酬策略。这是企业文化的部分内容,是以后诸环节的前提,对后者起着重要的指导作用。

②工作分析。这是薪酬制度建立的依据,这一活动将产生企业的组织机构系统图及其中所有工作说明与规格等文件。

③薪酬调查。

④薪酬结构设计。

⑤薪酬分级和定薪。

⑥薪酬制度的控制与管理。

2.7.7　员工的职业生涯管理

1）职业生涯管理及其内容

所谓的职业生涯管理主要是指对员工职业生涯的设计与开发。虽然职业生涯是指员工个体的工作行为经历,但职业生涯管理可以从个人和组织两个不同的角度来进行。

从个人角度讲,职业生涯管理就是一个人对自己所要从事的职业、要去的工作组织、在职业发展上要达到的高度等做出规划和设计,并为实现自己的职业目标而积累知识、开发技能的过程。它一般通过选择职业,选择组织(工作组织),选择工作岗位,在工作中技能得到提高、职位得到晋升、才干得到发挥等来实现。

从组织的角度对员工的职业生涯进行管理,集中表现为帮助员工制定职业生涯规划,建立各种适合员工发展的职业通道,针对员工职业发展的需求进行适时的培训,给予员工必要的职业指导,以促使员工职业生涯的成功。

2）职业生涯管理中组织的任务

个人职业生涯管理的成功,不仅需要员工个人的努力,而且需要组织的配合。例如,国内某公司明确推出了如下的职业生涯管理任务:当一名新员工进入公司后,部门经理要与其进行一次深入的长谈,询问来到本公司后,你对个人发展有什么? 打算1年之内要达到什么目标? 3年之内要达到什么? 为了实现目标,除个人努力外,需要公司提供什么帮助? 通过谈话,促使员工制定个人职业生涯规划。年末时,部门经理与员工一起对照上一年的规划进行检查,制定下一年的规划。职业生涯管理不仅为员工搭起了成长的阶梯,而且使公司的发展获得了永不衰竭的动力。不同职业生涯期的管理内容重点如下:

(1)招聘时期的职业生涯管理

在这一阶段,组织急于网罗高素质的人才,应聘者急于将自己优秀的一面展示给组织,双方往往都会发出不真实的信息。其结果是一方面组织不能真正地了解应聘者,很难做出人尽其才的职业安排;另一方面当新员工发现组织与其想象的差距较大时,就会萌生离意。

因此,组织在招聘时,要提供较为现实的企业与未来工作的展望,要将组织的基本理念和文化观念传达给应聘者,以使他们尽可能真实地了解组织;另一方面要尽可能全面了解候选人,以为空缺岗位配备合格的人选,并为新员工未来的职业发展奠定一个好的开端。

(2)进入组织初期的职业生涯管理

这一时期,组织职业生涯管理的主要任务是:

①了解员工的职业兴趣、职业技能,然后将他们放到最适合的职业轨道上去。

②进行岗位培训,引导新员工。目的是引导员工熟悉环境,减少焦虑感,增加归属感和认同感。

③挑选和培训新员工的主管。新员工的第一任主管是其进入组织的直接领导、第一个老师,主管的言行、态度、工作风格对新员工的职业生涯影响极大。因此,要为新员工找到受过特殊训练、有较高的工作绩效,且能通过建立较高工作标准而对自己的新员工提供必要支持的主管。

④分配给新员工第一项工作应是具有挑战性的,要对其工作表现和潜能进行考察和测试,并及时将其初期绩效反馈给他,使他了解自己做得如何,以消除不确定带来的紧张和不安,帮助其学会如何工作。

⑤协助员工做出自己的职业规划。如开展职业生涯方面的培训,召开职业咨询会议等。

（3）中期的职业生涯管理

职业生涯中期是一个时间长、变化多,既有事业成功,又可能引发职业危机的敏感时期。这一时期的年龄跨度一般是从 30 岁到 45 岁,甚至到 50 岁。这一时期的员工十分重视个人职业上的成长和发展。组织要保证员工合理的职位轮换和晋升。

所谓职位轮换,是指把一个人安排到另一个工作岗位上,其所承担的义务、责任、职位和报酬都与前一个工作差不多。职位轮换可以使员工学到新知识和新技能,为今后的晋升和发展奠定基础。

晋升是在组织中被指定做更高一级的工作。通常,新的工作在薪资和地位上有所提高,并要求有更多的技能或承担更多的责任,晋升能够使组织更有效地利用员工的技能和知识,而且也可以将得到晋升的机会看作是对员工的内在激励。

因此,组织管理的一项重要工作就是为员工设置合理畅通的职业发展通道（职业晋升的路线）,以使员工能更顺利地实现职业理想和获得满意工作,从而达到自己的职业生涯目标。

（4）后期的职业生涯管理

到职业的后期阶段,员工的退休问题必然提到议事日程。这一阶段的重要工作就是帮助员工认识并接受"退休"这一客观事实;帮助即将退休的员工制定具体的退休计划,尽可能地把退休生活安排地丰富一些;同时,可采取兼职、顾问或其他方式聘用他们,延长其职业生涯,使他们有机会继续为组织贡献能力。

2.7.8　劳动关系与合同管理

劳动关系是指劳动者与用人单位（包括各类企业、个体工商户、事业单位等）在实现劳动过程中建立的社会经济关系,是员工与企业之间基于有偿劳动所形成的权利义务关系。

劳动合同是劳动者与用人单位确立劳动关系、明确双方权利和义务的协议,是组织和员工之间确立劳动关系的法律凭证。

劳动合同订立原则是订立和变更劳动合同,应当遵循平等自愿、协商一致的原则。违反法律、行政法规的劳动合同以及采取欺诈、威胁等手段订立的劳动合同属无效的劳动合同。无效的劳动合同,从订立的时候起就没有法律约束力。劳动合同的无效由劳动争议仲裁委员会或者人民法院确认。

劳动合同应有一定的试用期,即用人单位和劳动者为相互了解、选择而约定的不超过 6 个月的考察期。劳动合同应当以书面形式订立,并具备劳动合同期限、工作内容、劳动保护和劳动条件、劳动报酬、劳动纪律、劳动合同终止的条件、违反劳动合同的责任等条款。劳动合同除上述的必备条款外,当事人可以协商约定保守商业秘密等其他内容。

劳动合同的期限分为有固定期限、无固定期限和以完成一定的工作为期限。无固定期限的劳动合同是指不约定终止日期的劳动合同。以完成一定工作为期限是指以工作结束的时间为合同终止期限的劳动合同。

履行劳动合同过程中由于情况发生变化,经双方当事人协商一致,可以对劳动合同部分条款进行修改、补充。劳动合同的未变更部分继续有效。

劳动合同期满或者当事人约定的劳动合同终止条件出现,劳动合同即行终止。劳动者在医疗期、孕期、产期和哺乳期内,劳动合同期限届满时,劳动合同的期限应自动延续至医疗期、孕期、产期和哺乳期满为止。

劳动合同期限届满,经双方协商一致,可以续订劳动合同。劳动合同的解除指劳动合同订立后,尚未全部履行以前,由于某种原因导致劳动合同一方或双方当事人提前中断劳动关系的法律行为。劳动合同的解除分为法定解除和约定解除 2 种。根据《中华人民共和国劳动法》的规定,劳动合同既可以由单方依法解除,也可以双方协商解除。

用人单位依据劳动法第二十四条、第二十六条、第二十七条的规定解除劳动合同,应当按照劳动法和劳动部(违反和解除劳动合的经济补偿办公室)(劳部发[1994]481 号)支付劳动经济补偿金。

劳动争议是指劳动关系双方当事人因实现劳动权利和履行劳动义务而发生的纠纷。

(1)劳动争议的受理范围

劳动争议的受理范围包括:因企业开除、除名、辞退职工和职工辞职、自动离职发生的争议;因执行有关工资、保险、福利、培训、劳动保护的规定发生的争议;因履行劳动合同发生的争议;国家机关、事业单位、社会团体与本单位建立劳动合同关系的职工之间、个体工商户与帮工、学徒之间发生争议;法律、法规规定应当按照本条例处理的其他劳动争议。

(2)劳动争议处理机构

根据《劳动法》和《劳动争议处理条例》的规定,我国目前处理劳动争议的机构有 3 种:企业劳动争议调解委员会、地方劳动仲裁委员会和地方法院。

①劳动争议调解委员会。劳动争议调解委员会是用人单位根据《劳动法》和《企

业劳动争议处理条例》的规定在本单位内部设立的机构,是专门处理本单位与劳动者之间的劳动争议的群众性组织。

劳动争议调解委员会由下列人员组成:职工代表(由职工代表大会或职工大会推举产生);用人单位代表(由厂长或经理指定);用人单位工会代表组成(由用人单位工会委员会指定)。用人单位的代表不能超过调解委员会成员总数的 1/3,调解委员会主任由工会代表担任。

调解委员会的办事机构设在企业工会委员会。没有成立工会组织的企业,调解委员会的设立及其组成由企业代表与职工代表协商决定。

②劳动争议仲裁委员会。劳动争议仲裁委员会是处理劳动争议的专门机构。县、市、市辖区人民政府设立仲裁委员会,负责处理本辖区内发生的劳动争议。设区的市、市辖区仲裁委员会受理劳动争议案件的范围由省、自治人民政府规定。各级仲裁委员会由劳动行政主管部门的代表、工会的代表、政府指定的经济综合管理部门的代表组成,主任由劳动行政主管部门的负责人担任,其办事机构设在同级的劳动行政主管部门。

③人民法院。人民法院是国家审判机关,也担负着处理劳动争议的任务。劳动争议当事人对仲裁委员会的裁决不服、进行起诉的案件,人民法院民事审判庭负责受理。

[案例分析 1]

甲物业服务企业系乙实业公司的分公司,于 2007 年 6 月 8 日与丙公司签订物业服务合同,为丙公司开发建设的某小区提供物业管理服务,物业服务合同承诺确保机动车场停车安全。在履行物业服务合同过程中,由于甲物业服务企业的安全维护人员疏忽,加之小区的红外报警系统失灵,致使停放在停车场内的一辆高档轿车被严重破坏,车主找物业公司索赔未果后,向法院提起了诉讼,法院在审理过程中,发现甲公司是乙公司的一个分支机构,且为了骗取资质证书,借用了工程技术人员职称证书并伪签了劳动合同。法院依法做出判决,有力地维护了业主的合法权益。

讨论:

1. 在该案中,乙公司是否该承担相应的责任?

2. 甲公司的资质证书是否该被吊销?

3. 甲公司对受损车辆应承担什么样的责任?

4. 甲公司该承担什么样的法律后果?

[案例分析 2]

上海市房地局公布了 48 家取得二级资质物业服务企业的名单,与此同时,宣布取消上海××物业有限公司等 325 家物业企业的资质,并建议工商行政管理部门取消其物业管理的经营项目。

据了解,这些企业大多未按照规定实施物业管理,运作不规范,给居民的生活带

来极大的不便,从而使居民怨声载道。

其一,有些公司空有其名,仅仅是成立一个公司,挂个牌,而未曾接管过任何物业;其二,有些物业公司的成立,其初衷就是为了解决企业中的富余劳动力,由于生产力的提高,企业中出现了大批下岗人员,为了不轻易将这些人员推向社会,于是企业组建了物业服务公司,来解决下岗人员的再就业问题,但是在解决就业的同时,却没有抓好培训,使物业管理服务水平低,运作不规范;其三,有些企业认为物业管理是一块"肥肉","肥水不流外人田",因而出现了只收费乱收费、少管理甚至不管理的现象。

上述这些不规范的运作,给物业管理行业带来了不良的影响,同时也不可避免地破坏了物业管理行业整体的形象,一定程度上又挫伤了那些"尊重游戏规则"者的积极性,为此,上海市房地局决心动真格,对沪上两千多家物业公司进行梳理,扶持规范运作的企业,进而提高整个行业的水平,取消这些公司的资质,敲山震虎,希望企业能警惕,重新调整自己的定位,走上规范运作的轨道。

讨论:

1. 在物业管理行业蓬勃发展的今天,为什么有300多家物业服务企业被物业管理行业主管部门取消资质?

2. 你认为物业服务企业应如何提高企业的自身建设?

复习思考题

1. 物业服务企业的性质是什么?

2. 物业服务企业不同资质等级的条件是什么?

3. 简述物业服务企业的组织形式及其适用范围。

4. 一座 5 万 m^2 的综合性大厦:地下车库(两个门),1~2 层为商场,3 层为酒楼(可从商场扶梯上,也可从单独的电梯上),4~18 层为写字楼(有专门的电梯),对该栋大厦的管理,适用哪种组织机构形式较好,为什么?

5. 物业服务企业有哪些职能部门,其主要的职责是什么?

6. 物业服务企业的权利是什么?

7. 物业服务企业的义务是什么?

8. 物业服务企业人员常见的招聘途径有哪些?

9. 物业服务企业人力资源管理主要包括哪几个方面? 物业管理人员考核主要包括哪些方面?

第**3**章
业主大会及业主委员会

由《中华人民共和国物权法》第 81 条第 1 款可知,物业服务企业与其他管理人一样,只是管理服务人,而不是物业管理的主体。物业管理的主体实际上是由全体业主共同组成的管理团体。本章主要论述业主自治机构的构成、设立原则、作用,建筑物区分所有权理论、业主及其权利义务、业主大会及其职责,业主大会的成立,业主大会会议及其决定、管理规约与业主大会议事规则、业主委员会及其职责等方面内容,即物业管理自治体系建设。

3.1 业主自治机构

随着住房制度改革的不断深化和人民生活水平的提高,城市居民个人拥有住房的比例越来越高。由于现时住房绝大多数属于群体式类型,房屋结构的不可分割性、使用功能的关联性等,房屋套与套之间存在共有部位,幢与幢之间或者小区内存在着共用设施设备。这些共有部分是否完好、运行是否正常,关系到相邻房屋甚至整幢楼、整个住宅小区的正常安全使用,关系到全体业主和社会公共利益。对房屋共有部分进行使用、维护、管理和定业主共同事务等事项,涉及全体业主的共同利益,单个业主无法完成,只能由全体业主形成共同意志,才能对此类共同事务做出决定。且当单一业主的利益和业主间的公共利益出现冲突时,需要有一个协调机构和协调机制,需要有一个指导各方行为的准则。因此,必须建立一种机制,保证对业主共同事物做出的决定代表全体的共同意志,符合全体业主的共同利益。业主大会就是这样一种代表和维护全体业主共同利益的有效机制。当然,建筑区划内的业主,只要能够有效建立这种共同利益协调机构,设立业主自治机构也不是唯一选择。

3.1.1　业主自治机构的概念

业主自治机构是一定的建筑区划内，物业的所有人为了对其所有的物业进行管理、使用，维护其自身权益以及物业的整体利益而组成的自治性组织。由于业主自治机构是完全由业主在政府指导下建立起来的维护物业整体利益的组织，它应具有民主性、自治性、公益性的特征。

首先，业主自治机构是民主性的组织，其成员在机构中的地位是平等的，能够根据自己的意愿发表建议，提出看法、意见等。业主自治机构一般通过会议的形式来运作，成员间没有行政指导关系。

其次，业主自治机构是自治性的组织。其成员是对物业享有所有权的人，进行的是自我服务、自我管理、自我协商、自我约束。业主自治机构的成员是作为建筑区划内的一分子，基于维护物业整体利益的需要而进行的管理，不受外部人员的非法干预。

再次，业主自治机构是公益性的组织，其自治的目的不是为了个别成员的利益，而是要维护建筑区划内的整体利益。虽然业主维护小区内的公共利益归根到底是为了使自身的权益得到最大的体现和最充分的维护，但业主自治机构其设立的直接目的仍然是为了维护住宅区的公共利益，其各种决议、措施都具有公益性，不是为个别人的利益服务。

业主自治机构对物业的管理与公共利益的维护是一种自治、自助行为，其机构的构成成员本身是业主，即物业的所有权人。所以，它不同于物业服务企业，后者是物业管理服务的专营性质的公司，以管理、经营一定区域的物业为其经营目的。业主自治机构也不同于地方政府所设立的专门负责辖区内物业管理工作的行政部门，后者是行政性的管理，起指导的作用，不同于业主自治机构的自我管理、平等协商性质。因此，业主自治机构基于其性质、宗旨、组成人员、运作机制的不同而区别于其他对物业进行管理、指导、监督的组织，具有独立性和不可替代性。

3.1.2　业主自治机构的设置

由于业主自治机构是在一个特定的建筑区划内设立的组织，有一定的确定性和封闭性，所以业主自治机构的设置形式有些类似于公司的机构设置。根据房地产业比较发达和成熟的国家以及中国香港等地区的经验，业主自治机构应该采取二重机构设置的方式，即由全体业主组成业主大会，作为业主自治机构中的权力机关，行使重大事务的决策权；在业主大会下设立由业主民主选举产生的业主委员会，作为业主大会的执行机关，行使日常事务的管理权。

如此设置的业主自治机构，由于不论是业主大会还是业主委员会，都由业主组成，就充分体现了业主的自治性，能够完全代表业主本身的利益。同时，业主大会和业主委员会的二重设置具有科学的互补性。业主大会由于由全体业主组成，能够代表建筑区划内绝大多数业主的意愿，给每一业主平等的管理权利和机会，不至于让整个建筑区划内的全部事务被少数业主代表所完全操纵，真正体现公共利益。由于涉及公共利益的物业管理事务必然非常繁多，且往往有一些很可能需要立即做出决定，所以必须有一个具体执行的机构——业主委员会来进行日常事务的管理。

3.1.3　设立业主自治机构的原则

1) 接受相关行政部门的组织指导和监督的原则

业主自治机构是业主行使自治权，自我管理、自我服务的组织，但这种自治权是在一定指导下的自治，并非任意行为。

①业主自治机构应该在物业所在地房地产行政主管部门的指导下建立，并接受它的监督、指导和管理。依据行政主管部门的指导建立的业主自治机构，其机制较为完善，在出现纠纷或者其他需要处理的问题时，才更为容易得到行政权力的帮助解决。

②业主自治机构应当接受物业管理的相关具体行政管理部门的指导和帮助。建设、电力、水力、供暖、公安、物价、工商等部门都与物业小区有一定的联系。按照有关法律、法规和行政规章的规定，这些部门将按职责分工，负责物业中的某些环节，对建筑区划进行相关的管理。

③业主自治机构应当接受街道办事处、居民委员会等基层组织的指导和监督管理。物业管理与社区管理有紧密的联系，街道办事处、居民委员会等基层政府派出机构和群众性组织必然将协助有关机关对小区的物业管理进行指导、协助和监督。业主自治机构应当配合这些组织进行社区管理，如宣传政策、组织协调、提供服务、依法接受监督检查等。

2) 两权分离、间接管理原则

业主自治管理的立足点是保护业主的合法权益，包括业主的个体利益和整体利益，并协调好相互之间的关系。业主自治管理是指业主在物业管理中处于主导地位，但这并不意味着业主应该直接实施物业管理，具体的物业管理服务仍应通过契约形式交由专业的物业服务企业或其他管理人来实施。即在物业管理中，应使所有权与管理权分离，业主的管理应是间接管理和监督，直接的具体事务由物业服务企业或其他管理人来进行。其原因是：

①业主自治机构无力做好具体的物业管理工作。在现代的社区发展中，物业管理的深度和广度都已大大拓展，各种服务日趋复杂，其已成为一门专业、一门科学。对此专业性强且任务重的工作，业主自治机构不仅靠业余时间无法完成，即使是脱产专干，也因不熟悉业务而难以尽如人意。

②业主自治机构不便自己管理物业。物业管理具体工作的开展需要支付各种管理费用，而管理费的来源是向全体业主征收。业主自治机构的成员均来自于业主，如果由他们来掌握资金运作就存在一个权力的监督和约束问题。仅靠业主本身的自律而没有第三者监督机制是无法真正保证全体业主的权益，必然导致业主之间的猜疑、权力纠纷和权责不明。

因此，业主自治机构的设立应遵循两权分离、间接管理的原则，准确定位业主自治机构的职能，明确其权责范围。

3）以公共利益为目的的原则

业主自治机构的有效动作，其最终的结果自然是落实于每一个业主，即使得每个业主的自身利益都尽可能地得到最大的实施和满足。但从业主自治机构本身的运作机制而言，其直接宗旨是为了维护建筑区划内的公共利益。也就是说，业主自治机构的每一个举措、每一项决策都应本着维护公共利益、区域整体利益的原则，不能偏向于任何一个或者一小部分业主，更不能以损害公共利益的代价来支持某些业主的私人利益。

4）服务性、无偿性原则

业主自治机构是由业主组成的自我管理、自我服务的组织，其服务性很重要。业主自治机构中的成员进行工作时，本着服务性的宗旨，一般都应是无偿性的，通常也不设立专职的业主自治机构的职位。业主不应因自己付出了一定的劳动就要求其他业主付予报酬。当然，如果业主自治机构的工作确实非常繁杂，工作量大或者是业主个人付出过多精力甚至财力的话，经全体业主协商给予其一定的津贴也是允许的，但是这种津贴本身并不是报酬，只是对于业主过多个人付出的一种补偿罢了。

5）各级机构设置权责明确的原则

业主自治机构分为业主大会与业主委员会两级组织，前者是权力机构、决策机构，后者是执行机构，这两个不同组织在设立时应分清各自的性质、权力、职能以及权利和义务。不明确该两级机构各自的权责及它们之间的关系，就容易造成权责上的争执或者推诿，最终导致物业管理的事项无法决策，损害了建筑区域的公共利益和每个业主自身的权益。

6）各个业主地位平等的原则

业主自治机构维护的是整个建筑区划内的公共利益，区域内每一个业主都是此利益的一分子，其活动都能影响到整个小区的整体效益。所以，每个业主都应在业主自治机构中享有平等的地位，在业主大会中都有自己的权利。这一原则在建筑区划内存在着所拥有房地产面积差别很大的大、小业主时尤显重要。在进行公共事务的决策时，不论是大业主的利益还是小业主的利益都应得到体现和维护。

3.1.4 设立业主自治机构的作用

物业管理是和房地产开发密不可分的一个环节,但是由于人们对物业管理认识上的滞后性以及立法上的不完善,致使大量的房产在投入使用之后,管理问题层出不穷,业主的抱怨也一直不断。对于业主而言,无法根据建筑区划内公共利益的需要来表达自己的意愿,无法实现自己的管理是一个很现实的问题。业主应该就是物业的主人,但由于一个建筑区划内业主的众多以及来源的繁杂广泛,各业主之间往往是陌生的,从而大家缺少了交流的场合和基础,使得在物业的管理上无法体现一个"主人"的真正权利。从法律地位上,房地产业主对于物业管理拥有着不可争辩的决定权,但是目前的现状往往是开发商决定对物业的管与不管;开发商或者物业服务企业决定管理费的标准;物业服务企业可能直接、间接地侵吞业主的财产,而业主只能被迫听命,任人摆布,虽叫苦不迭却又无可奈何。由于业主的无组织性,物业服务企业就常常成了物业管理的完全决策人,占据了主导的地位,使得建筑区划的管理很可能根本违背了业主的意愿而只是物业服务企业自己行为罢了。

因此,业主入住后,应尽早联合起来,组成业主自治机构,业主可向其反映自己的意愿和利益,从而形成建筑区划内集体意愿,通过该机构来协调各方关系、维护自己的正当权益,同时监督物业服务企业的管理活动,真正实现最大的公共利益。

业主参与建筑区划的管理是社会进步的一个象征。物业服务企业和业主自治机构对建筑区划实施的两重机制的综合全面管理,将可能成为民主管理的一种模式。

3.2 建筑物区分所有权理论

3.2.1 物业权属的共有理论

1) 共有的概念和特征

共有是一种常见的财产法律关系。按照传统民法理论,对所有权可以进行质的分割与量的分割。当所有权的部分权能与所有权分离而由非所有人享有和行使时,为所有权质的分割。当同一客体的所有权由数人分享时,为所有权量的分割。

所有权量的分割便产生共有。共有是指 2 个或 2 个以上的人(公民或法人)对同一项财产享有所有权。共有具有以下特征:

①共有的权利主体是多元的。同一财产的所有权主体可以是一个人,也可以是几个人。共有包括公民之间的共有、法人之间的共有以及公民与法人之间的共有。

②共有的客体是一项统一的财产。共有关系的客体无论是一个物或者几个物,是可分物或不可分物,在法律关系上均表现为一项尚未分割的统一财产。

③共有的内容是各共有人对共有物共享权利、共负义务。各共有人对共有物或者按一定份额享受权利、负担义务,或者不按份额享受权利、负担义务。

④共有是所有权的联合,它不是一种独立的所有权类型。我国有国家所有权、集体所有权与公民个人所有权3种不同性质的所有权。共有不是与这3种所有权并列的所有权类型。另外,共有和公有是两个不同的概念。

2)共有的分类

共有可分为按份共有和共同共有。

（1）按份共有

按份共有是指2个或2个以上的人对同一项财产按照份额享有所有权。在按份共有财产关系中,共有人按照各自的份额对共有财产分享权利,负担义务,这种份额一般都是事先在法律中规定或在合同中约定了的。甲、乙、丙3人共同出资购买一幢房屋,甲、乙各出资40万元,丙出资20万元,这幢房屋就为甲、乙、丙3人按份共有。其中,甲、乙各享有40%的份额,丙享有20%的份额,他们各以这种份额享有权利,承担义务。可见,按份共有并不是把房屋财产分割成若干份,各共有人各享有一份所有权,而是共有人对共有房屋按各自所拥有的份额享有权利和承担义务。按份共有人对于自己份额有权要求分出、转让。但是,共有人出售自己的房屋财产份额时,其他的共有人在同等条件下,有优先购买的权利。因共有关系消灭而分割共有房屋时,可以选择采取下列两种方法:

①变价分割:共有房屋为不可分物,可以把房屋予以出卖,各共有人依各自的份额取得房屋的价款。

②作价补偿:共有人有一人或数人愿意取得房屋,可把房屋作价,除自己应得部分外,按份额补偿给其他共有人,从而取得原房屋全部的所有权。

（2）共同共有

共同共有是指2个或2个以上的人对于同一项财产的全部,不分份额地、平等地享有所有权。共同共有与按份共有的最显著的区别在于:共同共有是不确定份额的共有,只要共同共有关系存在,共有人就不能划分自己对房屋的份额,只有在共同共有关系消灭,对共有财产进行分割时,才能确定各个共有人应得的份额。共同共有财产关系主要基于共同劳动、共同生活、共同继承遗产等共同关系而产生。这种共同关系,是共同共有财产的前提,没有这个前提,共同共有财产就不会发生。在实际生活中,最常见的共同共有财产主要有夫妻共有财产、家族共有财产、共同继承的财产等3种。

共同共有房屋的分割,同样可以采用变价分割和作价补偿的方法。

3）准共有

准共有是指所有权以外的财产权的共有。共有制度是专为所有权的共有而规定的。但是实际生活中，并非只有所有权才能共有，其他财产权，包括他物权，均有共有。因此，各国物权法在对所有权的共有做出规定后，一般均要补充规定其他财产权的共有。于是，理论上便把所有权以外的其他财产权的共有称为准共有。我国物业权属中关于土地使用权的共有，即为准共有。

3.2.2　建筑物区分所有权理论

1）建筑物区分所有权的概念和特征

房屋所有权，有单独的所有权，也有共有的所有权。单独的房屋所有权，其效力及于其所有的房屋的全部。共有的房屋所有权，虽然从共有人内部关系上来讲，各个共有人或者是各自享有其应有部分的权利（按份共有），或者是平等地享有权利（共同共有），但从共有所有权的效力来说，仍然是及于共有房屋的全部。在房屋所有权中，还有一种既非单独、又非共有的"区分所有"的情形，其所有权的效力范围有独特之处。所谓的区分，就是数人区分一建筑物而各有其一部分。例如，一幢 3 层楼房，甲、乙、丙各有 1 层，这是纵的区分。再如 3 间平房甲、乙、丙各有 1 间，这是横的区分建筑物区分。建筑物区分所有进行分割，而区分为专有部分和共有部分。各区分所有人对其专有部分享有完全的所有权，对共有部分享有共有权。《城市异产毗连房屋管理规定》中所称异产毗连房屋，就是这一种情况。异产毗连房屋系指结构相连或具有共有、共用设备和附属设施，而为不同所有人所有的房屋。异产毗连房屋的所有人按照城市房地产行政主管部门核发的所有权证规定的范围行使权利，并承担相应的义务。这种特殊的所有权形式，就是现代民法中出现的建筑物区分所有权。

建筑物区分所有权是指由区分所有建筑物专有部分所有权、共有部分共有权以及因共同关系所产生的管理成员权所构成。建筑物区分所有权的特征是：

①复合性。由概念可以得知，建筑物区分所有权是由 3 方面权利组成的，是一种复合权利。

②专有部分所有权为主导。区分所有人取得专有部分所有权的同时即取得共有部分共有权和成员权，区分所有人的专有部分的大小决定他的共用部分持分权和成员权的大小；在登记区分所有权时，共有部分共有权随同专有部分所有权登记，成员权无需要登记。

③一体性。建筑物区分所有权的三方面权利紧密连接，不可分割，不能进行单独的转让、抵押、继承和抛弃。所以说，建筑物区分所有权是一种整合性权利，它的三个方面只是在认识上具有相对的独立性，在实践中并不是独立的。

④权利主体身份的多重性。建筑物区分所有权人（业主）同时是专有部分的专有

所有权人、共有部分的共有所有权人和管理建筑物的成员权人。而一般不动产所有权,其权利主体的身份只能是单一的,要么作为所有权人,要么作为共有权人,而不得同时具有所有权人和共有权人的双重身份。

从以上4个特征可见,建筑物区分所有权在很多方面冲破了传统的物权法,是一种特殊的所有权形态,是一种新型的民事权利。

2)专有部分所有权

专有部分所有权是指建筑物区分所有权人(业主)对专有部分享有的占有、使用、收益和处分的权利。就专有部分而言,它是单独的所有权,与一般所有权没有两样,在产权登记时也应分别进行登记,因此,在区分所有权情况下,一栋建筑物实际上已为多人单独享有,这样,所有权已不是一个而是数个。由于区分所有人对其专有部分享有所有权,因此他可以独立使用收益并处分该财产,他人不得干涉。建筑物的区分所有不论是纵的区分还是横的区分,区分所有人的所有权只能及于其所有部分,而不能及于建筑物的全部,在这一点上与共有不同。根据建设部颁布的《商品房销售面积计算及公用建筑面积分摊规则(试行)》的规定,商品房按"套"或"单元"出售,商品房的销售面积即为购房者所购买的套内或单元内建筑面积(以下简称套内建筑面积)与应分摊的公用建筑面积之和。套内建筑面积以专有部分为计算依据。

3)共有部分共有权

共有部分共有权是指建筑物区分所有权人(业主)依照法律的规定和合同的约定,对区分所有建筑物的共有部分所享有的权利。各区分所有人于房屋的共有部分,如楼梯、走廊等,在法律上推定为各区分所有人共有,但不允许共有人请求分割,转化为个人所有。《城市异产毗连房屋管理规定》要求,异产毗连房屋所有人以外的人如需使用异产毗连房屋的共有部位时,应取得各所有人一致同意,并签订书面协议。一方所有人如需改变共有部位的外形或结构时,除须经城市规划部门批准外,还须征得其他所有人的书面同意。对于这些共用部分的修缮费及其他负担,由各区分所有人按其所有部分价值的比例分担。区分所有人只有在转让专有部分的时候,才能将共有部分随同转让。可见,任何一个区分所有者通过购买等方式取得对建筑物某一部分的专有权,那么就应自然享有对共用部分的部分权利。

4)共同管理的成员权

共同管理的成员权是指建筑物区分所有权人基于专有部分所有权和共用部分持分权而具有的作为建筑物物业自治管理组织成员的权利。成员权的实质是参与管理权,物业自治管理组织是对建筑物共有部分进行管理的机构,业主有权参与对建筑物的管理。成员权的内容包括权利和义务两个方面(即业主的权利和义务)。

5)建筑物区分所有权与土地使用权的关系

建筑物区分所有权包含土地使用权,建筑物区分所有人对土地使用权享有共有权。从我国现行法律规定来看,将土地使用权与房屋所有权视为不可分割的整体。因此,一幢建筑物即使被区分为不同所有者所有之后,建筑物所有权与土地使用权仍然是不可分割地联系在一起的,这意味着建筑物的区分所有人应当基于其对建筑物的区分所有而享有对土地的使用权。由于土地本身不可能像房屋那样进行实际分割,而将某部分确定为某人单独所有,只能确认为双方或多方共有。各区分所有者对土地使用权享有共有权,这种共有在性质上应为按份共有。各个区分所有权所拥有的专有部分的面积在整个建筑物中所占比例,即构成其对土地权利享有的份额。在此基础上构成按份共有不仅符合区分所有的现实情况,而且最有利于确认和保护各区分所有人的权利和利益,防止各种纠纷的发生。因为各区分所有人所拥有的专有部分的面积是各不相同的,有人可能购买一个楼层的面积,有人则可能只购买一套房间。

3.3　业主

3.3.1　业主的概念

"业主"是一个从我国香港传入内地,逐渐被熟悉和接受的概念,顾名思义就是"物业的主人",也称房屋的所有权人。因为按国务院《物业管理条例》规定,"物业"实际上指的是"房屋及与之相配套的设施设备和相关场地",物业的外延比房屋要广泛,由于我国实行房屋所有权与土地使用权归属同一个主体的原则,拥有了房屋所有权在事实上就拥有了与房屋相配套的设施设备和相关场地的相关权利。因此,将业主定义为"房屋的所有权人",并没有排除业主对与房屋相配套的设施设备和相关场地拥有的相关权利。

3.3.2　业主的权利与义务

1)业主的权利

业主在物业管理这一活动中,主要享有以下基本权利:

(1)物业服务的享有接受权

业主有按照物业服务合同的约定,接受物业服务企业提供的服务的权利。物业服务合同是业主与物业服务企业之间约定双方权利义务的协议。物业服务合同签订后,物业服务企业负有向业主提供合同所约定服务的义务,业主在支付了合同约定的物业服务费用后,享有接受物业服务企业提供服务的权利。

（2）提议权

在一个建筑区划内,只要取得业主资格,就自然构成了业主大会的成员。作为业主大会的成员,业主享有提议召开业主大会会议的权利。按国家规定,经20%以上的业主提议,业主委员会应当组织召开业主大会临时会议。

（3）提出制定和修改规约的建议的权利

管理规约、业主大会议事规则是规范业主之间权利与义务关系和业主大会内部运作机制的基础性规约,这些规约在生效后对建筑区划内全体业主都有约束力,且这些规约规定的事项涉及全体业主的共同利益,因此每位业主都有提出制定和修改规约的建议的权利。

（4）参与权与投票权

业主对建筑区划内重大事项的决定权,是通过参加大会会议,在会议上行使表决权的方式来行使的。只要具有业主身份,就有参加业主大会会议的权利。

在业主大会会议上,业主按照投票的确定办法,对列入会议议程的各物业管理事项进行投票,作出体现全体业主共同意志的决定。因此,业主可在业主大会上行使自己的投票权。

（5）选举和被选举权

每一位业主都有选举符合自己意愿的业主委员会委员的权利,同时业主作为业主大会的成员也都享有被选举为业主委员会委员的权利。

（6）监督与知情权

①对业主委员会的监督权。业主委员会是业主大会的执行机构,它的工作直接关系到每一位业主的切身利益。由于业主委员会委员也具有个人利益,可能会怠于行使业主大会赋予他的职责,有些素质不高的业主委员会委员甚至可能会做出损害业主利益的行为。为了防止这种业主委员会委员侵害业主权益情况发生,督促业主委员会委员更好地履行职责,保护业主的合法权益,应当保证业主对业主委员会委员享有监督权。如业主有权对业主委员会的工作提出批评和建议;有权知晓业主委员会的运作情况;有权了解业主委员会所做出的各项决定的理由;有权查询业主委员会保存的各项档案文件;有权制止并要求业主委员会纠正其不符合法律或者规约的行为;等等。业主对业主委员会的工作行使监督有利于业主委员会规范、健康地运作。

②对物业服务企业履行物业服务合同的监督权。物业服务企业是基于和业主之间的物业服务合同,为业主提供服务的经营主体,与业主处于物业管理法律关系的相对方。业主有权对物业服务企业履行物业服务合同的情况进行监督。如业主有权对物业服务企业履行合同的情况提出批评与建议;有权查询物业服务企业在履行合同中形成的在关物业管理事项的各项档案材料;有权监督物业服务企业的收费情况;有权要求物业服务企业对违反合同的行为进行改正;等等。业主对物业服务企业的监

督权有利于物业服务企业更好履行物业管理服务。

③对物业共有部分和相关场地使用情况的知情权和监督权。业主对所拥有物业进行占有、使用、收益和处分时，不可避免地要牵涉到对物业共有部分和相关场地的使用。业主和物业服务企业可以在不损害业主共同利益的情况下，依法对物业共有部分和相关场地进行使用。但这种使用不能侵害全体业主的合法权益，因此，每一个业主对物业共有部分和相关场地使用的情况享有知情与监督的权利。

④对专项维修资金管理和使用的监督权。物业共有部分专项维修资金是在物业产权多元化的情况下，为了保证房屋的维修和正常使用，依照国家规定建立的专门性资金。专项维修资金属于业主所有，其是否完好，运行是否正常，不仅关系到相邻物业，整幢楼，甚至整个建筑区划物业的正常维护和使用，关系到全体业主的共同利益。因此，专项维修资金的使用和管理，必须受到业主严格的监督，以防止专项维修资金被挪用。业主在专项维修资金的收取、使用、续筹、代管等各个环节都享有监督权。

（7）法律、法规规定的其他权利

2）业主的义务

业主在物业管理活动中享有一定权利的同时还应当履行一定的义务，这些义务主要有：

①遵守管理规约、业主大会议事规则。管理规约是业主依法订立的一种自我管理规约，管理规约应当对有关物业的使用、维护、管理，业主的共同利益，业主应当履行的义务，违反公约应当承担的责任等事项依法作出约定。每一位业主都应当依照管理规约的规定行使权利、履行义务。业主大会议事规则是业主大会运行应当遵循的规则，它应当就业主大会的议事方式、表决程序、业主投票权确定办法、业主委员会的组成和委员任期等事项做出约定。业主通过缔结管理规约和业主大会议事规则来进行自我管理和自我约束，有利于形成良好的物业管理秩序。管理规约、业主大会议事规则对全体业主具有约束力，每位业主都要自觉遵守管理规约和业主大会议事规则的规定。

②遵守建筑区划内物业共有部分的使用、公共秩序和环境卫生的维护等方面的规章制度。物业共有部分的使用、公共秩序和环境卫生的维护等事项，事关建筑区划内全体业主的共同利益。为了维护这种共同利益，业主大会可能制定或者授权物业服务企业制定一系列的规章制度要求全体业主共同遵守。每一位业主都有遵守这些规章制度的义务。

③执行业主大会的决定和业主大会授权业主委员会作出的决定。业主大会的决定是全体业主共同作出的，代表了全体业主的共同意志，符合业主的共同利益，理应得到全体业主的共同遵守。业主委员会是业主大会的执行机关，具体实施业主大会所做出的决定，同时经业主大会的授权也可以自行做出对一定物业管理事项的决定，它所做出的决定业主同样应该执行。

④按照国家有关规定交纳专项维修资金。专项维修资金是保障物业得以正常维

修改造的必要条件,业主应承担缴纳专项维修资金的义务。实际生活中,有的建筑区划内业主不缴纳或者不及时缴纳专项维修资金导致了物业的加速老化和毁损,使物业贬值,并危及到广大业主的生命财产安全,这种情况必须得到改变。

⑤按时缴纳物业服务费用。物业服务费用是服务合同约定的重要内容之一。它是确保物业管理正常运行的必要前提,是物业服务企业按合同约定对房屋建筑及其设施设备、绿化、卫生、交通、治安和环境卫生等项目开展日常维护、修缮、整治服务及提供其他与业主生活相关服务所收取的费用。业主在享受物业服务企业提供的服务的同时,必须按照合同的约定缴纳物业服务费用,不得无故拖延和拒交,否则物业服务企业有权依法要求其承担违约责任。

⑥法律、法规规定的其他义务。除以上义务外,业主还应承担法律、法规规定的其他义务。如有配合物业服务企业开展服务活动的义务;有装饰装修房屋时向物业服务企业告知的义务;有按照物业本来的用途和目的使用物业的义务;有维护物业的使用安全和美观的义务;有遵守建筑区划内公共秩序,维护建筑区划内的环境整洁的义务等。

值得一提的是,在一个建筑区划内,在物业销售之前,其开发建设单位是物业的唯一业主,即第一业主(或称原始业主),而且这种"业主"身份一直延续到物业全部销售完毕。作为第一业主,其应履行的主要义务有:

①要对所建造的物业质量负最终的责任,不得将工程质量不合格或者配套不完善的建筑物交付使用。

②在物业尚未出售时,有责任对物业进行妥善的、应有的管理维护。

③在业主、业主大会选聘物业服务企业之前,选聘物业服务企业的,应当签订书面的前期物业服务合同。

④在销售物业之前,制定临时管理规约(对有关物业使用、维护、管理,业主的共同利益,业主应当履行的义务,违反公约应当承担的责任等事项依法做出约定),且该临时管理规约,不得侵害物业买受人的合法权益。

⑤在物业销售之前将临时管理规约向物业买受人明示,并予以说明。

⑥在销售住宅物业之前,应当通过招投标的方式选聘具有相应的资质的物业服务企业。

⑦与物业买受人签订的买卖合同应当包括前期物业服务合同约定的内容。

⑧对业主依法享有的物业共有部分的所有权或者使用权,不得转让给他人。

⑨在办理物业承接验收手续时,应向物业服务企业移交物业竣工验收资料、设施设备安装使用与维护保养等技术资料、物业质量保修文件和物业使用说明文件以及物业管理所必需的其他资料。

⑩按规定在建筑区划内配置必要的,包括物业办公用房、物业清洁用房、物业储藏用房、业主委员会活动用房等在内的物业管理用房。

⑪按照国家规定的保修期限和保修范围,承担物业的保修责任。

⑫承担自前期物业服务合同签订之日起至商品房竣工交付使用之日止所发生的

前期物业服务费用,并对已竣工但尚未出售或者尚未交付给物业买受人的物业承担物业服务费用。

⑬协助业主筹备业主大会的设立。

3)业主权利义务的实现

①根据物权法的规定,业主对建筑物内属于自己所有的住宅、经营性用房等专有部分可以直接占有、使用,实现居住或者经营的目的;也可以依法出租,获得收益;还可以出借,解决亲朋好友的居住之难;或者在自己的专有部分上依法设定负担,例如,为保证债务的履行将属于自己所有的住宅或经营性用房抵押给债权人,或者抵押给金融机构以取得贷款等;还可以将住宅、经营性用房等专有部分出售给他人,对专有部分予以处分。

业主的专有部分是建筑物的重要组成部分,但与共有部分又不可分离,例如没有电梯、楼道、走廊,业主就不可能出入自己的居室、经营性用房等专有部分;没有水箱,水、电等管线,业主就无法使用自己的居室和经营性用房。由于建筑物的专有部分与共有部分具有一体性、不可分离性,所以业主对专有部分行使专有所有权时应受到一定的限制。对此,《物权法》规定,业主行使专有部分所有权时,不得危及建筑物的安全,不得损坏其他业主的合法权益。例如,业主在对专有部分装修时,不得拆除房屋内的承重墙,不得在专有部分内储藏、存放易燃易爆等危险物品,危及整个建筑物的安全,损害其他业主的合法权益。

②业主对专有部分以外的共有部分享有权利、承担义务,包括两部分的内容:业主对专有部分以外的共有部分享有共有权利;业主对专有部分以外的共有部分享有共同管理的权利。

业主对专有部分以外的共有部分享有共有权利,即每个业主在法律对所有权未作特别规定的情形下,对专有部分以外的走廊、楼梯、过道、电梯、外墙面、水箱、水电气管线等共有部分,对物业管理用房、绿化地带、道路、公用设施等共有部分享有占有、使用、收益或处分的权利。但是,如何行使这些权利,还要依据物权法及相关法律法规和建筑区规划管理的规约的规定。例如,《物权法》第八十条规定,建筑物共有部分的费用分摊、收益分配等事项,有约定的按照约定执行;没有约定或者约定不明确的,按照业主专有部分占建筑物总面积的比例确定。

同样,业主对共有部分如何承担义务,也要依据物权法及相关法律法规和建筑区规划管理规约的规定。例如,《物权法》第八十三条规定,业主对共有部分承担义务有,不得在共有部分任意丢弃垃圾、违章搭建,不得随意侵占通道等。业主对专有部分以外的共有部分不仅享有共有的权利,还享有共同管理的权利,有权对共用部位与共用设施设备的使用、收益、维护等事项行使管理的权利,同时对共有部分的管理也负有相应的义务。并且,物权法明确规定,业主不得以放弃权利为由不履行义务。例如,业主不得以不使用电梯为由而不交纳电梯维修费用。

业主的建筑物区分所有权是一个集合权,包括对专有部分享有的所有权、对共有部分的共有权和共同管理的权利,这3种权利具有不可分离性。在这3种权利中,业主对专有部分的所有权占主导地位,是业主对专有部分以外的共有部分享有共有权以及共同管理权的前提和基础。如果业主丧失了对专有部分的所有权,也就丧失了对共有部分的共有权及共同管理的权利。因此,物权法规定,业主转让建筑物内的住宅、经营性用房,其对共有部分享有的共有和共同管理的权利一并转让。

③业主将住宅改变为经营性用房的,除遵守法律、法规以及管理规约外,应当经有利害关系的业主同意。《物权法》规定,业主不得违反法律、法规以及管理规约,将住宅改变为经营性用房。据此,业主不得随意改变住宅的居住用途,是业主应当遵循的一个最基本的准则,也是业主必须承担的一项基本义务。如果业主确实需要将住宅改变为经营性用房的,必须遵守法律、法规以及管理规约的规定。例如要办理相应的审批手续,要符合国家卫生、环境保护要求等。此外,还必须征得有利害关系的业主的同意。这两个条件必须同时兼备,才可以将住宅改变为经营性用房。如何确定业主为有利害关系的业主,因改变住宅为经营性用房的用途不同,影响的范围程度不同,要具体情况具体分析。

4)业主权利义务在实践中应注意的问题

(1)业主建筑物区分所有权的成员权内容在物业管理中的特点

业主基于其对建筑物区分所有权,已经成为了公共管理中的成员。业主的权利已不仅仅是一种个人权利,而有了成员权的性质。对于一般的传统权利而言,当事人可能通过对权利的放弃来作为不必履行义务的条件,这种个人权利就较为强调权利人的自由。但在物业管理中,业主的权利发展为一种成员权之后,同一个建筑区划就形成了一种类似于统一的集体的组织。于是,基于这种集体的公益性,其各个成员(即业主)就负有了一种绝对的义务。即业主已经不能通过放弃自己对公益的享有而不履行一定的公益义务。在建筑区划内,业主不能以自己不打算享受物业管理为由而不交纳物业管理费;不能以自己不经常居住于物业区,少享受了管理权利而少交物业管理费。

(2)业主对物业管理权利的行使是非直接的

业主是物业的所有权人、主人,对物业管理享有权利是必然的,但业主的权利是一种享有的资格,而并非每一个业主都参与到直接的物业管理中。业主对于建筑区划内各管理事项,是通过业主大会和业主委员会来维护权利、实现权利,再通过聘请物业服务企业来直接进行管理的。因此,业主的这种物业权享有是一种集体行为,并不由单个的业主通过自己个别的行为来实施。业主如对建筑区划内的管理有任何意见、建议,应向业主委员会提出,由业主委员会根据情况进行处理。如对物业服务企业的某项服务有不同认识,也应先向业主委员会提出,由业主委员会与物业服务企业进行交涉。当然,如果业主只是针对某一次自己的个别服务不满,或者是一些临时性的事务,也享有提出个人要求,得到一定保护和满足的权利。

(3)对于作为业主之一的开发商的地位问题

房地产开发商是物业的第一业主,享有第一业主的特殊权利,也承担特殊的义务。但在一些建筑区划中,开发商在出售完物业之后,在物业中也仍占有一定的面积,而此时,他只应作为一个业主,与其他业主享有同等的权利而不应有任何的特权,更不能以开发商的身份而在行为中损及其他业主的利益。除非在销售合同有约定,否则作为业主之一的开发商,也应该是根据管理规约派代表参加业主委员会来讨论建筑区划的管理问题。

然而在实践中,曾是开发商的物业产权人,在房地产出售后,有的仍以第一业主自居,自我赋予一定的特权,甚至控制了业主大会和业主委员会,操纵物业服务企业的管理,这些其实都侵犯了其他平等地位的业主的权利。

3.3.3　业主物业自治体制与机制

(1)业主物业自治体制

如图 3.1 所示,业主通过制定业主大会议事规则、建筑物管理规约,设立业主大会、选举产生业主委员会,并由业主委员会代表业主与业主大会选聘的物业服务企业或其他管理人签订物业服务合同;经 20% 以上的业主提议,业主委员会应组织召开业主大会会议。

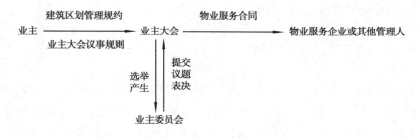

图 3.1　业主物业自治体制

(2)业主民主管理机制

业主民主管理机制如图 3.2 所示,业主对物业管理公共事务的建议和意见反馈给业主委员会,业主委员会对业主的建议经业主委员会会议讨论形成议题,并通过组织召开业主大会会议,对业主委员会提交的议题,进行投票表决,作出业主大会决定。

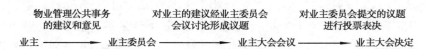

图 3.2　业主民主管理机制

3.4 业主大会

3.4.1 业主大会的宗旨和组成

业主大会是业主为实现对物业的自我管理,为对建筑区划内的共同事项作出决定而组成的。业主大会成立后,业主将主要通过业主大会这一机制实现对全体业主共同利益事项的决定和管理。业主大会不仅仅要通过开会对有关物业的共同事项做出决定,更重要的是应代表和维护建筑区划内全体业主在物业管理活动中的合法权益,这是业主大会成立的宗旨所在。

业主大会是基于建筑区划内物业在构成、权利归属及使用上不可分离的共同关系而产生的。只要是建筑区划内的合法的物业所有人均享有参加业主大会,对物业共同事项进行管理的权利。因此,业主大会应由建筑区划内全体业主组成。业主大会成立后成为同一建筑区划业主的,自动成为业主大会的成员,并应当遵守业主大会通过的管理规约、业主大会议事规则和有关规定,在办理有关房屋交接手续时还应予以书面承诺,由业主委员会记录存档。

3.4.2 业主大会的职责

业主大会的职责是业主大会对其所管辖的建筑区划内物业管理事项行使权利和承担义务的范围。除了业主能够单独享有的权利之外,多数业主的权利只能通过业主大会的形式才能实现。明确业主大会的职责有利于业主大会在其权限范围内规范、健康地从事活动。业主大会主要有以下职责:

①制定、修改管理规约和业主大会议事规则。管理规约和业主大会议事规则是业主自我管理、自我规范最基础的规约,涉及每一个业主在物业管理中的利益,理应由全体业主共同制定和修改。在召开首次业主大会会议以前,规范业主在物业管理中权利与义务的是建设单位制定的临时管理规约;首次业主大会会议召开和业主大会成立之后,业主通过业主大会制定正式的管理规约。业主大会议事规则由业主在首次业主大会上制定通过,议事规则要对业主投票权确定办法等重大事项作出明确约定,以规范业主大会和业主委员会的运作。业主大会在不违反法律、法规的前提下,有权根据本建筑区划内的实际情况对管理规约、业主大会议事规则进行修改和补充,使得管理规约、业主大会议事规则的内容真正能够体现广大业主的利益。

②选举、更换业主委员会委员,监督业主委员会的工作。业主委员会作为业主大会的执行机构,由业主大会产生,受业主大会监督,对业主大会负责。业主委员会委员思想道德素质和管理水平的高低,直接关系到业主委员会能否顺利或者优质地完

成业主大会交办的各项任务,因此业主委员会委员应由建筑区划内热心公益事业,责任心强,具备一定组织能力的业主担任。业主通过业主大会会议选举能代表和维护自己利益的业主委员会委员。对不符合法规和管理规约规定条件的业主委员会委员,业主大会可以更换,重新选举出符合条件的业主委员会委员。对于业主委员会工作,业主大会有权代表业主实施监督,保证其以符合广大业主利益的方式运行,这种监督一般采取听取业主委员会工作报告的方式进行。作为业主大会成员的业主,在平时也可监督业主委员会的工作,在业主大会中提出自己对业主委员会工作的监督意见。

③选聘、解聘物业服务企业。由于物业管理涉及物业共有部分的使用、公共秩序和环境卫生的维护等方面的事务,单个业主无法选聘、解聘物业服务企业,业主只有通过业主大会集体决策,才能做出选聘、解聘物业服务企业的决定。

④决定专项维修资金使用、续筹方案,并监督实施。由于物业共有部分的使用涉及业主共同利益,专项维修资金的筹集和使用也关系到全体业主的共同利益。当住房的共有部分遭到老化、陈旧、损坏,为了保障住房正常的使用功能需要动用专项维修资金来进行修缮时,有关业主、业主委员会或者物业服务企业可以提出专项维修资金使用方案,经过业主大会审议同意之后可以支取专项维修资金进行相关修缮活动。为了保证专项维修资金的使用安全,业主大会应当对专项维修资金的使用、续筹方案的实施情况予以监督。

⑤制定、修改建筑区划内物业共有部分的使用、公共秩序和环境卫生的维护等方面的规章制度。为了保障业主和物业服务企业的物业管理活动规范进行,保证和谐的物业管理秩序的形成,业主大会有权,也有必要制定、修改一些建筑区划内物业共有部分的使用、公共秩序和环境卫生的维护等方面的规章制度。如房屋的定期维修制度;设施设备管理规定;绿化环境卫生管理规定;住宅装修管理规定;车辆交通方面的规定;消防方面的规定;物业服务费用分摊及缴交管理规定等。当然,这种规章制度的制定和修改,有些是物业服务企业在业主大会的授权之下做出的。

⑥对任意弃置垃圾、排放污染物或者噪音、违反规定饲养动物、违章搭建、侵占通道、拒付物业费等损害他人合法权益的行为,有权依照法律、法规以及管理规约,要求行为人停止侵害、消除危险、排除妨害、赔偿损失。

⑦法律、法规或者业主大会议事规则规定的其他有关物业管理的职责。

除了以上职责外,业主大会还应当履行法律、法规或者业主大会议事规则规定的其他有关物业管理的职责。如监督共有部分、公共场地的使用和维护;对业主、物业使用人违反管理规约的行为,依照公约的规定实行处理等。

3.4.3 业主大会的设立

1) 建筑区划的划分

目前,我国绝大多数物业,特别是新建物业,都有规划、土地等部门的批准文件,其占用土地的四至界限是明确的,附属设施设备的产权是清晰的,一般情况下不需要再划分建筑区划。但也有少部分在计划经济体制下建造的旧住宅,在房改售房后,其共用设施设备的产权不明晰,实施物业管理时,随之带来维修养护责任不明确。还有过去零星插建的旧住宅或其他房屋建筑,其设施设备与紧邻的其他物业关联性很强,若单独实行物业管理,不是侵占相邻物业业主的利益,就是成本太高,浪费资源,难以运转。以上情况,在推进物业管理工作中,需要政府有关部门依据实际情况,制定划分建筑区划的办法。在实践中,建筑区划有的按照一个自然的街坊、有的按照一个封闭的小区、有的按照建筑物的规模大小等来划定,包括居住区、大厦区、工业区。由于我国不同地区物业管理发展水平差异性很大,在划分建筑区划时应当考虑物业的共用设施设备、建筑物规模、社区建设等因素,以便于业主大会的成立与运行,以便于在建筑区划内实施统一的物业管理。

2) 业主大会的设立原则、方式、时间

一个建筑区划设立一个业主大会。由于在一个建筑区划内的物业共有部分和相关场地在构造和权利归属上的整体性,因此国家规定一个建筑区划内只能设立一个业主大会。

同一个建筑区划内的业主,应当在物业所在地的区、县人民政府房地产行政主管部门的指导下设立业主大会,并选举产生业主委员会。设立业主大会也并非业主唯一可以选择的自我管理的形式,在只有一个业主,或者业主人数较少的情况下,业主完全可以自行或者通过全体协商的方式对共同事项作出决定,没有必要设立业主大会。《物业管理条例》允许业主根据自身的实际情况,决定是否采用业主大会这种管理形式。

由于业主大会的设立关系到业主的切身利益,甚至关系到建筑区划内的社会稳定,因此,业主大会的设立活动应当接受政府部门的指导。这种指导主要体现在业主向政府房地产行政主管部门咨询召开业主大会会议的法规政策、报告设立业主大会的筹备情况、邀请政府房地产行政主管部门参加首次业主大会会议等方面,政府房地产行政主管部门应当对业主大会的设立予以指导帮助。

一般地,业主大会在按规定程序召开首次业主大会会议之日起设立。

3)业主大会设立的程序

（1）成立筹备组

符合规定条件的建筑区划,其开发建设单位应当书面报告所在地物业管理主管部门,同时提供建筑区划划分情况、业主清册、建筑规划总平面图、物业服务用房配置情况、房屋专项维修资金归集情况以及首套房屋出售并交付的时间等文件资料;所在地物业管理主管部门在接到报告和文件资料后,抄送街道办事处(乡镇人民政府)。开发建设单位未及时书面报告的,业主可以向所在地物业管理主管部门或者街道办事处(乡镇人民政府)提出设立业主大会的书面要求。

街道办事处(乡镇人民政府)接到所在地物业管理主管部门抄送的开发建设单位的书面报告或者业主的书面要求后,应当组织业主成立业主大会筹备组(以下简称筹备组),筹备召开首次业主大会会议。

筹备组由业主和街道办事处(乡镇人民政府)开发建设单位派员组成,筹备组组长由街道办事处(乡镇人民政府)派员担任。筹备组成员名单应当自筹备组成立之日一定时间内在建筑区划内书面公告。

（2）筹备组的职责

筹备组应当做好下列筹备工作:

①确定首次业主大会会议召开的时间、地点和内容。

②草拟建筑区划管理规约、业主大会议事规则、业主委员会工作规则。

③确认业主身份和核计业主人数、专有部分面积。

④确定业主委员会成员候选人条件和选举办法。

⑤组织产生首届业主委员会成员候选人。

⑥做好召开首次业主大会会议的其他准备工作。

上述第①至⑤项内容应当在首次业主大会会议召开前以书面形式在建筑区划内公示,业主对业主身份、人数和专有部分面积等有异议的,筹备组应当予以复核。

自业主大会成立之日起,筹备组职责自行终止。

（3）召开首次业主大会会议

筹备组一般应当自成立之日起一定时间内,在所在地物业管理主管部门、街道办事处(乡镇人民政府)指导下,召开首次业主大会会议,其必要费用由开发建设单位支付。

业主大会自首次业主大会会议表决通过建筑区划管理规约、业主大会议事规则、业主委员会工作规则并选举产生业主委员会之日起设立。

（4）设立事项的备案

业主大会依法设立后,业主委员会应当就业主大会设立事项向所在地物业管理主管部门备案;并依法刻制和使用业主大会、业主委员会印章。

3.4.4　业主大会会议

1)业主大会会议类型

一种是定期会议,由业主委员会按照业主大会议事规则的规定定期组织召开;一种是临时会议,一般在建筑区划内发生重大事故或者紧急事件需要及时处理等情况时,由业主委员会临时召集。

国家并没有硬性规定必须定期会议召开的时间与次数,而是规定按照业主大会议事规则的规定召开,这样更符合实际情况和符合业主意愿。召开业主大会临时会议的条件,规定为经20%以上的业主提议应当及时召开,这种情况一般发生在有重大事故或者紧急事件需要及时处理时,或者管理规约中规定的召开业主大会临时会议情况发生。业主大会临时大会会议的组织者也由业主委员会承担。

发生应当召开业主大会会议的情况,业主委员会不履行组织召开会议职责的,业主可向当地房地产主管部门报告,当地房产管理主管部门可责令业主委员会限期召开。

2)业主大会会议形式

业主大会会议可以采用集体讨论的形式,也可以采用书面征求意见的形式,但应当有建筑区划内持有1/2以上投票权的业主参加,业主大会会议方有效。如果参加业主大会会议的业主所代表的物权份额太少,就体现不出广大业主的意志,达不到召开业主大会会议的效果。

召开业主大会会议,一般采用召集全体业主开会集体讨论的形式。但是,在业主人数较多的情况下,受时间、场地等因素的限制,召开全体业主参加的面对面的会议缺乏现实操作性,此时可考虑其他的会议召开形式,如发放会议材料和选票等书面征求意见形式,更方便业主行使参加业主大会会议的权利。

3)业主大会会议的召开

召开业主大会会议,应当于会议召开15日以前通知全体业主,并将会议通知和有关材料以书面形式在建筑区划内公告,由于业主大会会议是业主行使权利的重要途径,因此召开业主大会会议的时间、地点、内容等事项应当提前在物业管理小区内公告或者将会议通知等材料送达全体业主。为了使全体业主都有足够的时间了解会议的情况并作好参加会议的准备,应该提前15日通知。

如果召开住宅小区的业主大会会议,应当同时告知相关居民委员会。之所以是相关居民委员会,是因为业主大会与居民委员会之间,不是简单的一一对应的关系,一个建筑区划只有一个业主大会,但可能有2个以上的居民委员会,只要是相关的居民委员会,业主大会召开会议都应当告知。非住宅小区的建筑区划由于一般不涉及居民社区事务,是否告知居民委员会,《物业管理条例》不做要求。

为了保证会议的民主和公正,业主大会会议的召开过程和业主们发表的意见应当以书面形式做详细真实的记录,并形成业主大会开展工作的重要档案材料。这样做既便于业主对业主大会进行监督,又便于将来可能发生有关争议或者纠纷时有案可查。做好业主大会会议记录的职责由业主委员会来承担。

4)参加业主大会会议的业主

召开业主大会会议时,业主应当亲自出席并参与物业管理有关事项的决定,当由于业主因故不能亲自参加业主大会会议时,应当允许业主委托代理人参加业主大会会议。代理人根据业主的授权在业主大会会议上行使业主的权利,视同业主本人行使的权利。无民事行为能力或者限制民事行为能力的业主,由其法定代理人参加业主大会会议。非自然人业主派代表参加业主大会会议,其代表也应持有效的委托证明资料。

当建筑区划内人数较多的,可以幢、单元(楼层)等为单位,经相应区域内 1/2 以上投票权的业主书面同意,推选一名业主代表参加业主大会会议,若业主代表因故不能参加会议,业主可以另外推选区域内一名业主代表参加。推选业主代表参加业主大会会议的,业主代表可一般于参加业主大会会议 3 日前,就业主大会会议拟讨论的事项书面征求其所代表的业主意见;若需投票表决的,业主的赞同、反对、弃权的意见经业主本人签字后,由业主代表在业主大会会议投票时如实反映。

业主不出席也不委托代理人参加业主大会会议的,业主代表不出席、相应区域业主也不另推选业主代表参加业主大会会议的,视为弃权。但应当遵守业主大会作出的决定。

3.4.5　业主大会的决定方式

为了保障业主大会有关决定能真正代表和维护全体业主的整体利益,避免少数业主滥用权利侵犯多数业主利益的情况发生,根据业主大会作出决定的事项性质不同,其决定方式可以有:

1)普通多数决定方式

即业主大会作出的决定,必须经专有部分占建筑物总面积过半数业主且占总人数过半数的业主同意,如一般常规性的物业管理事项决定可采用此种方式。

2)特别多数决定方式

即业主大会作出筹集和使用建筑物及其附属设施的维修资金,改建、重建建筑物及其附属设施的决定,必须经专有部分占建筑物总面积 2/3 以上的业主且占总人数 2/3 以上的业主同意。因为这些特别事项关系到全体业主共同的重大利益,为了保证决策的慎重和决策的执行能获得绝大多数业主的支持,会议的决定须经全体业主中拥有 2/3 以上投票权通过才能生效实施。事实上，2/3 以上投票权数的通过已经代表了绝大多数业主的共同意志与共同利益。值得一提的是，业主大会的决定方式不宜采用全体一致决定方式，否则既不现实又缺乏操作性。

业主大会会议作出重大事项决定一般通过书面形式表决，表决票的发放与回收须有表决人的签字。

3.4.6　业主大会、业主委员会决定的效力

业主大会决定的地域效力及于业主大会所在的建筑区划，对人的效力及于建筑区划内的全体业主，对时间的效力以决定公布的时间为准。

对业主具有约束力的业主大会或者业主委员会的决定，必须是依法设立的业主大会、业主委员会作出的；必须是业主大会、业主委员会依据法定程序作出的；必须是符合法律、法规及规章，不违背社会道德，不损害国家、公共和他人利益的决定。上述 3 点必须同时具备，否则业主大会、业主委员会的决定对业主没有约束力。《物业管理条例》第十九条第二款规定，业主大会、业主委员会作出的决定违反法律、法规的，物业所在地的区、县人民政府房地产行政主管部门，应当责令限期改正或者撤消其决定，并通告全体业主。

业主大会、业主委员会主要对建筑区划内业主的建筑物区分所有权如何行使，业主的合法权益如何维护的事项作出决定。例如，可以对制定和修改业主大会议事规则作出决定，对制定和修改建筑物及其附属设施的管理规约作出决定，对选举业主委员会或者更换业主委员会成员作出决定，对选聘、解聘物业服务企业或者其他管理人作出决定，对筹集、使用建筑物及其附属设施的维修资金作出决定，对改建、重建建筑物及其附属设施作出决定。无论业主大会、业主委员会作出的哪一项决定，对业主均具有约束力。同时，《物权法》还规定："业主大会和业主委员会，对任意弃置垃圾、排放污染物或者噪声、违反规定饲养动物、违章搭建、侵占通道、拒付物业费等损害他人合法权益的行为，有权依照法律、法规以及管理规约，要求行为人停止侵害、消除危险、排除妨害、赔偿损失。"

现实中，有可能有的业主大会、业主委员会不遵守法律、法规以及管理规约，或者不依据法定程序作出的某些决定，侵害业主的合法权益，针对这一情形，《物权法》规定："业主大会、业主委员会作出的决定侵害了业主合法权益的，受侵害的业主可以请求人民法院予以撤消。""业主对侵害自己合法权益的行为，可以依法向人民法院提起诉讼。"这些规定，赋予了业主请求人民法院撤消业主大会、业主委员会作出的不当决定以及对侵害自己合法权益行为请求人民法院予以保护的权利。业主在具体行使这些权利时，还要依据民法通则、民事诉讼法的法律规定。例如，除法律另有规定外，应当在知道权利被侵害之日起两年内向人民法院提出诉讼或提出撤消的请求，且要向有管辖权的人民法院提出，要有明确的诉讼请求和事实、理由等。

业主大会设立与运作程序如表 3.1 所示：

表 3.1　业主大会设立与运作程序

程序	工作职责 单位(个人)	业主	开发建设单位	物业服务企业	社区居(村)民委员会	街道办事处、乡(镇)人民政府	所在地物业管理主管部门	筹备组	首届业主大会业主委员会	备注
业主大会设立	符合业主大会设立条件	书面报告所在地物业管理主管部门和街道办事处、社区居民委员会					了解掌握辖区内物业人住情况，对符合设立业主大会条件的予以指导;对其进行相关法律政策宣讲解，并告知其事项			符合业主大会设立条件的，应当组织召开首次业主大会会议，并选举产生业主委员会
	成立业主大会筹备组	参与、组织成立筹备组	派员参加筹备组工作，并承担业主大会筹备及会议的组织费用	配合业主大会筹备组工作	指导业主成立业主大会筹备组	接受业主大会筹备组成立的书面报告	接受业主开发建设单位或物业服务企业筹备成立业主大会筹备组的书面报告;接受业主大会筹备组成立的书面报告	将筹备组成员名单在本物业管理区域内公告，并告知居(社区)居委员会县(市)县房产管理部门和街道办事处、社区居民委员会		
	会议准备				指导筹备组工作;了解和掌握筹备组的工作情况，听取其关于筹备组专项工作情况的报告，对筹备工作中出现的问题，及时予以指出，并督促其改正			1.确定首次业主大会会议召开的时间、地点、形式和内容;2.拟定《管理规约》(草案)和《业主大会议事规则》(草案);3.确认业主身份，确认业主资格，确认业主人数及面积;4.确定业主代表;5.确定业主委员会候选人的，推选业主委员会委员候选人;6.宣传物业管理有关法律政策;7.召开首次业主大会会议的其他准备工作;8.会议召开前发出公告和会议通知。其中1~4项应在会议召开前以书面形式在物业管理区域内公示		会议可采用集体讨论的形式，也可采用书面征求意见的形式
	召开首次业主大会会议	参加会议			可派员参加会议并进行现场指导			组织召开会议，进行表决票的发放、回收、统计工作，审议通过管理规约、业主大会议事规则，选举产生业主委员会	召集业主大会第一次会议，并选举产生主任委员、副主任委员	选举产生之日起一定时间内召开
	召开第一次业主委员会会议							筹备组向业主委员会移交资料后自行解散	业主委员会第一次会议	业主委员会选举产生之日起一定时间内备案
	业主大会设立事项备案				出具业主大会设立事项备案意见		接受业主委员会备案资料，并在一定工作日内出具备案意见;首届业主大会、法规规定的应当责令限期改正或者撤销其决定，并通知全体业主		准备备案资料报所在地物业管理主管部门备案	
	备案后其他事宜								申请刻制业主大会、业主委员会印章，办理代码登记和开立专项维修资金账户等事宜	

续表

单位(个人)工作职责 程序	业主	开发建设单位	物业服务企业	社区居(村)民委员会	街道办事处、乡(镇)人民政府	所在地物业管理主管部门	筹备组	首届业主大会业主委员会	备注
业主大会会议	参加会议		配合业主委员会工作	指导业主大会召开		业主大会或业主委员会做出的决定对业主具有约束力;但该决定侵害业主合法权益的，受侵害的业主可以请求人民法院予以撤销		组织召开	会议召开前通知全体业主，并书面公告知、告知街道办、社区居委会
业主委员会换届改选	参加会议		配合筹备组工作	指导业主委员会换届选举筹备组工作		业主委员会不组建换届选举筹备组的，可督促其限期召开;逾期不召开的，可根据业主大会议事规则的约定，经业主申请，由街道办、社区组织召开	由本届业主委员会委员、部分非业委会业主共同组成换届选举筹备组	参加筹备组并报告任期内的工作	届满前2个月组成筹备组并召开业主大会会议
业主委员会会议						业主大会或业主委员会做出的决定对业主具有约束力;但该决定侵害业主合法权益的，受侵害的业主可以请求人民法院予以撤销		1/2以上委员出席，作出决定必须经全体委员1/2以上同意	会议前通知全体业主，作出决定后3日内书面公告

3.5　业主委员会

3.5.1　业主委员会的法律地位与特点

1）业主委员会的法律地位

业主委员会是业主大会的执行机构,对业主大会负责,向业主大会报告工作,受业主大会监督。由此建立了一种业主大会和业主委员会并存,业主决策权力机构和执行机构分离的物业自治模式。在过去的业主委员会制度下,业主大会只是名义上的权力机构,业主委员会实际上集决策和执行的职能于一身。由于少数业主甚至个别人控制物业管理的决定权,同时缺乏必要的监督机制,少数人的意志凌驾于广大业主意志之上,容易发生侵害大多数业主合法权益的情况,导致矛盾产生。将业主委员会界定为业主大会的执行机构较好地解决了这一问题。因此,业主委员会又被称为业主大会执行委员会。

2）业主委员会的特点

业主委员会从其法律地位和职责来看,应具有如下一些特点:

①业主委员会应由业主大会设立,由业主大会会议选举产生。为反映绝大多数业主的意愿,业主委员会委员的选举、更换由业主大会会议进行。

②业主委员会的活动范围应是代表全体业主进行物业自治,按照管理规约、业主大会议事规则的规定和业主大会的决定履行职责,不得从事与物业管理无关的活动。

③业主委员会应忠实地贯彻落实业主大会的宗旨,代表和维护建筑区划内全体业主在物业管理活动中的合法权益,不能只顾及部分业主利益而忽略另一部分业主利益,业主在物业管理活动中的权利义务是平等的,只有持有份额多的,其表决权多一些,但其应承担的义务也要多一些。业主委员会维护的应是业主的合法权益,其所有的行为、决策都应在法律、法规规定的范围内,不能作出与物业管理无关的决定。对业主委员会而言,其代表的虽是业主的合法权益,但法律法规的强制性、禁止性规定完全有高于业主意志的法律效力和意义。

④业主委员会的设立须经房产行政主管部门备案。业主委员会应接受所在地房产行政主管部门的指导、监督,是业主物业自治的制度化表现。它有自己的法律地位和法律意义,是一个固定的、有具体法定职责的机构。

3.5.2 业主委员会的性质

1）业主委员会没有法人资格

业主委员会的法律性质如何,涉及了其行为后果的归属以及法律责任的承担问题,在实践中有着非常重要的意义。根据《民法通则》规定,法人是具有民事权利能力和民事行为能力,依法独立享有民事权利和承担民事义务的组织。法人应具有4个基本条件:依法成立;有必要的财产或者经费;有自己的名称、组织机构和场所;能够独立承担民事责任。按国家规定,业主委员会作为业主大会的执行机构,没有独立的财产,开展活动的经费由全体业主承担。因此,业主委员会不具备法人的基本特征,没有法人资格。

2）业主委员会无民事诉讼主体资格

按照《民事诉讼法》规定,公民、法规和其他组织可以作为民事诉讼的当事人。这里所称的"其他组织"是指合法成立,有一定组织机构和财产,但又不具备法人资格的组织,主要包括了私营企业、合伙组织、合伙联营企业、法人的分支机构等。由于业主委员会没有自己的独立的财产,不享有《民事诉讼法》中"其他组织"的独立诉讼主体资格。当在实践中涉及诉讼事务时,应由全体业主授权于业主委员会(一般在管理规约、业主大会议事规则中授权),由其作为全体业主代表参加民事诉讼活动。也就是说,在民事诉讼中,诉讼权利本身并不归于业主委员会,其必须得到业主的明确授权,作为被委托人参加到诉讼中,行使诉讼权利,其诉讼活动的结果也直接归于全体业主。

3.5.3 业主委员会的职责

业主委员会应当履行如下的主要职责:

①召集业主大会会议,报告物业管理的实施情况。除了首次业主大会会议外,业主委员会是业主大会会议的法定召集人。首次业主大会会议以后的定期会议和临时会议均由业主委员会负责筹备和召集。业主委员会作为业主大会的执行机构,具体负责建筑区划内的各项物业管理事项的实施与管理,因此,业主委员会应当定期召集业主大会会议,将有关物业管理事项的实施情况向业主大会报告并接受业主大会的监督。

②代表业主与业主大会选聘的物业服务企业签订物业服务合同。业主大会享有选聘物业服务企业的权利,但业主大会的成员是全体业主,不可能由业主大会与物业服务企业签订物业服务合同。客观上,物业管理合同的签订只能由业主委员会来具体进行。业主大会通过会议决定的方式选聘某一物业服务企业后,应由业主委员会

代表业主与业主大会选聘的物业服务企业正式签订物业服务合同。

③及时了解业主、物业使用人的意见和建议,监督和协助物业服务企业履行物业服务合同。业主委员会作为联系广大业主和物业服务企业的桥梁,应当及时了解并听取业主、物业使用人的意见和建议,并把业主的这些建议和意见反映给物业服务企业,以提高物业管理水平。业主委员会与物业服务企业签订了物业服务合同之后,作为合同一方当事人享有对物业服务企业履行物业服务合同的情况进行监督的权利。在履行监督职责的同时,业主委员会有义务协助物业服务企业的工作,尽可能地为其工作提供方便,协调物业服务企业和业主之间的关系,帮助物业服务企业更好地履行物业服务合同。

④监督管理规约的实施。管理规约在建筑区划内的实施是否到位直接影响到物业品质、公共秩序和环境卫生状况的好坏。业主委员会有权对管理规约的实施情况进行监督,一旦有业主不遵守管理规约的规定,影响到其他业主的合法权益或者建筑区划内的公共利益时,业主委员会有权予以制止、批评教育、责令限期改正,并依照管理规约的规定进行处理。

⑤对任意弃置垃圾、排放污染物或者噪音、违反规定饲养动物、违章搭建、侵占通道、拒付物业费等损害他人合法权益的行为,有权依照法律、法规以及管理规约,要求行为人停止侵害、消除危险、排除妨害、赔偿损失。

⑥业主大会赋予的其他职责。除了以上法定职责外,业主委员会还应当履行业主大会赋予的其他职责。如业主委员会对各类物业管理档案资料、会议记录的保管;对管理规约、业主大会规则修订文本的起草;对有关印章、财产的保管;对业主之间和业主与物业服务企业之间纠纷的调解等。

3.5.4　业主委员会的选举产生

1)业主委员会的选举产生原则

①一个建筑区划应只设一个业主委员会。

②业主委员会应由建筑区划内的业主民主选举产生。业主委员会不是一个独立的法人,其行为后果直接归于全体业主,责任也由全体业主共同承担。因而业主委员会的组成人员应反映全体绝大多数业主的意愿,即应由全体业主进行民主选举,推选出自己信任的业主担任业主委员会的委员。

③业主委员会应由业主组成。业主大会是由建筑区划内的全体业主组成,业主委员会作为业主大会的执行机构,其组成人员应该是业主,其他非业主是不能成为业主委员会的委员,不能代替业主行使物业自治权利。

④业主委员会应经备案登记。业主委员会一经业主大会会议选举产生,就在业主大会议事规则规定的任期内履行相关职责。因此,业主委员会应自选举产生之日起30日内,向物业所在地的房产行政主管部门备案,以使主管部门对业主委员会的

情况进行必要的了解和掌握。业主委员会凭备案文件向有关部门申请刻制印章、办理代码登记和开立所在物业管理区域专项维修资金账户等事宜。

2）业主委员会的选举产生

（1）业主委员会委员的条件

业主委员会的各项任务最终要依靠其委员来具体执行，因此业主委员会的素质高低直接关系到业主大会的决定能否顺利或者高质量地完成。实践中，一些业主委员会委员素质不高，做出损害广大业主利益的事情，增加了物业管理纠纷，不利于物业管理活动的正常开展。因此，有必要对业主委员会委员条件作出规定，以使被业主大会会议选举出来的业主委员会委员能够真正代表和维护广大业主的合法权益。一般来说，业主委员会委员应当符合以下条件：

①具有完全民事行为能力的业主。业主委员会委员，在物业管理活动中要代表和维护建筑区划内全体业主的合法权益，必须对自己的行为及其后果能够作出判断，这种判断能力就是通常所说的行为能力。而物业管理活动大量的是民事法律关系，业主委员会在物业管理活动中民事行为能力因此是完全的，而不是没有或者是受限制的。

②遵守法律、法规；遵守管理规约、业主大会议事规则，履行业主义务。业主委员会委员，是由建筑区划内全体业主选举产生出来的，具有一定的代表性，必须能模范履行业主义务。也就是说，不履行业主义务的业主，是不能作为业主委员会委员的，如果业主委员会委员不能履行业主义务，不遵守法律、法规规定，不遵守管理规约、业主大会议事规则，不承担业主在物业管理活动中的义务（如按规定缴存专项维修资金、按期交纳物业服务费用），导致违反物业服务费用的约定，势必在建筑区划内引起麻烦，进而影响建筑区划安定。

③热心公益事业。业主委员会的工作内容和全体业主的共同事务往往有很大关系，涉及业主共同利益，业主委员会委员的工作更多的是为全体业主服务。很多业主委员会委员有自己的本职工作，进行业主委员会的工作往往是在本职工作之外进行的，而且很多没有报酬，没有很强的公益心和奉献精神，是很难胜任的。因此，业主委员会委员一定要由热心公益事业，乐于为大家服务的业主担任。

④责任心强。根据业主大会议事规则的约定，业主委员会一般有一定的任期，在任期内需要投入一定的精力，工作内容琐碎，只有具有很强的责任意识，业主委员会委员才能克服困难履行职责。

⑤具有一定的组织能力。物业管理活动中的各种关系复杂，业主委员会委员面对的是建筑区划内的全体业主，难免会出现许多矛盾与纠纷，因此，需要业主委员会委员具有一定的组织管理协调能力，才能将各项工作做好。

⑥有一定的工作时间。

（2）业主委员会委员的选举

一般地，选举业主委员会委员，应当先推荐业主委员候选人，业主委员候选人可由幢、单元(楼层)等业主代表产生,业主人数较多的可由幢(楼层)业主代表产生。

业主大会会议选举业主委员会委员时,可实行差额选举,但应经普通多数决定方式通过,且按得票多的当选。当候选人得票相等不能排位当选的,应对得票相等的候选人再次选举确定。已选出的业主委员会委员人数少于业主大会议事规定人数的,应在当选之外的其他候选人中再次选举确定。

业主委员会主任、副主任应当在业主委员会委员中推选产生。因为业主委员会由一定数额的委员组成。业主委员会的主任、副主任是业主委员会的召集人和组织者,他们均由业主大会选举出来的业主委员会委员自行推选产生,这样可以增强业主委员会主任、副主任在业主委员会中的公信力,有利于其组织业主委员会的各项活动。

(3)业主委员会委员的变更、补选、资格终止

经业主委员会或者20%以上业主提议,认为有必要变更业主委员会委员的,由业主大会会议作出决定,并以书面形式在建筑区划内公告。

业主委员会委员因故缺额时,应在下一次业主大会会议中予以补选,缺额人数超过1/4的,应及时召开业主大会会议补选。补选的委员任期一般随业主委员会届满止。

业主委员会委员不再是业主的,无故缺席业主委员会会议连续3次以上的,因疾病等原因丧失履行职责能力的,有犯罪行为的,以书面形式向业主大会提出辞呈的,拒不履行业主义务的,以及其他原因不宜担任业主委员会委员的等情形之一的,经业主大会会议通过,其业主委员会委员资格终止。

一般地,业主委员会委员变更或资格终止的,应自变更资格终止之日起3日内将其保管的档案资料、印章及其他属于业主大会所有的财物,移交给业主委员会。

3)业主委员会会议

一般地,经1/3以上业主委员会委员提议或者业主委员会主任认为必要的,应当及时召开业主委员会会议,在会议召开前的3日内应当通知全体委员。

业主委员会会议应当有1/2以上委员出席,作出决定必须经全体委员1/2以上同意。业主委员会的决定应当以书面形式在建筑区划内及时公告。业主委员会会议应当作书面记录,由出席会议的委员签字后存档。

4)业主委员会换届

一般地,业主委员会任期届满前应完成换届选举工作。其届满2个月前,应组建换届选举筹备组。换届选举筹备组应在当地主管部门、街道办事处、社区居民委员会的指导下,在业主委员会任期届满前2个月内召开业主大会会议,进行换届选举。业主委员会不组建换届选举筹备组召开业主大会会议的,当地主管部门可督促其限期召开;逾期仍不组建换届选举筹备组召开业主大会会议的,业主可在委员会的指导下开展业主委员会换届选举工作。原业主委员会应当在其任期届满之日起10日内,将

其保管的档案资料、印章及其他属于业主大会所有的财物移交新一届业主委员会，并做好交接手续。

5）业主大会及其业主委员会的解散、经费、印章、违法决定的处理方式

按国家规定，因建筑区划发生变更等原因导致业主大会解散的，在解散前，业主大会及其业主委员会应当在区、县人民政府房地产行政主管部门和街道办事处（乡镇人民政府）的指导监督下，做好业主共同财产清算工作。

业主大会和业主委员会开展工作的经费由全体业主承担；经费的筹集、管理、使用具体由业主大会议事规则规定。业主大会和业主委员会工作经费的使用情况应当定期以书面形式在建筑区划内公告，接受业主的质询。

业主大会和业主委员会的印章依照有关法律法规和业主大会议事规则的规定刻制、使用、管理。违反印章使用规定，造成经济损失或者不良影响的，由责任人承担相应的责任。

业主大会、业主委员会作出违反法律、法规的决定，此决定的行为由于违法而失去了行为的正当性，由物业所在地的区、县人民政府房地产行政主管部门责令限期改正或者撤消其决定，并在建筑区划内向全体业主通告。如业主大会作出的由不符合任职资格的业主担任业主委员会委员的决定；业主大会作出的挪用专项维修资金的决定；业主委员会不经业主大会通过直接作出的选聘、解聘物业服务企业的决定等。

业主以业主大会或者业主委员会的名义，从事违反法律、法规的活动，构成犯罪的，依法追究刑事责任；尚不构成犯罪的，依法给予治安管理处罚。在实践中，存在着一些业主利用业主大会或者业主委员会的名义，从事与物业管理无关的活动，甚至从事违反法律、法规的活动，如聚众闹事、斗殴。从事封建迷信活动，甚至可能走向有组织犯罪等。显然这些活动是以业主大会或者业主委员会名义做出的，但是由于其与物业管理无关，并不能视为业主大会或者业主委员会的行为，其法律后果应当由利用业主大会或者业主委员会从事违法活动的业主承担。

6）业主大会及其业主委员会的相关工作关系

（1）与公安机关的工作关系

公安机关是国家的治安保卫机关，是掌握社会治安和国内安全保卫工作的专门机关。公安机关作为国家公共权力机构，体现了对公共秩序进行管理的国家意志，它在对建筑区划内的社会治安等社会秩序的管理中处于主导性的地位。而业主大会、业主委员会对建筑区划内的秩序的维护，是出于私法上的自我管理的目的进行的，不具备国家权力机构所具有的强制管理的手段，决定的范围与程度都是有限的。因此，公安机关在建筑区划内进行社会治安等相关工作时，业主大会、业主委员会应当积极地予以配合。

（2）与社区居民委员会的工作关系

业主大会是建筑区划内全体业主行使建筑物区分所有权的一种形式，它的职能

主要是民事性的。居民委员会的性质是居民自我管理、自我教育、自我服务的基层群众性自治组织，它的职能大都带有社会公共性。两者在性质、职能、人员组成、权利基础、议事规则、管理边界等多个方面，都存在着如下根本性的差异。

①成立的法律依据不同。业主委员会成立依据的是国务院《物业管理条例》；居民委员会成立的法律依据是《中华人民共和国城市居民委员会组织法》。

②组织性质不同。业主委员会是业主大会这一代表和维护建筑区划全体业主在物业管理活动中合法权益的财产管理组织的执行机构，而居民委员会是居民自我管理、自我服务的基层群众性自治组织。

③职责不同。业主委员会的职责主要是围绕着物业管理的各个事项和环节，其具体的职责如前所述。居民委员会的职责可见《中华人民共和国居民委员会组织法》第三条规定："宣传宪法、法律、法规和国家的政策，维护居民的合法利益，教育居民履行依法应尽的义务，爱护公共财产，开展多种形式的社会主义精神文明建设活动；办理本居住地区居民的公共事务的公益事业；调解民间纠纷；协助维护社会治安；协助人民政府或者它的派出机关做好与居民利益有关的公共卫生、计划生育、优抚救济、青少年教育等项工作"。居民委员会的这些职责有一些行政管理的色彩。

④人员组成不同。业主委员会的组成人员应当是在本建筑区划内的业主。居民委员会组成人员一般要求其户口在居民委员会所在地。另外业主委员会的组成人员应为兼职，并不领取工资。而居民委员会的组成人员大多为专职，并领取工资。

⑤办公场所和经费的来源不同。业主委员会的办公场所由物业的房地产开发建设单位提供，其办公经费由业主大会议事规则规定。居民委员会的办公场所和办公经费均由地方政府统筹解决。

⑥工作的侧重点不同。业主委员会是在市场经济的条件下产生和发展起来的，而居民委员会是在长期计划经济体制的情况下形成的，其职责的侧重点不同，居民委员会侧重的是人员管理，业主委员会侧重的是资产管理。

虽然有着根本的区别，但在实际工作中，尤其在社区建设工作中，两者又存在着无法分开的联系。业主大会和居民委员会在根本目标上是一致的。都是为了给业主或者居民创造良好的生活居住环境。随着社区建设的进一步发展和物业管理的进一步推广，随着居民和业主身份的逐渐同质化，由广大居民或者业主直接选举产生居民委员会和业主委员会有可能会出现趋同的情况。在现实中，两者的工作在某些方面有联系，有交叉，在职能上表现出一定程度的重合。居民委员会有条件，也有必要对业主大会的相关工作进行指导和监督，如公共环境和卫生的维护，公共秩序的协助维护，以及业主间一些纠纷的调处工作等，业主大会和业主委员会要积极协助居民委员会的相关工作。

因此，相关居民委员会依法履行自治管理职责时，从有利于居民委员会对业主大会的相关工作进行指导和监督的角度出发，国家规定住宅小区的业主大会、业主委员会作出的决定，应当告知相关的居民委员会，并认真听取居民委员会的建议。

3.6 管理规约、业主大会议事规则

3.6.1 管理规约

管理规约是由全体业主共同制定的,规定业主在建筑区划内有关物业使用、维护、管理等涉及业主共同利益事项的,对全体业主具有普遍约束力的自律性规范,它一般以书面形式订立。管理规约作为业主对建筑区划内一些重大事务的共同性约定和允诺,作为业主自我管理的一种重要形式和手段,要求全体业主共同遵守。管理规约是物业管理法律法规和政策的一种有益的补充,是有效调整业主之间权利与义务关系的基础性文件,也是物业管理顺利进行的重要保证。要形成和谐有序的物业管理秩序,必须充分认识到管理规约起到的重要作用。

管理规约是物业管理中一个极为重要的法律文件,是全体业主的明示承诺,并对全体业主有约束力。它是全体业主遵守物业管理各项规章制度的行为守则。管理规约体现了绝大部分业主的共同意志对少数业主个别意志的约束。

制定管理规约具有必要性。一个建筑区划内的法律关系,在大多数情况下,既非单独的所有权关系,也非简单的共有关系,而是建筑物区分所有权关系。《宪法》第51条规定:"中华人民共和国公民在行使自由和权利的时候,不得损害国家的、社会的、集体的利益和其他公民的合法的自由和权利。"业主作为物业的所有权人,并不意味着可以随心所欲地使用该物业。因为在一个物业管理的区域内,众多业主不论是出于工作还是生活的目的使用物业,都需要一个安全便利的环境条件。因此,由业主共同订立一个有关物业的共有部分和共同事务管理的协议(即管理规约),是十分必要的。

管理规约具有以下特征:

①管理规约的制定主体是全体业主。从理论上来说,制定管理规约的主体必须是全体业主。管理规约是物业管理的基础,是全体业主对物业的使用、维护、管理等关系以书面形式订立的自治规范。既然是一种自治规范,当然必须由自治者本人制定,业主遵守管理规约的同时,感觉到受自己决定的约束,更能心悦诚服。

实践中,除全体业主制定管理规约以外,房地产开发商也会制定管理规约。房地产开发商在出售房地产之前制定了临时管理规约,在出售房地产时要求买方接受,有的房地产开发商甚至将临时管理规约作为房地产买卖合同的一个条款。当业主大会会议制定出管理规约后,原先由开发商制定的临时管理规约应失去法律效力。

业主转让或者出租物业时,应当将管理规约作为物业转让合同或者租赁合同的附件,它对受让人或者承租人具有同等约束力。转让人或者出租人应当在办理转让或者租赁手续后的合理期限内,将物业转让或者出租情况告知业主委员会和物业服务企业。

②管理规约的主要内容是业主在建筑区划内的权利和义务。不同的建筑区划，因规模、设备、功能等不同，订立的管理规约的内容不同。管理规约一般由政府行政主管部门统一制订示范文本。业主大会可以根据本建筑区划的实际情况进行修改补充，业主大会通过后报行政主管部门备案。

③管理规约的生效需具备法定的条件。管理规约是物业管理中的一个重要的基础性文件，从理论上来说，管理规约应由全体业主讨论通过并签字生效。以后根据实际情况进行的修订则只需业主大会讨论通过即生效。

管理规约一般应包括以下主要内容：

①有关物业的使用、维护、管理。如业主使用其自有物业和建筑区划内共有部分以及相关场地的约定；业主对建筑区划内公共建筑和共用设施使用的有关规程；业主对自有物业进行装饰装修时应当遵守的规则等。

②业主的共同利益。如对物业共有部分使用和保护，利用物业共用部位获得收益的分配；对公共秩序、环境卫生的维护等。

③业主应当履行的义务。如遵守建筑区划内物业共有部分的使用、公共秩序和环境卫生的维护等方面的规章制度；按照国家有关规定交纳专项维修资金；按时交纳物业服务费用；不得擅自改变建筑及其设施设备的结构、外貌、设计用途；不得违反规定存放易燃、易爆、剧毒、放射性等物品；不得违反规定饲养家禽、宠物；不得随意停放车辆和鸣放喇叭等。

④违反规约应当承担的责任。业主不履行管理规约义务要承担民事责任，其中以支付违约金和赔偿损失为主要的承担责任方式。在违约责任中还要明确解决争议的办法，如通过业主委员会或者物业服务企业调解和处理等。业主不服调解和处理的，可通过诉讼渠道解决。

由于管理规约须经建筑区划内业主签字承诺，因此，管理规约的效力范围当然涉及全体业主。在这里，有如下几点值得说明：

①管理规约对物业使用人也发生法律效力。由于管理规约一项核心的内容是规范对物业的使用秩序，而物业使用人基于其实际的物业的使用，不可避免地会影响到物业的状态，而且业主委员会或者物业服务企业对物业进行管理势必要直接与物业使用人打交道，因此客观上需要将其纳入到物业管理活动中来。

②管理规约对物业的继受人（即新业主）自动产生效力。在物业的转让和继承中，物业的所有权要发生变动移转给予受让人。但管理规约无须新入住的继受人作出任何形式上的承诺，就自动地对其产生效力。在这一点上可能理解为继受人在取得物业时，对已经生效的管理规约存在默示，自愿接受管理规约的约束。

管理规约示范文本（以成都市 2003—2006 年的为例）见附件 1。

3.6.2 业主大会议事规则

业主大会议事规则是业主大会组织、运作的规程,是对业主大会宗旨、组织体制、活动方式、成员的权利义务等内容进行记载的业主自律性文件。

制定业主大会议事规则是十分必要的,业主大会议事规则是业主大会作为一个组织的行为准则,是保障业主大会正常开展工作,维护业主利益、实现管理目标的纲领性文件。合理完善的议事规则是业主大会发挥作用的重要保证。从业主大会筹备组成立起,就要制定业主大会议事规则。议事规则必须经业主大会审议通过后施行。

作为业主大会组织与行为的基本准则,业主大会议事规则对业主大会的成立及运作具有十分重要的意义,它既是业主大会成立的基础,也是业主大会赖以生存的灵魂。业主大会议事规则具有以下基本特征:

①是业主大会设立的最基本条件和最重要的法律文件。业主大会议事规则是成立业主大会的必备要件,也是业主大会活动中所应遵循的原则。各地物业管理条例均要求设立业主大会必须订立业主大会议事规则,业主大会的设立程序以订立议事规则开始,以设立登记结束。业主大会议事规则是业主大会对政府作出的书面保证,也是国家对业主大会进行监督管理的主要依据。没有议事规则,业主大会就不能获准成立。

②是确定业主大会权利、义务关系的基本法律文件。业主大会议事规则一经有关部门批准即对外产生法律效力。符合业主大会议事规则的行为受国家法律保护,违反议事规则的行为,就要受到干预和制裁。

③是业主大会实行内部管理和对外进行交往的基本法律依据。业主大会议事规则规定了业主大会组织和活动的原则及细则,它是业主大会内外活动的基本准则。它规定的业主大会及其委员的权利义务和确立的内部管理体制,是业主大会对内进行管理的依据。同时,业主大会议事规则也是业主大会向全体业主表明信用和业主了解业主大会组织和财产状况的重要法律文件。

业主大会议事规则包含以下内容:

①业主大会的议事方式:包括业主大会议事规则是采用集体讨论还是书面征求意见的形式。

②业主大会的表决程序:包括业主大会会议的基本议程、业主大会的表决形式等。

③业主投票权确定办法:如何来确定业主在业主大会会议上的投票权数。

④业主委员会的组织和成员任期:包括业主委员会委员的资格、人数、任期,正副主任的配置等。

业主大会议事规则还可以对其他有关业主大会活动的事项作出规定,如业主大会的宗旨、权利与义务、活动范围、经费来源、业主委员会的权利与义务等。

业主大会通过业主大会议事规则来建立大会内正常工作秩序,保证大会内业主集体意志和行动的统一。业主大会议事规则是全体业主意志的集中体现，是业主大会运作的基本的准则和依据。业主大会、业主委员会和所属的成员都必须严格遵守。

业主大会议事规则的制定、修改主体是业主大会，首次业主大会会议上审议的业主大会议事规则由业主大会的成立筹备组起草，业主大会议事规则的修改由业主委员会草拟。制定、修改业主大会议事规则须经特别多数决定方式表决通过。

业主大会议事规则示范文本（以成都市2003—2006年的为例）见附件2。

[**案例分析**]

某住宅小区于2002年3月开始预售，2003年6月竣工交付使用时出售的房屋建筑面积占该小区总建筑面积的68%。2004年7月，该小区有部分业主自发召开业主大会会议并选举产生了业主委员会，业主委员会在向公安机关申请刻制印章未果，便私自刻制了印章，并将原物业服务企业解聘，新选聘了一家物业服务企业为该小区提供物业服务，原物业服务企业因此状告该业主委员会非法设立，违法运作。

经调查发现，该小区业主大会在成立业主大会筹备过程中，既未告知当地房地产行政主管部门、街道办事处，也未告知小区的房地产开发商、物业服务企业，既未起草《管理规约》、《业主大会议事规则》，也未确定业主在首次业主大会会议上的投票权，也未将业主委员会候选人情况公示；在召开首次业主大会会议时也未向全体业主发出会议通知，包括拥有1 000平方米房屋建筑面积的小区房地产开发商，到会的业主持有建筑面积仅占40%；选出的业主委员会委员中，有1人是某业主的父亲，有1人是业主的亲戚。业主大会成立后，也未与小区房地产开发建设单位办理移交手续。

讨论：

1. 该小区业主大会成立的条件具备吗？

2. 该小区业主大会成立合法吗？

3. 该小区业主委员会的设立是否有效？

4. 该小区业主委员会新选聘物业服务企业的决定是否有效？

5. 该小区业主委员会与新的物业服务企业签订的物业服务合同能履行吗？

复习思考题

1. 简述维护业主在物业管理活动中合法权益的物业管理体制与机制。

2. 简述建筑物区分所有权理论的实践意义。

3. 简述业主的权利与义务。

4. 简述业主大会的宗旨、组成、职责。

5. 简述业主大会的成立原则、方式、时间、条件、秩序。

6. 简述业主大会会议类型、形式、决定及其效力。

7. 简述参加业主大会会议的业主及其投票权确定。

8.简述管理规约与业主大会议事规则的概念、内容、效力、制定与修改。

9.简述业主委员会性质、法律地位、特点、职责。

10.简述业主委员会的设立原则。

11.简述业主大会及其业主委员会的会议召开。

12.简述业主委员会与居民委员会的关系。

第4章
物业管理的行政管理

本章论述了物业管理的行政管理的涵义和必要性、物业管理的行政管理内容、物业管理的行政管理部门及其职责与法律责任、物业管理的行政管理关系、物业管理的行政管理纠纷及其法律解决方式等,目的是让读者对物业管理的行政管理活动有基本的认识与了解。

4.1　物业管理的行政管理概述

4.1.1　行政管理

行政管理是国家行政机关(即国家权力机关的执行机关)行使国家权力,依法管理国家事务、社会公共事务和行政机关内部事务的活动。它以国家强制力为后盾,具有较高的权威性,一切活动均由法律作保证。行政管理具有以下几方面的特征:

①行政管理的主体是国家权力机关的执行机构,即国家行政机关。行政管理的支配权是行政权,行政权源于国家权力,是国家权力结构的组成部分。在我国,行政管理的主体表现为国务院和地方各级人民政府,我国的行政机关是国家权力的执行机关,其行政权力是国家权力机关依法授予的。

②行政管理的客体是国家事务、社会公共事务和行政机关的内部事务。

③行政管理活动的根本原则是依法管理。政府法治、依法行政是现代行政管理的本质特征。行政管理活动的执行性的性质,决定了行政管理必须以法律规范为根本的活动准则,在法律规范规定的范围内实施管理,不能超越法律之外和凌驾于法律之上。

④行政管理是一种由主体发动而作用于客体的有序管理。

⑤行政管理是建立在一定经济基础之上的上层建筑,是国家意志的执行,是国家的管理活动。

⑥行政管理是建立在科学基础上,讲求效能和效率的管理活动。

4.1.2 物业管理的行政管理

物业管理的行政管理,是指以国家行政机关或其授权机构或法律法规规定的组织为依托,依法运用行政权力,为有效实现物业管理公共利益而进行的管理活动。

物业管理的行政管理具有以下一些特点:

①物业管理的行政管理是以物业管理公共利益的实现为目标。从理论抽象意义上讲,公共利益就是特定范围内所有社会成员利益的共同部分。因此,公共利益不是单个社会成员或者单个组织的特定利益,而是全体社会成员的共同利益。公共利益的构成在价值上具有多元并列性,它至少包含着生存、安全、秩序、效率、公平、公正、民主、效益等基本价值。这些价值是保证社会成员进行正常有序的共同生活所必需的。因此,物业管理公共利益的实现是物业管理的行政管理的目标。

在其现实性上,公共利益的实现体现为社会公共服务的提供。因此,物业管理的行政管理是以社会公共服务的承担作为基本内容的,包括对社会公共性事务的管理和公共产品的供给。公共事务,即社会成员为保证社会生活的正常有序进行而共同要求处理和实现的事务。公共产品是指具有消费的非排他性和非竞争性的产品。它包括有形的产品,如公共道路、公共基础设施;也包括无形的产品,如法律、法规、规章政策以及意识形态等。

②物业管理的行政管理是国家行政权力的运用过程。国家行政权力是物业行政管理活动得以进行的力量凭借,没有国家行政权力的物业行政管理是不可能有效实施的。因此,物业行政管理的各种活动,从权力的意义上来看,也可以理解为国家行政权力的行使过程,而物业管理的行政管理职能,实际上是国家行政权力在物业管理的行政管理中的特定行使方式。同时,国家行政权力所具有的特性,也为物业管理的行政管理进行提供了独特的条件。国家行政权力是社会权力资源的高度集中,它是社会力量中最强大的力量;国家行政权力以政治合法性作为其基础,它具有运用和运行的权威性;国家行政权力具有对全社会的制约性,它具有特定的约束性。

③物业管理的行政管理必须接受公众的监督。物业管理中的行政管理对社会公共服务承担着法定的公共责任。因此,其活动必须对公众负责,必须接受社会公众的监督。

④物业管理的行政管理是以国家行政机关或其授权机构或法律法规规定组织为依托的现代政府作为社会全体合法成员共同利益的代表,是通过法定的公共程序产生的,其权力也是得到社会公众的认同的。因此,政府的管理具有合法性和强制性。在社会生活中,政府负有承担公共服务的主要责任,因此,政府各部门、各层级履行的行政管理也是承担社会公共事务,实现公共利益的主要管理形式。

4.1.3　物业管理的行政管理的必要性

物业管理活动的实质是业主和物业服务企业就物业管理服务为标的所进行的一项交易。在社会主义市场经济条件下,交易的进行主要通过合同作为纽带完成。物业管理作为一项市场行为,也须遵循市场经济发展规律,也存在着需要政府宏观调控和通过市场进行资源优化配置。加之,物业管理涉及千家万户的切身利益,涉及社会生活的诸多方面,也需要政府适时提供公共产品和公共服务予以保障。

在物业管理市场方面,单纯的自由放任经济不能实现市场经济的良性运行,过分强调政府干预又会使经济失去效率和活力。市场经济的运行不能没有政府的干预,也不能没有市场的调节。在市场经济体制下,政府与市场相互关系的总原则是:市场机制能够解决的,就让市场解决,政府只管市场做不好和做不了的事,政府引导市场,市场调节企业。

在社会主义市场经济体制下,政府与市场的关系表现为:市场经济的顺利发展,客观上要求把市场对社会经济运行和资源配置的基础性作用与政府宏观调控的指导性作用结合起来。特别是我国当前正处在大力发展生产力,实现全民奔小康,促进人与社会的可持续、协调、全面发展的时期,在许多方面尚不具备或不完全具备市场机制正常运转所需的基本条件,而发展市场经济的客观形势又不容许我们仅靠市场自发的力量去慢慢形成这些条件。离开了政府对市场的宏观调控,就根本不可能建立起正常的市场经济秩序,而只能导致混乱和无序。因此,加强政府对市场的宏观调控,不仅是必要的,而且是必然的。

另一方面,政府对市场进行宏观调控,并不意味着否定市场在社会资源配置中所具有的基础性调节作用。实际上,政府对市场的宏观调控,其作用在于补充市场调节的不足,在于使市场机制能更充分地发挥其功能,在于对市场机制作用的方向和后果进行必要的干预和引导,矫正市场的失灵,但绝不是取代或取消市场机制本身在经济中的基础性调节作用。政府应采取的措施包括:打破地区、部门分割和封锁,建立和完善平等竞争、规则健全的统一市场,促进市场体系的发育和完善,发布市场信息,加强市场管理,制止违法经营和不正当竞争等,并培养社会的自治能力,确立起政府与社会的良性互动关系。

此外,在我国物业管理的发展过程中,还存在一些社会矛盾:相关主体的法律关系不明确、物业服务企业服务意识不强、业主委员会缺少制约、业主自律机制不完善、前期物业管理矛盾突出、专项维修资金管理不规范等。这些问题反映出了在物业管理活动中,除了由业主自治体系、物业服务合同等在《民法通则》、《合同法》、《物业管理条例》的范围内予以自我解决外,还有赖于政府通过产业政策、法律手段和一些必要的行政手段来予以逐渐克服,并妥善处理政府和市场的关系。

物业管理活动中大量的是民事关系,应当通过设定规则,由当事人自行调节和通过司法程序调节。对这些民事关系,不宜采取政府行政措施进行调节。对不产生外

部影响、不涉及公共利益的纯私人事务,不设置政府行政管理权;对不属于政府行政职责的事务,不设定行政规制;对应当由业主自行处理的事务,不设定行政强制措施。

同时,明确界定违反行政管理秩序行为与民事违约、民事侵权行为的界限,对凡是能够通过民事责任解决的,不再设定行政处罚;对违反行政管理规定,又同时构成民事违约或侵权的行为,则坚持损害赔偿优先的原则。市场规则的完善是市场主体行为规范的基础。物业管理的发展从根本上取决于市场规则的完善和市场机制的良性运行。政府按照社会主义市场经济的原则,可对物业管理活动的竞争机制、物业服务的定价、物业服务合同等做出规定。这些规定的目的,就是培育市场,充分发挥市场优化资源配置的作用。

由此可见,政府作为社会管理的典型公共组织,同样在物业管理活动中有着非常重要的作用和意义。政府的各部门要分工负责对物业管理活动进行严格的规范和行政管理。在物业管理活动的每一个环节中,既离不开政府部门的行政监管,也离不开政府部门的大力支持。

4.1.4 物业管理的行政管理内容

物业管理中的行政管理内容,是指政府职能部门和各层级在物业管理活动中行使管理权的范围和功能作用,主要涉及政府管什么、怎么管、发挥什么作用的问题。具体体现在以下几方面:

1) 政治方面

政府必须进一步完善物业管理民主制度,不断扩大政府同群众联系的渠道,提高业主的财产管理意识、公共事务管理意识、民主管理意识、完善业主主动参与并行使履行义务的机制。在物业管理活动中,建立业主民主协商、自我管理、平衡利益的机制,是政府部门应当牢牢把握的原则;业主大会制度和管理规约制度,目的就是建立这种机制。业主大会是表达业主意思,实现业主利益均衡的组织形式,其基本的议事准则就是民主协商、集体表决。管理规约是依据国家相关法律、法规制定的,是业主应当共同遵守的行为准则,对全体业主具有普遍约束力。

2) 经济方面

政府主要应加强统筹规划、掌握政策、信息引导、组织协调、提供服务和检查监督。具体地说,包括:培育和健全市场机制,如物业管理招投标机制;国有物业服务企业的改革;发展和培育物业服务中介组织(如招投标代理机构、物业服务顾问、评估、经纪、面积测量、质量检测等);保证社会适度就业(物业管理从现阶段来看,大多数还属劳动密集型产业);缩小地区发展的不平衡(物业管理发展水平是与一个地区经济发展水平相适应的);鼓励适时调整和优化市场结构与产品结构,提高物业管理产业的整体素质和效益;制定和执行物业管理产业政策;制定和实施市场规则,保障公平竞争;提供信息引导,推进市场的完善和发展,弥补信息不完全或信息不对称造成的市场失灵。加强行业队伍建设,规范从业行为。

3)社会服务方面

为社会提供服务和搞好社会保障,搞好诸如安全、卫生、环保等以及逐步完善社会保障体系等。

4.2 物业管理的行政管理部门及其职责

4.2.1 物业管理的行政管理部门

物业管理的行政管理部门,是指以法定职权对物业管理活动和物业管理活动的其他主体进行认可、规范、监督、管理等的政府职能部门。

(1)国家一级的物业管理主管机构

国家一级的物业管理主管机构是指国务院建设行政主管部门,管理职责是负责全国范围内物业管理活动的监督管理工作,制定产业政策,拟定行业法规、办法等,诸如制定物业服务企业资质管理制度;配合国务院价格主管部门制定物业服务收费办法;配合价格主管部门监督物业服务收费;会同国务院财政部门制定专项维修资金收取、使用和管理的办法等。

(2)省市一级的物业管理主管机构

县级以上地方人民政府房地产行政主管部门,即省建设厅(直辖市房地局)和市房地产管理局是本行政区域内物业管理的主管部门。管理职责是对本行政区域内的物业管理活动实施监督管理,指导业主成立业主大会;撤销业主大会和业主委员会作出的违反法律法规的决定或者责令其限期改正;批准符合条件的建设单位采用协议方式选聘物业服务企业;配合价格主管部门监督物业服务收费;处理物业管理活动中的投诉;对物业管理活动中的违法行为予以查处;制定本行政区域内的地方法规、具体办法等。

(3)基层一级的物业管理主管机构

区、县房地产行政管理部门是辖区内物业管理的行政管理部门,负责对本辖区物业管理进行监督,主持辖区内具体的直接的管理,指导业主成立业主大会;撤销业主大会和业主委员会作出的违反法律法规的决定或者责令其限期改正;处理物业管理活动中业主和使用人、业主委员会的投诉,对违章行为依法作出处罚等。

(4)相关部门和单位

物业管理活动的顺利进行,需要主管部门的监督管理,也需要相关部门和单位的大力协作。正是考虑到此,《物业管理条例》的一些规定涉及了相关部门和单位的职责。例如,《条例》第二十条规定业主大会、业主委员会应当配合"公安机关",与"居民委员会"相互协作,共同做好维护建筑区划内的社会治安等相关工作;《条例》第四十条规定"国务院价格主管部门"会同国务院建设行政主管部门制定物业服务收费办法;第四十三条规定"县级以上政府价格主管部门"会同同级房地产行政主管部门,应当加强对物业服务收费的监督;第四十六条规定"有关行政主管部门"在接到物业服务企业关于建筑区划内违法行为的报告后,应当依法对违法行为予以制止或者依法处理;第五十二条规定"公用事业单位"应当依法承担建筑区划内相关管线和设施设备维修、养护的责任;第五十四条规定专项维修资金收取、使用、管理的办法由国务院建设行政主管部门会同"国务院财政部门"制定。因此,公安、民政、物价、工商、建设、规划、市政公用等有关行政管理部门应当按照各自的职责,协同实施条例。

（5）基层政府机构

乡镇人民政府、街道办事处(作为一级政权组织的派出机构),不仅指导和管理业主委员会的工作,同时也履行一些基层政府的职能,特别是某些具体的管理职能。在基层管理中,乡镇人民政府、街道办事处对物业管理活动有着十分重要的监督管理、协调支持作用。

4.2.2 物业管理行政管理部门的职责

1）房地产行政主管部门的职责

（1）加强对业主大会工作的指导监督

各地房地产行政主管部门要正确处理行政监督管理和业主自我管理的关系,切实履行对组建业主大会和业主委员会的指导责任,促进业主自我管理、自我约束机制的形成。对业主成立业主大会的,物业所在地的房地产行政主管部门要深入实际,耐心细致地做好指导监督工作,引导业主大会在充分尊重全体业主意愿的基础上,按照合法程序,选举热心公益事业、责任心强、具有一定组织能力的业主担任业主委员会委员。要通过规范业主大会、业主委员会的行为,促进业主自律和民主决策,依法维护自身合法权益。同时,要监督业主大会和业主委员会不得作出与物业管理无关的决定,不得从事与物业管理无关的活动。

（2）规范前期物业管理

要逐步推进建设单位和物业管理分业经营,使物业服务企业真正成为独立承担民事责任的企业法人,实施专业化管理。要加强建设与物业管理的衔接,加强对建设单位履行法定义务情况的监督。对违反有关规定的,要及时予以纠正。要规范前期物业管理招投标活动。对达到一定规模的住宅物业,建设单位应当通过招投标方式选聘具有相应资质的物业服务企业实施前期物业管理;对规模较小的住宅物业可以采用协议方式选聘物业服务企业;其他类型的物业鼓励建设单位通过招投标方式选聘物业服务企业。要按照有关规定,加强监督,依法维护招投标当事人的合法权益。

要根据物业管理活动的特点,降低招投标成本,减轻业主负担。

(3)建立"质价相符"的服务收费机制

要从满足不同类型的服务需求出发,完善物业管理服务标准,引导物业服务企业不断提高物业质量。要明确物业管理服务收费的定价原则、定价方式和价格构成;根据物业管理服务内容、服务质量、制定普通住宅的收费指导标准,方便消费者根据自己的消费水平选择确定相应的物业管理服务。同时要通过深入细致的宣传,使广大居民树立物业管理服务的消费意识。

(4)完善住房专项维修资金制度

要全面建立住房专项维修资金制度,未建立或未按标准建立专项维修资金的地区,必须按有关规定予以建立或补充。商品住宅和已售公房专项维修资金均应按照业主所有、专户储存、专款专用、业主决策、政府监督的原则实施管理。各地在完善住房专项维修资金的归集、管理、使用和监管等各项制度的同时,要抓好住房专项维修资金的清理,坚决查处挪用行为,追缴挪用资金。对挪用住房专项维修资金的,要依法予以处罚;对有关责任人,要追究责任。

(5)整顿和规范物业管理市场秩序

整顿和规范物业管理市场秩序,是整顿和规范房地产市场秩序的重要内容。要坚持标本兼治、重在治本的原则,采取有力措施,继续做好物业管理市场的整顿和规范工作。要严格市场准入与清出制度,加强企业资质管理,加大对管理水平低、收费不规范、社会形象差的企业的清理整顿工作力度。要大力开展诚信和职业道德教育,加快建立物业服务企业信用档案,接受社会监督。要完善投诉举报制度,对群众的投诉和举报,应限时查处和答复,不得推诿扯皮。要注意尊重企业的经营自主权,纠正对物业服务企业的乱摊派、乱收费行为。

(6)大力提高物业管理从业人员素质

要开展物业管理技术进步方向和重点的研究,推动物业管理技术进步,提高技术含量和管理服务水平。要加强物业管理专业人员管理,从注册物业管理师执业资格管理和物业管理员从业资格管理两个层次,建立职业资格制度,造就一支懂经营、善管理、精业务、守道德的专业人员队伍。要继续抓好多层次的人才培训,加强企业关键岗位和一线职工的技能培训,提高从业人员素质。

(7)推进旧住宅区物业管理

要按照政府、单位、居民合理负担的原则,调动各方面的积极性,多渠道筹措资金,完善小区配套设施,美化小区环境,加强对旧小区的整治改造,要进一步深化直管公房和机关、企事业单位住房的维修管理体制改革,结合机构改革和国有企业转制,将房管所和机关、企事业单位的后勤房管部门改制成具有独立法人资格的物业服务企业,彻底改变"政企不分,政事不分,主辅混合"及"以租养人,管理落后"的状况。推进旧小区的物业管理有相当的难度,务必抓好组织协调,注重引导,尊重业主意愿。

(8)处理好物业管理与社区建设的关系

物业管理在社区建设,尤其在社区服务业的发展中具有重要作用。要努力创建物业管理与社区建设良性互动的新机制,以物业管理服务推动社区服务发展,拓展社区服务范围,建设管理有序、服务完善、环境优美、治安良好、生活便利、人际关系和谐的现代化社区。业主大会、业主委员会应当积极配合居民委员会依法履行自治管理职责,接受居民委员会的指导和监督;并配合公安机关,与居民委员会相互协作,共同做好维护社会治安等相关工作。

2)工商行政管理部门在物业管理活动中的职责

工商行政管理部门主要负责审核、管理物业服务企业的工商注册登记、企业经营范围的确定、企业广告宣传是否符合法律规定等项内容。

物业服务企业的成立应当依法进行企业成立的登记注册,登记注册的主要内容是:企业的注册资本是否符合法律法规的最低限额;企业的经营范围;企业的名称;企业的住所;企业的法定代表人等事项。

当物业服务企业在经营过程中发生重大事项变更,还应当到工商行政机关进行变更登记。按照法律法规的规定,企业需要进行变更登记的重大事项是指:企业注册资本的变更;企业经营范围的变更;企业名称和住所的变更;企业法定代表人的变更等事项。

物业服务企业除了成立登记和变更登记之外,每年还要进行工商营业执照的年度审核。工商行政管理部门通过对企业的工商注册登记方面的管理活动,约束、规范、管理物业服务企业的经营活动,保障物业服务企业依法经营。

3)物价行政主管部门在物业管理活动中的职责

国务院价格主管部门会同国务院建设行政主管部门负责全国物业服务收费的监督管理工作。县级以上地方人民政府价格主管部门会同同级房地产行政主管部门负责本行政区域内物业服务收费的监督管理工作。

政府价格主管部门会同房地产行政主管部门,应当加强对物业服务企业的服务内容、标准和收费项目、标准的监督。物业服务企业违反价格法律、法规和规定,由政府价格主管部门依据《中华人民共和国价格法》、《价格违法行为行政处罚规定》和《反不正当竞争法》予以处罚。

4)税务行政管理部门在物业管理活动中的职责

物业管理服务是服务业,按照现行的税收征管制度的规定,在整个物业管理活动中主要涉及物业服务企业的纳税活动有:

(1)企业所得税

企业所得税的征收对象是企业的生产经营所得和其他所得。物业服务企业因对其财产经营、转让、租赁,购买企业债券、股票等产生的经营性利润应缴纳企业所得税。企业所得税的税率为33%,对年应纳税额在3万~10万元的企业税率为24%,3万元以下的企业所得税率为15%。

（2）营业税

营业税是提供劳务、转让无形资产或销售不动产等经营行为所得的收益应缴纳的税金。物业服务企业所提供的物业管理服务，作为一种服务性的经营活动，其收益应当缴纳营业税。营业税的税率分为 3 个层次：a. 交通运输业、建筑业、邮电通信业和文化体育业为 3%；b. 金融保险业、服务业、转让无形资产和销售不动产为 5%；c. 娱乐业为 5%～20%。

（3）城市维护建设税

（4）教育附加费

5）基层政府机构在物业管理活动中的职责

乡镇人民政府、街道办事处有权参与到首次业主大会筹备工作中，业主大会召开会议也应邀请乡镇人民政府、街道办事处、社区居民委员会的代表列席，听取他们的意见。乡镇人民政府、街道办事处，通过其对业主、使用人的人员管理，物业项目治安工作的指导，保洁卫生工作的具体指导，物业项目所在地区域的规划等工作，对规范物业管理活动有着重要的作用。此外，公安、交警、消防部门对建筑区划的社会治安、户籍、交通、消防等管理工作，建设规划部门对工程质量、城市规划管理等工作，履行监管职责。民政、市容、环保、园林绿化、市政公用等部门也对物业管理活动履行相应的监管职责。

4.2.3　物业管理行政管理机构受理的投诉

国家行政管理机关主要受理业主、业主委员会、物业服务企业、房地产开发企业等针对物业管理活动的投诉。国家行政管理机关根据投诉做出相应的处理或者处罚。

1）房地产行政主管部门

房地产行政主管部门主要受理业主针对其在置业过程中所产生的纠纷及房地产质量问题等，对房地产开发企业的投诉和房地产开发企业、物业服务企业、业主针对有关业主、物业使用人违反有关规定进行装饰装修、擅自改变房屋使用用途及违反物业管理的行为等的投诉，并根据投诉的内容作出相应的行政处罚或者处理。业主、房地产开发企业、物业服务企业等有关主体，对于房地产行政监管机关做出的行政处罚不服的，可以根据有关法律法规的规定向做出行政处罚的房地产行政机关的上级主管机关提出复议。房地产行政主管机关受理的投诉主要有以下几类：

①业主在置业时房地产开发企业拒不提供有关房地产规划许可证、商品房出售许可证等证明房地产开发企业所开发的房地产为合法开发的证明文件的。

②业主置业时房地产开发企业拒不提供业主办理房屋产权证所需的文件的。

③房地产开发企业改变原房地产规划设计标准的。

④房屋质量出现问题或者出现应当进行维修的情况,房地产开发企业或者负有维修义务的物业服务企业拒不维修或者维修未到达规定标准的。

⑤业主、物业使用人在对房屋进行装饰装修的过程中,破坏房屋主体结构或承重结构的或者其他违反装饰装修管理规定的行为出现的。

⑥业主擅自改变房屋使用用途的。

⑦房地产开发企业未通过招投标方式选聘物业服务企业或者未经批准擅自采用协议方式选聘物业服务企业的。

⑧房地产开发企业将属于业主的物业共有部分的所有权或者使用权转让给他人的。

⑨房地产开发企业拒不移交有关物业资料的或者物业服务企业拒不移交物业资料的。

⑩物业服务企业擅自挪用维修基金的。

⑪房地产开发企业不按规定配备必要的物业管理用房的。

⑫物业服务企业擅自改变物业管理用房使用用途的。

⑬擅自占用物业共用部位或者公用设施设备的。

⑭其他应当由房地产行政主管机关受理的投诉行为。

2)公安机关

公安行政管理机关主要负责建筑区划内发生的刑事案件侦察及治安案件的处理。业主、物业服务企业有权针对建筑区划内发生的刑事案件或者治安案件向公安机关进行投诉,要求公安机关进行处理。

①业主、物业服务企业有权针对建筑区划内发生的刑事案件,如侵犯业主财产类的犯罪(抢劫、盗窃)和侵犯业主人身权利的犯罪(如故意杀人、故意伤害等)向公安机关报案。

②业主、物业服务企业有权针对建筑区划内发生的治安案件,如打架、斗殴等案件向公安机关报案。

③业主、物业服务企业有权对非法进入建筑区划的人员向公安机关报案。

④业主、物业服务企业有权对建筑区划内非法存放有毒、有害、放射性等危险品的行为向公安机关报案。

⑤其他应当由公安机关受理的行为。

3)消防机关

消防机关主要受理业主、物业服务企业针对建筑区划内消防隐患的投诉。诸如建筑区划内消防设施管理不当的;建筑区划内占用消防通道的;建筑区划内存放易燃、易爆物品的;其他应当由消防管理机关受理的行为等。

4）物价行政管理机关

物价行政管理机关主要负责业主对物业服务企业擅自提高物业管理收费标准和为物业管理活动提供相关服务的个人或者单位乱收费行为的投诉。

5）环境卫生管理机关

环境卫生管理机关主要负责业主针对建筑区划内环境卫生方面和环境污染方面的投诉。包括：建筑区划内环境卫生达不到有关规定的标准的；向建筑区划内排放污染空气的气体的；向建筑区划内排放污水的；在建筑区划内产生噪声的；其他应当由环境卫生管理机关受理的投诉。

4.3　物业管理的行政管理方式与手段

总体而言，在市场经济条件下，政府的作用主要是根据法律、法规、规章对物业管理行为进行监督管理，为他们从事市场活动提供法律和制度上的保障。政府对产业经济管理的主要手段是产业政策，同时，也运用法律手段和一些必要的行政手段在管理范围上改变原来由政府包办一切社会事务的做法，向社会提供"公共物品"；在管理模式上，从"大政府、小社会"转变为"小政府、大社会"；在管理方法上，从传统的以行政方法为主转变为间接的以法律方法为主。

4.3.1　物业管理的行政管理方式

物业管理行政主管部门作为管理企业的行政主管部门，依法对物业服务企业进行行政管理，一般有以下几种方式：

①依法处罚。处罚的方式有：警告；罚款；没收违法所得和非法财产；责令停产停业；暂扣或吊销许可证、执照；行政拘留；其他行政处罚。

②备案登记。对物业服务企业、业主委员会的成立备案登记，管辖内的重大事项记录在案。

③口头或文件方式告诫。口头表扬或警告；下发文件或书面通报、警告。

④准入制度。对物业服务企业实行资质等级制度；对从业人员实行职业资格考核制度。

⑤日常工作的审查、指引。组织招标、投标，将物业管理引入市场竞争机制，创造公开、公平、公正的市场竞争环境；组织观摩学习。

⑥考评活动。组织创优达标和企业资质等级考评。

⑦培训。各层次的岗位培训、职业经理资格培训、物业管理实操培训。

⑧投诉的处理。按法定权限与程序，认真处理各种投诉，减缓化解物业管理的

纠纷。

4.3.2 物业管理的行政管理手段

物业管理的行政管理手段可以总结为3种:

①教育手段。教育手段主要包括教导、规劝、告诫、警告、表彰和推广经验。

②经济手段。经济手段主要包括奖励、罚款、没收财产和没收非法所得。

③限制手段。限制手段主要有吊销资质证书、营业执照和降低资质等级。

4.4 物业管理的行政管理关系

4.4.1 物业服务企业与相关行政管理部门的关系

对物业服务企业来讲,它首先需要经过政府主管部门的审核批准,才可以到工商行政主管企业登记的部门申办营业执照。物业服务企业成立后,仍然需要在政府物业管理行政主管部门的监督指导下开展日常工作,如参加政府主管部门组织的考评与评比,以及公司员工参加政府主管部门组织的物业管理人员职业技能培训等。各级政府主管部门依法审批物业服务企业资质和等级,颁发资质等级证书,监督资质等级执行情况,对违法、违规的物业服务企业进行惩罚,受理业主及业主委员会或居民的投诉。政府主管部门与物业服务企业之间是管理与被管理、监督与被监督、指导与被指导的关系。但物业服务企业又是依法设立的、具有法人地位的独立经济实体,它与政府行政主管部门之间不存在行政隶属关系。

1)物业服务企业与相关行政职能部门的关系

物业服务企业的经营活动往往与政府的许多职能部门发生关联,这主要是由物业本身的性质与特点以及物业服务企业的经营范围所决定的。

城市政府不直接介入物业管理的具体业务,而是通过物业管理专项业务的职能主管部门,来对物业服务企业的各项工作进行监督和指导,是一种间接的管理。物业服务企业对这些监督与管理必须予以相应配合,严格执行各政府机关依法颁布的相关条例、规定和办法,并及时反馈执行中遇到的问题。对于物业管理经营中遇到的困难,可向相关政府职能机构反映,以获得其特殊批准或帮助。

具体到各个部门,物业服务企业与他们之间的关系主要如下:

①物业服务企业必须向工商部门申办营业执照,取得营业执照后方可正式营业。

②物业服务企业每年需在工商部门进行年检和年审,工商部门有权对违法经营者进行批评、教育、处罚,直至吊销营业执照。

③物业服务企业要依法向税务部门按时纳税,税务部门有权依法对物业服务企业进行定期与不定期的税务检查与指导,有权处理违反税务规定的行为。

④物业服务企业的收费标准,物价部门有权对物业服务企业的价格工作实行监督与指导。

⑤物业服务企业的保安工作应接受当地公安部门或派出所的监督与业务指导,要积极配合城市综合治理部门搞好治安保卫工作;当地公安部门或派出所还要对治安管理人员进行培训和指导。

⑥物业服务企业的保洁工作应接受政府环卫局的监督和业务指导。

⑦物业服务企业的环保工作要在环保部门的监督与指导下进行。

⑧物业服务企业的园林绿化规划须通过园林绿化部门的审批,园林绿化施工需要园林绿化部门的质量监督和验收。物业服务企业的园林绿化工作要在园林局与绿化管理部门的指导下进行。

2)物业服务企业与基层政府机构的关系

基层政府机构主要包括乡镇人民政府和街道办事处,这是政府对社区管理的主要机关,也是物业服务企业所依靠的最直接的社区管理力量。一方面,物业服务企业要服从基层政府的监督管理,协助基层政府做好相关工作;另一方面,物业服务企业又可以借助基层政府的宣传、检查、协调职能来强化对物业社区的综合治理,与基层政府一起创建文明社区。

当然,基层人民政府虽然管辖着建筑区划所在地,但它的主要职能是对所辖人口及人的行为、事务进行管理,并不直接干预物业服务企业对物业的正常管理工作。物业服务企业不是基层人民政府的下属单位。

4.4.2　相关行政管理部门与物业管理活动其他主体的法律关系

1)房地产行政主管部门与物业管理的法律关系

在物业管理活动中,房地产行政主管部门主要负责对房地产开发企业所建设的房地产的建筑质量、业主和物业使用人的装饰装修等的监管,同时房地产行政主管部门对物业服务企业所进行的对物业的维修、修缮等活动进行监管。房地产行政主管部门作为物业管理规定的行政主体之一,其与物业管理活动中的直接主体和相对主体之间的关系都是监管与被监管的法律关系。

(1)房地产行政主管部门对房地产开发企业的监管法律关系

①对房地产开发企业的设立的管理。《中华人民共和国城市房地产开发经营管理条例》对我国房地产开发企业的设立和经营进行了明确的规定。

②对房地产开发企业所开发建设的房地产竣工验收的监管。《房屋建筑工程和

市政基础设施工程竣工验收暂行规定》中对房地产开发企业建设竣工的工程验收的内容和程序进行了规定。

（2）房地产行政主管部门对业主和物业使用人的监管法律关系

房地产行政主管部门对业主和物业使用人的监管法律关系，主要体现在房地产行政主管部门对业主和物业使用人在使用房屋时进行的监管。其中最普遍、最为体现管理权的是，房地产行政主管部门对业主和物业使用人对其房屋进行的装饰装修活动所进行的监督与管理，业主和物业使用人如果违反有关法律法规的规定进行装饰装修，房地产行政主管部门将给予制裁。

（3）房地产行政主管部门对物业服务企业的监管法律关系

物业服务企业承担物业管理职责，其中，对建筑区划内的房屋等建筑设施进行维修与养护是物业服务企业的重要任务。为了防止物业服务企业对房屋的修缮与养护不当，房地产开发行政主管部门承担对物业服务企业对建筑区划内房屋进行修缮的监管职责。房地产开发行政主管部门发现物业服务企业对房屋的维修与养护违反法律法规的规定时，应当依法对物业服务企业进行行政制裁。

2）公安机关与物业管理的法律关系

公安机关作为维护社会治安的行政主管机关，承担着维护社会治安的主要任务，在物业管理活动中公安行政管理机关同样承担着对物业内的安全进行管理的重要职责，并且负责对物业内保安工作的指导。公安行政管理机关与物业管理活动的直接主体与相关主体及建筑区划的关系是一种管理与被管理的法律关系，公安行政主管机关具体负责物业内有关安全防范工作，对建筑区划内发生的各类治安案件与刑事案件拥有管辖权。

3）消防机关与物业管理的法律关系

消防机关负责对建筑区划内的业主和物业使用人进行消防工作的指导，以及对建筑区划内消防设施设备的配置及消防通道是否畅通等有关消防的工作进行管理。具体来讲，消防机关与物业管理的关系也是一种管理与被管理，指导与被指导的法律关系。消防机关具体对建筑区划内的房屋、共用设施设备、共用部位等进行防火的管理；对业主、物业使用人及物业服务企业进行预防火灾的安全教育工作；同时对建筑区划内违反消防管理规定的行为进行处罚。《中华人民共和国消防法》第四十三条对未履行消防职责，造成火灾或者火灾隐患的行为规定了具体的处罚方式："机关、团体、企业、事业单位违反本法的规定，未履行消防安全职责的，责令限期改正；逾期不改正的，对其直接负责的主管人员和其他直接责任人员依法给予行政处分或者处以警告。营业性场所有下列行为之一的，责令限期改正；逾期不改正的，责令停产停业，可以并处罚款，并对其直接负责的主管人员和其他直接责任人员处以罚款：

（1）对火灾隐患不及时消除的。

（2）不按照国家有关规定，配置消防设施和器材的。

（3）不能保障疏散通道、安全出口畅通的。

在设有车间或者仓库的建筑物内设置员工集体宿舍的,依照第二款的规定处罚。"

4.5　行政机关在行政管理中的违法行为及其法律责任

4.5.1　物业管理的行政管理纠纷及其法律解决方式

物业管理行政管理纠纷是指行政管理机关在行使物业行政管理权过程中与管理相对方发生的纠纷。这类纠纷又可分为两种情况:一种是因物业行政管理机关行使管理权而引起的争议,主要是由物业行政管理机关对被管理者进行行政处罚引起的争议,例如行政机关认为被处罚人违反程序等管理规定,非法处分土地,而依法给予处罚,被处罚人不服处罚而引起的争议;另一种是因物业行政管理机关不作为而引起的争议,例如,当事人因物业行政管理机关拒绝发给土地使用证、拒绝对房屋产权登记或过户等引起的争议。

物业管理的行政管理纠纷的法律解决方式主要有行政复议和行政诉讼两种。

行政复议是指公民、法人或者其他组织认为行政机关的具体行政行为侵犯其合法权益,或对行政处罚决定不服的,可以依照《中华人民共和国行政复议法》和《中华人民共和国行政诉讼法》的有关规定,向上级行政机关提出申请,由受理申请的行政机关对具体行政行为依法进行审查并作出处理决定的活动。对于行政机关来说,行政复议是行政机关系统内部自我监督的一种重要形式;对于行政相对方来说,行政复议是对其被侵犯的权益的一种救济手段或途径。

行政诉讼是指公民、法人或者其他组织认为行政机关和法律、法规授权的组织的具体行政行为侵犯其合法权益,依法向人民法院起诉,人民法院在当事人和其他诉讼参与人的参加下,对具体行政行为进行审理并作出裁决的活动。通俗地说,行政诉讼也就是"民告官"的诉讼。

4.5.2　行政机关在行政管理中的违法行为

一般而言,行政机关在行政管理中的违法行为包括作为和不作为。

作为的违法,是指行政机关在行政管理活动中的管理行为违反法律规范或者行政行为违反了其设定的不为某种行为的义务,作为的违法通常表现为一定的积极的违法行为。例如行政机关工作人员利用职务上的便利,收受他人财物或者其他好处,这就是一种作为的违法行为。

不作为的违法,是行政机关不履行法律规范或者行政行为违反了为其设定的为某种行为的义务。例如不依法履行监督管理职责。《条例》规定:"国务院建设行政主管部门负责全国物业管理活动的监督管理工作。""县级以上地方人民政府房地产行政主管部门负责本行政区域内物业管理活动的监督管理工作。"《条例》规定的监督管理不仅是行政机关的权力,也是行政机关必须履行的义务,不积极依法履行监督管理职责,是必须承担法律责任的。同时,查处违法行为是监督管理的重要内容,也是行政机关依法应当履行的职责,发现违法行为而不予查处,是失职的行为,也应当承担法律责任。这里是一种不作为的违法行为,表现为消极的状态,应当作为而不作为。

无论是作为的违法,还是不作为的违法,都违反了法定的义务,都对管理相对人、国家管理秩序造成损害,因此,都应当承担法律责任。

4.5.3 行政管理部门在物业管理活动中的法律责任

行政管理部门在物业管理活动中的法律责任主要有民事法律责任、行政法律责任和刑事法律责任3种。民事法律责任主要是对业主和物业使用人造成损害时进行的赔偿责任;行政法律责任主要是由其上级行政主管部门对其违法违规行为进行的行政处罚;刑事法律责任主要是触犯了《刑法》规定的犯罪行为应承担的法律责任。

对于行政管理部门的违法行为,业主和物业使用人可以通过行政诉讼的方式追究其法律责任。《中华人民共和国行政诉讼法》第二条规定:"公民、法人或者其他组织认为行政机关和行政机关工作人员的具体行政行为侵犯其合法权益,有权依照本法向人民法院提起诉讼。"通常行政机关是具有行政执法权利的机关,其行为代表着国家和政府,如果业主和物业使用人或者物业服务企业对行政管理部门的具体行政行为不服的,可以通过行政诉讼的方式要求行政管理部门承担相应的法律责任。

行政诉讼的结果则通常是要求行政管理部门履行某项义务、停止具体行政行为或对行政管理部门所做的具体行政行为给业主和物业使用人或物业服务企业造成的损失进行行政赔偿。

[案例分析]

某物业服务企业在实施物业管理服务过程中,对住户拆改房屋室内管线、结构等行为既不制止,也未向有关部门及时报告;在出现装修中的建筑垃圾将楼下行人砸伤事故后,保安人员在处理事故中将装修工人打伤了,当公安管理部门和街道办事处、居委会人员到现场处理时,保安人员拒绝协助处理。

讨论:

1.该物业服务企业是否履行了相应的职责和接受行政管理的义务?

2.该物业服务企业的保安人员行为是否违法?

复习思考题

1. 物业管理的行政管理涵义及特点。
2. 物业管理的行政管理的必要性。
3. 物业管理的行政管理内容。
4. 物业管理的行政管理部门及其职责。
5. 物业管理的行政管理纠纷及其法律解决方式。

第 **5** 章
物业管理的基础保障机制

本章主要介绍物业服务用房、建筑物及其附属设施专项维修资金、白蚁防治和房屋安全管理等物业管理的基础保障机制。

5.1 物业服务用房

物业服务用房一般包括物业办公用房、物业清洁用房、物业储藏用房、业主委员会活动用房等。

5.1.1 物业服务用房的必要性

物业服务用房作为建筑区划内的配套设施,是物业服务企业为业主提供物业服务必不可少的场所,也是物业管理企业实施物业管理活动最基本的保证和最重要的条件之一,同时也是全体业主参与自治管理的重要场所。因此,由开发建设单位配置一定面积的物业服务用房,是尤为必要的。国务院《物业管理条例》明确规定,"违反本条例的规定,建设单位在物业管理区域内不按照规定配置必要的物业管理用房的,由县级以上地方人民政府房地产行政主管部门责令限期改正,给予警告,没收违法所得,并处10万元以上50万元以下的罚款。"

5.1.2 物业服务用房的用途及其不可更改性

物业服务用房的用途是特定的。一般而言,在规划设计中就对物业服务用房的面积、布局作了明确规定。物业服务企业实施物业管理的,可以使用物业服务用房,但无权改变物业服务用房的用途。在实际中,有些物业服务企业认为本物业管理区域内的物业服务用房面积有余,于是自行决定改作商铺经营,以经营收入补贴物业服务费用的不足。实际上,这是一种严重的侵权行为。《物权法》规定,"建筑区划内的物业服务用房属于业主共有。"也就是说,对物业服务用房行使处分权,由全体业主而不是物业服务企业说了算。因此,国务院《物业管理条例》规定,"未经业主大会同意,物业服务企业不得改变物业服务用房的用途。"这里有两层含义:一是物业服务企业不得自行改变物业服务用房用途;二是物业服务用房用途在符合特定条件时可以改变。这里的特定条件是"经业主大会同意。"允许改变物业服务用房用途的原因在于,实践中有些建筑区划内的物业服务用房确有空余,如不能改变用途,实属资源浪费。当然,改变用途时,除了需经业主大会同意外,还得依法到有关部门办理相应的手续。

5.1.3　物业服务用房的条件、配置标准和能耗

物业管理用房应当为地面以上具备水、电等基本使用功能的独立或成套房屋,产权归建筑区划全体业主所有,不得抵押、交换、买卖。

新建建筑区划内,开发建设单位应当按照不低于建设工程规划许可证载明的地面房屋总建筑面积2‰的标准配置包括物业服务企业用房和业主委员会议事活动用房在内的物业服务用房;建筑区划房屋总建筑面积不足 5 万 m^2 的,物业服务用房建筑面积不应低于 100 m^2。其中,业主委员会议事活动用房建筑面积不低于 30 m^2。

建筑区划内,属业主专有部分的能耗,由业主自行承担并向水、电、气等专业单位按时足额交清使用费;属共有部分的能耗,由用户共同分担;属物业服务、清洁、仓储等用房的能耗,由物业服务企业自行承担。用户共同分担部分和物业服务企业使用部分的能耗费用,由物业服务企业向水、电、气等专业单位按时足额交清。

5.2　建筑物及其附属设施的维修资金

5.2.1　保修期限内的维修

1)维修责任人

开发建设单位应当按照国家规定的保修期限和保修范围,承担物业的保修责任。

2)维修范围(对象)及维修期限

根据建设部《房屋建筑工程质量保修办法》(建设部令第 80 号)的规定,在正常使用条件下,房屋建筑工程的最低保修期限为:a. 地基基础工程和主体结构工程,为

设计文件规定的该工程的合理使用年限;b.屋面防水工程、有防水要求的卫生间、房间和外墙面的防渗漏,为5年;c.供热与供冷系统,为2个采暖期、供冷期;d.电气管线、给排水管道、设备安装为2年;e.装修工程为2年;f.其他项目的保修期限由建设单位和施工单位约定。

房屋建筑工程保修期从工程竣工验收合格之日起计算。

3)维修资金

开发建设单位在物业竣工验收前,应按物业建筑安装总造价的一定比例一次性建立物业保修金,作为物业保修期间的维修费用保证;此物业保修金有利于保障开发建设单位有足够资金承担物业的保修责任,进一步维护业主的合法权益。

对物业保修金的交存、使用、管理和退还应当实施统一监督管理。

(1)物业保修金的管理

物业保修金应设立统一的监管账户,专户储存,不得挪作他用;并自存入专户之日起,每年按中国人民银行的有关规定结息到户。

物业保修金专户以建筑区划为单位设立账户,并接受开发建设单位、业主的监督和查询。

(2)物业保修金的退还

物业保修期满后,物业保修金应按下列规定退还:

①在物业保修期限内,未出现属于保修范围内的物业质量问题,或虽已出现,但开发建设单位已按相关规定进行维修,并经验收合格的,物业保修金的本金和利息退还建设单位。

②属于开发建设单位的物业保修责任,但开发建设单位未按国家规定承担的,业主可按相关规定自行维修或委托物业服务企业或者其他管理人进行维修,费用从物业保修金中支付。保修期满,物业保修金和利息的余额退还建设单位。

5.2.2 保修期满后的维修

1)维修责任

专有部分保修期满后的维修,由业主自行负责并承担费用。共有部分保修期满后的维修,由相应业主共同负责按比例承担费用。

除专有部分以外的共有部分,则需建立相应的专项维修资金。专项维修资金是指专项用于物业保修期满后建筑区划内共有部分(含建筑物共有部分)的维修、更新、改造资金。

2)专项维修资金建立的必要性

随着经济的发展和住房制度改革不断深化,城市居民个人拥有住房的比例越来越高,房屋保修期满后的维修管理责任相应由国家或单位承担转移到居民个人承担。由于现时住房绝大多数属于群体式类型,房屋结构的不可分割性、使用功能的关联性等,房屋套与套之间存在共用部位,如主体结构承重部位,幢与幢之间或者小区内存在着共有部分,如电梯、水电气管线系统、安全防范系统、道路等。这些共有部分是否完好、运行是否正常,关系到相邻房屋甚至整幢楼、整个住宅小区的正常安全使用,关系到全体业主和社会公共利益。因此,基于全体业主的公共利益需要,建立专项维修资金制度,即由房屋所有权人预先缴存一定费用,建立起专门用于建筑区划内共有部分(含建筑物共有部分)保修期满后的维修、更新、改造的储备金制度,显得尤为必要。

2007 年 10 月 1 日起实施的《物权法》明确规定建筑物及其附属设施的维修资金,属于业主共有;经业主共同决定,可以用于电梯、水箱等共有部分的维修。2003 年 9 月 1 日起实施的国务院《物业管理条例》也规定了住宅物业、住宅小区内的非住宅物业或者与单幢住宅楼结构相连的非住宅物业的业主,应当按照国家有关规定交纳专项维修资金,专项用于物业保修满后建筑区划内共有部分(含建筑物共有部分)的维修、更新、改造。

3) 专项维修资金的筹集

（1）首次缴存的主体、基数、比例

建设部、财政部《住宅小区共有部分维修基金管理办法》规定,商品住房的首次专项维修资金,在商品住房销售时,由购房人按购房款的 2% ~3% 缴纳(未规定房地产开发企业缴纳);公有住房的首次专项维修资金,在商品住房销售时,由购房人按购房款的 2% 缴纳,售房单位按多层不低于售房款 20% 、高层不低于 30% 提取。

为保持政策的连续性,在国家规定的专项维修资金缴存比例基本不变的情况下,应将商品住房专项维修资金的缴存主体分解为房地产开发建设单位和购房人,而商品房中的非住宅专项维修资金则由购房人缴存。

就商品住房专项维修资金的缴存主体而言,课以房地产开发建设单位义务,是考虑到物业管理发展的实际,以后当业主无力续筹专项维修资金而建筑区划内共有部分(含建筑物共有部分)又急需维修时,就先从该建筑区划内开发建设单位缴的这部分资金中予以统筹解决。这在香港、深圳等先进城市已成惯例。

就商品住房专项维修资金的缴存标准而言,为保障缴存基数的稳定性和权威性,应以每年主管部门公布的每平方米建筑面积成本价为基数缴存。例如,在一个 4 万 m^2 的非电梯住宅小区内,当每平方米建筑面积成本价为 1 000 元/m^2,开发建设单位缴存 120 万元首次专项维修资金(缴存比例为 3%),一个拥有 120m^2 住房的购房人缴存的首次专项维修资金为 2 400 元(缴存比例为 2%)。

（2）缴存时限

为保障住房专项维修资金的及时缴存,房地产开发建设单位应当在办理商品房所有权初始登记前缴存专项维修资金;购房人应当在办理房屋所有权分户登记前缴存专项维修资金;业主大会成立时尚未出售的商品房,房地产开发建设单位应当在业

主大会成立之日起一定时间内缴存专项维修资金,商品房出售时,所缴存的首次专项维修资金转由购房人承担。对于公有住房售后的首次专项维修资金,售房单位应自房改售房款存入单位住房资金专户之日起一定时间内缴存;购房人则在办理房屋所有权登记前缴存。

（3）资金的续筹、补充

一幢或者一户房屋的专项维修资金余额不足首次专项维修资金的30%时,该幢或者该户房屋的业主应当续筹专项维修资金。续筹专项维修资金的方案由业主委员会拟订,提交业主大会决定后,由业主委员会具体实施。

专项维修资金存储的利息收入,利用专项维修资金购买国债的增值收益,利用物业共有部分进行经营所得的纯收益,以及共用设施设备报废后回收的残值,应当主要用于补充专项维修资金。

4）专项维修资金的监管体制

专项维修资金的监管原则为:统一缴存、专户存储、业主决策、政府监管。

专项维修资金是与住房公积金相类似的政策性资金,因此,本着统一归集、定向使用、严格监管的原则,为确保该项资金的安全,可以借鉴住房公积金管理体制模式,即实行由监管部门统筹监管;在操作方面,为方便群众办事,则由当地监管部门分支机构在专项维修资金的缴存、使用方面实施具体监管和服务,以保证该项资金的规范使用和有效监管。

为保证专项维修资金的安全和专款专用,业主大会成立前,首次专项维修资金由主管部门统一代为监管;业主大会成立后,由业主委员会设立专项维修资金账户,专项维修资金主管部门即将专项维修资金本息划转到该业主委员会账户中。资金使用的具体方案必须由业主大会决定。

5）专项维修资金的权属及其查询、转让、提取

（1）权属

2007年10月1日起实施的《物权法》明确规定建筑物及其附属设施的维修资金,属于业主共有。国务院《物业管理条例》也规定,专项维修资金属业主所有,专项用于物业保修期满后物业共有部分的维修和更新、改造,不得挪作他用。

（2）查询

业主委员会可每半年与专户管理银行核对一次物业管理区域的专项维修资金账目,并向业主公布。业主对公布的专项维修资金账目有异议的,可要求业主委员会复核。专户管理银行应当每季度向业主委员会发送专项维修资金账户对账单,业主委员会对专项维修资金账户变化情况有异议的,可向专户管理银行申请复核。专户管理银行应当建立专项维修资金查询制度,接受业主的查询。

（3）转让、提取

因买卖、赠与等发生房屋所有权转让的,受让人应当持房屋所有权证、身份证等

到专户管理银行办理分户账更名手续。

因拆迁、灾害等原因致使房屋灭失的,由业主办理有关手续后到专户管理银行提取原房屋专项维修资金分户账中的资金余额,并办理分户账户注销手续。

6) 专项维修资金的使用

维修资金应当在银行专户存储,专款专用。为了保证维修基金的安全,维修资金闲置时,除可用于购买国债或者用于法律、法规规定的其他范围外,严禁挪作他用。

（1）列支

专项维修资金使用的分摊,应当遵循业主谁受益谁负担的原则,按下列规定列支:

①用于建筑物区划内共有部分的,由全体业主按所拥有建筑面积的比例分摊。

②用于房屋本体共有部分的,由该房屋业主按所拥有建筑面积的比例分摊。

③用于二户或者二户以上建筑物共有部分的,由其业主按所拥有建筑面积的比例分摊。

以下费用不得从专项维修资金中列支:

①属于应当由物业服务费用列支的日常维修养护费用。

②依法应当由相关单位承担的建筑区划内供水、供电、供气、供热、通讯、有线电视等相关管线和设施设备维修、养护的费用。

③人为损坏的建筑区划内共有部分(含建筑物共有部分)所需的修复费用。

④依法应由建设单位承担的建筑区划内共有部分(含建筑物共有部分)维修、更新和改造费用。

（2）使用程序

业主大会未设立需使用专项维修资金的,由物业服务企业或者相关业主根据维修项目提出使用方案,经专项维修资金列支范围的专有部分占建筑物总面积 2/3 以上的业主且占总人数 2/3 以上的业主同意,并报所在地监管部门备案后,由专户管理银行将所需资金划转到物业服务企业或维修单位。

业主大会设立后需使用专项维修资金的,由物业服务企业提出年度使用方案,经业主大会依法通过,并报所在地监管部门备案后,由专户管理银行将年度所需资金划转到物业服务企业。

7) 专项维修资金的相关制度

（1）方案评估制度

需要使用专项维修资金的,由业主委员会、物业服务企业或被选定的维修施工单位应持房屋专项维修资金使用申请备案表、专项维修资金使用方案、专项维修资金使用方案的决定、房屋专项维修资金分摊明细、专项维修资金划拨情况说明等资料向当地监管部门提出备案申请;当地监管部门在完成备案之前,将对专项维修资金的使用方案委托专业的管理评估机构进行评估。

（2）现场鉴证制度

物业服务企业、相关业主应当参与建筑区划内共有部分（含建筑物共有部分）的维修工程施工现场管理，对工程范围、工程数量、所需材料、采用工艺于技术等进行现场鉴证。

（3）竣工验收制度

建筑区划内共有部分（含建筑物共有部分）维修工程竣工后，由物业服务企业或者业主委员会组织维修工程范围内相关业主对工程质量进行验收，参与验收的业主均应当签署书面意见。

（4）质量保修制度

维修工程质量应按照国家、省、市相关规定执行；建筑区划内共有部分（含建筑物共有部分）维修工程的质量保修内容和期限，应按建设部《房屋建筑工程质量保修办法》的规定在维修工程合同中约定明确。

（5）名录制度

为进一步保障建筑区划内共有部分（含建筑物共有部分）维修工程质量，加强专项维修资金的监管，应建立统一的建筑区划内共有部分（含建筑物共有部分）维修施工单位推荐名录和维修工程决算审价单位名录。

5.3 白蚁防治

白蚁属等翅目的昆虫，行群体生活，是世界性五大害虫之一。它从未停止过对人类生产生活进行肆无忌惮地侵害，房屋建筑、家具衣物、仓储物资、水库堤坝、农林果木、通讯设备、车辆船舶、军需器械、图书档案等，几乎涉及国计民生的各个领域，无所不噬、无所不损。因为白蚁能以隐蔽的生活方式，成千上万仍至数百万头个体群居地下、墙体、结构柱或天花板等人们常不引以注意的地方，隐而难察，难以防范，而被人们疏忽其害，待到发觉有白蚁危害时，损失已相当严重，甚至出现房屋倒塌、溃堤决坝；正所谓"千丈之堤，毁于蚁穴"。因此，对于物业使用安全而言，白蚁犹如天灾一样，必须加强控制，保证城市房屋的住用安全。

5.3.1 白蚁预防工程技术

房屋白蚁预防工程技术是根据白蚁种类和保护对象的不同，综合运用生态防治法、生物防治法、物理机械防治法、化学滞留防治法和检疫防治法中的有关方法，创造不利白蚁生存的环境，阻止白蚁的孳生、蔓延、侵袭，提高保护对象抵抗白蚁的能力，使之免遭白蚁的危害。这类技术措施主要有墙基内外保护圈、室内地坪防蚁毒土层、辅助设施（踏步、台阶、管道井、变形缝等）防蚁毒土层和木构件防蚁药物涂刷等工作。房屋白蚁预防工程技术措施是一条保护房屋免受白蚁危害的最佳和最经济有效的途径,已在全国有蚁害的地区普遍被推广采用。

5.3.2　白蚁防治单位

根据建设部《城市房屋白蚁防治管理规定》(中华人民共和国建设部令 130 号)的规定,设立白蚁防治单位,应当具备以下条件:

①有自己的名称和组织机构。

②有固定的办公地点及场所。

③有 30 万元以上的注册资本。

④有生物、药物检测和建筑工程等专业的专职技术人员。

5.3.3　白蚁预防内容

1)新建物业项目

根据建设部《城市房屋白蚁防治管理规定》的规定,建设项目依法批准后,开发建设单位应当将白蚁预防费用列入工程概预算。建设项目开工前,开发建设单位应当与白蚁防治单位签订白蚁预防合同。白蚁预防合同中应当载明防治范围、防治费用、质量标准、验收方法、包治期限、定期回访、双方的权利义务以及违约责任等内容。白蚁预防包治期限不得低于 15 年,包治期限自工程交付使用之日起计算。

开发建设单位在进行商品房销(预)售时,应当向购房人出具该项目的《白蚁预防合同》或者其他实施房屋白蚁预防的证明文件,提供的《住宅质量保证书》中必须包括白蚁预防质量保证的内容。开发建设单位在办理房屋产权登记手续时,应当向房地产行政主管部门出具按照《城市房屋白蚁防治管理规定》实施房屋白蚁预防的证明文件。

2)原有房屋和超过白蚁预防包治期限的房屋

原有房屋和超过白蚁预防包治期限的房屋发生蚁害的,房屋所有人、使用人或者房屋管理单位应当委托白蚁防治单位进行灭治。

房屋所有人、使用人以及房屋管理单位应当配合白蚁防治单位进行白蚁的检查和灭治工作。

5.3.4　白蚁防治的监管

根据建设部《城市房屋白蚁防治管理规定》的规定,国务院建设行政主管部门负责全国城市房屋白蚁防治的监督管理工作;省、自治区人民政府建设行政主管部门负责本行政区域内城市房屋白蚁防治的监督管理工作;直辖市、市、县人民政府房地产

行政主管部门负责本行政区域内城市房屋白蚁防治的监督管理工作。

5.4 房屋安全管理

5.4.1 房屋装修结构安全管理

房屋装修结构安全管理是指因装修拆改房屋的墙、梁、板、柱、基础、屋盖等建筑主体和承重结构(以下简称房屋结构)的安全管理。

房地产行政管理部门是负责城市房屋装修结构安全管理工作的主管部门。

5.4.2 房屋装修结构安全义务人

装饰装修房屋是业主的权利,但这一权利的行使应以不损害他人利益和社会公共利益为前提。在一个存在多业主的物业管理区域内,业主装饰装修房屋的行为有可能会对其他业主造成影响。例如,装修噪声可能会影响相邻业主的生活和休息,破坏房屋承重结构的装修行为会对其他业主的人身和财产安全构成威胁,不及时清运装修垃圾会破坏小区环境等。同时,物业服务企业有义务根据物业服务合同的约定对物业进行管理,而对物业及其共用部位,共用设施设备的机构、功能、使用等情况的了解是完成这一义务的前提。鉴于此,国务院《物业管理条例》规定,"业主需要装饰装修房屋的,应当事先告知物业服务企业。"即规定了业主装修房屋前对物业服务企业的告知义务。

业主装饰装修房屋时,不得有违反法规规定以及业主(临时)公约明文禁止的行为,并应该尽到合理的注意义务。考虑到业主对相关法律法规并不一定很了解,对房屋装饰装修中的禁止行为和注意事项并不一定都清楚。因此,国务院《物业管理条例》规定,物业服务企业在知道业主装修后应当将房屋装饰装修中的禁止行为和注意事项告知业主。一是可以帮助业主更好地装饰装修房屋;二是可以起到预防作用,避免出现违法装修或者装修扰民等情况。

5.4.3 房屋装饰装修安全程序

业主、使用人装饰装修房屋的,应当遵守国家、省、市的规定以及业主(临时)公约。业主、使用人装修房屋确需拆改房屋结构的,必须依照有关法律、法规,提出书面申请,并交验下列资料,报当地主管部门审批。取得房屋装修结构安全批准书后,方可装修。

①房屋权属证明文件。

②原设计单位或具有相应资质条件的设计单位提出设计方案、施工图。

③实行物业管理的,应提交物业服务企业签署意见。

④使用人装修的,应提交房屋所有人同意装修的书面文件。

⑤房屋出租的,应交验房屋租赁证。

⑥审批机关认为需要提供的其他资料。

主管部门应自收到房屋装修申请之日起,一定工作日内作出是否批准的决定,对符合房屋装修结构安全的,发给房屋装修结构安全批准书。不予批准的应书面说明理由。

从事房屋装修的设计、施工单位和个人必须具有相应资质等级和上岗证,方可承接装修工作。房屋装修设计、施工,应当符合房屋结构有关规范和装修工程质量标准,选用符合国家产品质量标准的材料和配件。

业主、使用人应在房屋结构拆改完毕采取加固措施后一定工作日内,向主管部门申请房屋装修结构安全验收。主管部门应自接到申请后一定工作日内组织验收。验收合格的方可继续装修或投入使用。

复习思考题

1. 什么是物业服务用房?

2. 物业服务企业有权改变物业服务用房的用途吗?

3. 简述物业服务用房的配置标准。

4. 简述专项维修资金首次缴存的主体、基数、比例。

5. 专项维修资金的监管原则是什么?

6. 简述白蚁防治的监管体制。

7. 简述房屋装修结构安全管理。

第 **6** 章
物业管理的策划

在物业管理的策划阶段,主要有物业管理总体策划、物业管理的招标投标、项目管理服务方案策划等3方面工作。本章主要介绍物业管理招投标的概念、方法与程序、招标文件与投标文件的编制、项目管理服务方案策划的概念、内容与编制等方面内容。

6.1 物业管理的招标与投标

招标与投标是市场经济和竞争机制发展到一定程度的必然产物。招标投标活动大约开始于18世纪末和19世纪初的西方。早期的招标投标仅限于建筑工程和大型货物采购方面,近20多年来,随着以服务业为主的第三产业的发展日益受到国际关注,招投标活动在众多领域也得到了广泛应用并日臻完善,服务性项目招标投标已成为招标投标交易方式发展的新趋势。所谓服务性项目招投标,是指招标投标的客体并非有形的物体,而是一项无形的服务。物业管理招标投标便属于服务性项目招标投标。

6.1.1 物业管理招投标的概念

1)招标与投标

招标与投标是一个过程的两个方面,是指由招标人发出招标公告过通知,由若干个投标人同时投标,最后由招标人通过对各投标人所提交的价格、质量、交割期限以及投标人的技术水平、信誉程度和财务状况等因素进行综合比较,确定其中条件最佳的投标人为中标人,并与之最终订立合同的过程。

其中,招标是指招标人根据自己的需要,提出一定的标准或条件向社会或几个特定的供应商或承包商发出投标邀请的行为;投标则是指投标人在接到招标通知后,根据招标通知的要求编制投标文件,并将其递交给招标人的行为。

招标投标作为一种特殊的交易方式和订立合同的一种特殊程序,与其他交易方式和订立合同程序相比,具有其自身的特点:

(1)标价保密性

每个投标者在投标时都不可能知道其他投标者的报价。因此,投标者只能在不知竞争对手底细的情况下,按照招标文件的要求,根据所掌握的资料及以往的经验进行分析判断,确定自己的报价。

(2)报价一次性

招标投标不存在也不允许讨价还价,每个投标者都只有一次投标机会。由于投标者报价都是在高度保密的情况下进行的,一次报价后,任何投标者都没有再次出价的机会,因此,每个投标者都要一次性报出自己最优惠的价格。

(3)法律约束性

投标报价是一种具有法律约束性的行为,投标者一旦向招标者递交标书和报价,该标书和报价就被视为在法律上有效。在国际惯例中,为保证投标报价的法律效力,投标者须在递交标书的同时递交一份投标保证书,并向招标者交纳一定的投标保证金。如果在投标有效期内投标者撤消其标书或报价,招标者则可按照惯例没收投标者交纳的投标保证金,以保证招标者的利益。

2) 物业管理招标投标

物业管理招标投标是指开发商或业主委员会为即将竣工使用或正在使用中的物业寻找物业服务企业而制订出符合其管理服务要求和标准的招标文件,向社会公开招聘,并采取科学方法进行分析和判断,最终确定物业服务企业的全过程。

随着我国房地产改革的深化,大力推广和完善物业管理招标投标制度,现已成为培育和发展我国物业管理市场的迫切需要,主要体现在:

(1)物业管理招标投标是市场经济发展的需要

随着社会主义市场经济的发展,物业管理作为一种服务性商品,也应当进入市场进行等价交换。而通过物业管理招标投标,评定其价值和价格在现行物业管理的市场价格水平下能否被接受,则是保证等价交换顺利进行的前提,从而也体现了价值规律的客观要求。

(2)物业管理招标投标是房地产管理体制改革的需要

随着我国经济体制改革的不断深化,必须要变原来的行政性管理终身制为企业经营型的聘用制。在这种新的体制下,开发商和业主委员会都有权选择物业服务企业,此时,通过物业管理招标投标可以解决开发商或业主与物业服务企业之间信息不相通的问题,使得开发商或业主可以自主选择符合自己管理服务要求和标准的物业服务企业。

（3）物业管理招标投标是促进物业管理行业发展的需要

由于物业管理招标投标导致物业服务企业与开发商或业主之间的双向选择，由此形成的竞争局面必将使物业服务企业为了在激烈的市场竞争中求得生存发展，就需要努力提高自己的服务质量和管理水平，从而推动整个物业管理行业的健康发展。

6.1.2　物业管理招标

1）物业管理招标的特点

由于物业管理的特殊性，物业管理招标与其他类型的招标相比，有着自己的特点：

（1）超前性

由于物业管理需要早期介入，这就决定了物业管理招标必须超前，即在物业动工兴建之前甚至在规划设计前开发商就应进行前期物业管理招标。

（2）长期性和阶段性

由于物业管理工作的长期性和阶段性，决定了物业管理招标工作的长期性和阶段性。

例如，前期物业管理需要招标。过了委托管理期限，业主委员会根据其管理服务业绩，通过决议决定是否续聘原物业服务企业。若续聘则要重新签订服务合同；若不续聘，则由业主委员会重新向社会公开招标。还有一种情况，未到委托管理期限，物业服务企业遭解聘后，业主委员会也需要重新招聘物业服务企业。

针对不同的阶段和不同的服务内容，物业管理招标的内容要求和方式选择也有所不同。

首先，由于开发商或业主在不同时期对物业管理有不同要求，招标文件中的各种管理要求、价格的制定都具有阶段性，每个阶段都不一样，需要进行调整。

其次，物业服务企业即使中标，也不意味着可以高枕无忧，可以长期占据这一市场份额。因为一方面，还会有更好、更先进的物业服务企业参与竞争；另一方面，也可能由于自身管理不善，而遭淘汰。

2）物业管理招标的方式

国际市场上通用的物业管理招标方式可分为3种：公开招标、邀请招标和议标。但我国2000年1月1日施行的《招标投标法》只有前两种。考虑到物管招标在我国刚刚起步，议标作为一种简单、便捷的方式目前仍被我国许多开发商所采用，因此建设部颁布的《前期物业管理招标投标管理暂行办法》（建住房2003年130号令）中，也将议标（即协议招标）作为一种方式予以规定。因此下面按国际惯例一起介绍。

（1）公开招标

公开招标是指招标人通过新闻媒体公开发布招标通知，邀请所有愿参加投标的物业服务企业参加投标的招标方式。这种招标方式最大限度地体现了招标的公平、公正、合理原则,故我国大型基础设施和公共物业的物业管理一般都采用公开招标方式。需要指出的是,由于物业管理自身的特点,对于一些不可能也不适宜吸引全国各地物业服务企业的项目,一般都采用地方公开招标方式招标。

地方公开招标是指通过在地方媒体刊登广告或在广告中注明只选择本地投标人进行投标。

（2）邀请招标

邀请招标简称邀标,是指不公开刊登广告而是以投标邀请书的方式邀请 3 个以上具备相应物业管理资质的物业服务企业投标的招标方式。主要适用于标的规模较小（即工作量不大,总管理费报价不高）的物业管理项目。这种招标方式虽然比起公开招标,有招标成本低和招标时间短的优势,但由于邀标是招标人预先选择了投标人,因此可选择的范围缩小,可能遗漏一些合格的、有竞争力的物业服务企业,也可能会歧视某些投标人,还容易诱使投标人之间产生不合理竞争,容易造成招标人和投标人的作弊现象。

（3）议标即协议招标（又称谈判招标）

《前期物业管理招标投标管理暂行办法》中第三条明确规定:“投标人少于 3 个或者住宅规模较小的,经物业所在地的区、县人民政府房地产行政主管部门批准,可以采用协议方式选聘具有相应资质的物业服务企业。”这种方式是指同时找几家物业服务企业到现场考察,然后同时进行谈判协商,最终选定符合要求的物业服务企业的招标方式。

3）物业管理招标的原则

由于物业管理招标投标领域一般都是买方市场,在买方市场中,市场竞争是一种对买方（招标人）有利的竞争,在合理的范围内竞争程度越高,对买方越有利。所以,开发商或业主要想在竞争性招标中获取充分利益,就应吸引尽可能多的物业服务企业参与投标。

但要做到这一点,除了一方面应增加标的项目自身的吸引力外,另一方面应对所有参加投标者尽可能做到公开、公平、公正和诚实信用。也就是说,物业管理招标应当遵循公平、公正、合理的原则。

（1）公平原则

公平原则是指在招标文件中向所有物业服务企业提出的投标条件都是相同的,即所有参加投标者都必须在相同的基础上进行投标。所以,公平原则的关键就是起点公平。要做到起点公平,招标时要注意以下事项:

①应采用统一的招标方式。

②招标文件对所有投标者要求都应一致。首先,实行公开招标的招标文件应在同一时间、同一地点公开发售,并且在这之前的招标通告中予以标明;其次,招标文件的条件、要求均应一致。例如,若需要进行资格审查,则所有的投标人都应按要求进

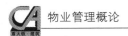
审查等。

③招标者对招标文件的解释说明应在同一时间,针对所有参加投标的物业服务企业公开进行。如在统一时间组织所有投标人对招标物业实地考察;在投标者购买招标文件后安排一次投标者会议,即标前会议,以公开澄清投标者提出的各种问题。

（2）公正原则

公正原则是指在所有投标者起点公平的基础上,在整个投标评定中所使用的准则应具有一贯性和普遍性。

①一贯性。一贯性是指招标者在实施投标评定过程中所采用的评标准则应与招标文件中所注明的评判准则相一致。即评判准则在投标前后必须一致、公开。任何招标者私自修改已经在招标文件中公布的评判准则都属于违背招标惯例的行为。

②普遍性。普遍性是指用于投标评定的准则应该具有普遍性,即能客观地衡量所有的投标书。根据国际惯例,一般在评标时采用综合打分法。

（3）合理原则

合理原则是指选定投标的价格和要求必须合理,不能接受低于正常的管理服务成本的标价,也不能脱离市场的实际情况,提出不切实际的管理服务要求。

为了贯彻合理原则,招标人应当在招标文件中按照国际惯例,申明"业主不约束自己接受最低标价"这一条。即开标后,开发商或业主有权选择任何价格的投标书,而不一定是最低标价。有了这样的申明,招标者便可以选择管理费合理且资信条件较为可靠的物业服务企业。

4）物业管理招标的程序

招标程序分为3个阶段,即招标的准备、实施和结束阶段。

（1）准备阶段

准备阶段是指从决定招标到正式发布招标公告之前这一阶段。在这个阶段有以下一些工作。

①成立招标机构。招标机构的职责是拟定招标章程和招标文件;组织投标、开标、评标和定标;组织签订合同等。

②编制招标文件。招标文件既是投标人编制投标文件的依据,又是招标人与中标人商定合同的基础。一般招标文件应包含以下内容:告知投标人递交投标书的程序;阐明所需招标的标的情况;告知投标评定准则以及订立合同的条件等。

③制定标底。标底是招标人为准备招标的内容计算出的一个合理的基本价格。即一种预算价格。其主要作用是作为招标人审核报价、评标和定标的重要依据。一般以标底上下的一个区间作为判断投标是否合格的条件。因此,标底是招标单位的"绝密"资料,不能向任何无关人员泄露。

（2）招标实施阶段

招标的实施主要包括以下几个具体步骤:发布招标公告或投标邀请书,出售招标文件;组织资格预审（粗筛）;召开标前会议;开标、评标和定标。

（3）招标结束阶段

这一阶段最大的特点是招标人与投标人由一对多的选拔和被选拔关系逐渐转移为一对一的合同关系。具体内容包括合同的签订与履行,以及资料的整理与归档等。

6.1.3　物业管理投标程序与方法

投标程序也分为 3 个阶段,即投标的前期阶段、投标的实施阶段和投标的结束阶段。

1) 投标的前期阶段

投标的前期阶段包括取得投标资格、筹措资金、收集招标物业相关资料、进行投标可行性分析和申请资格预审等 5 方面工作。

（1）取得投标资格

按照国际和国内的不同管理规定,物业服务企业要取得投标资格所需履行的手续也有所不同。

①从事国内投标的资格要求。物业服务企业在国内从事投标业务,必须取得《企业法人营业执照》和政府颁发的《物业服务企业资质证书》。

②参与国际投标应履行的手续。物业服务企业参与国际投标,应根据招标物业所在国的规定,履行必要的手续:在招标物业所在国注册和选择代理人。

（2）筹措资金

投标企业应根据自身财务状况及招标物业管理所需资金,做好资金筹措准备,以使自己有足够资金通过投标资格预审。

（3）收集招标物业相关资料

招标物业的相关资料是物业服务企业进行投标可行性研究必不可少的重要因素。因此物业服务企业在投标前应多渠道多方位全面搜寻包括招标公司和招标物业的具体情况以及投标竞争对手的情况等资料。

（4）进行投标可行性分析

一项物业管理投标从购买招标文件到送出投标书,涉及大量的人力物力支出,一旦投标失败,其所有的前期投入都将付之东流。因此,投标公司在提出投标申请前一定要做好投标可行性分析。

①招标物业条件分析。包括物业性质分析、特殊服务要求分析、物业招标背景分析和物业开发商状况分析。

②本公司投标条件分析。包括以往类似的物业管理经验分析、人力资源优势分析、技术优势分析、财务管理优势分析和劣势分析。

③竞争者分析。包括潜在竞争者、同类物业服务企业的规模及其现接管物业的数量与质量、当地竞争者的地域优势和经营方式差异分析。

④风险分析。在国内从事物业管理投标,通常可能面临的风险有通货膨胀风险、

经营风险、自然条件风险和其他风险,国际投标时,还可能面临政治风险。这些因素都可能导致物业服务企业即使竞标成功也会发生亏损,因此必须在决定投标前认真考虑这些风险因素,并从自身条件出发,制订出最佳方案规避风险,将其可能发生的概率或造成的损失尽量减少到最小。

(5)申请资格预审

在考察了以上条件后,可初步确定是否参与投标。若决定参与投标,则可提请资格预审。企业在申请进行资格预审时,要按要求提交相应的申请文件。

2)投标的实施阶段

通过资格预审之后,物业服务企业便可按以下步骤实施投标:取得并熟悉招标文件、考察物业现场并参加标前会议、制定管理服务方法和工作量、制定资金计划、标价试算、标价评估与调整、办理投标保函、编制标书和封送标书与保函等。

(1)取得并熟悉招标文件

获得招标信息并通过经营资质预审的物业服务企业必须按规定程序购买招标文件;收到招标邀请信的物业服务企业,可直接到发出邀请信的开发商或业主委员会处去购买招标文件。

取得招标文件后,吃透招标书的精神,应仔细阅读并尽可能找出文件上前后不一致、内容不清晰等错误,再按其不同性质与重要性,将这些错误与遗漏划分为“招标前由业主明确答复”和“计入索赔项目”两类。此外,应仔细研究招标文件中的各项规定,如开标时间、定标时间、投标保证书等,尤其是图纸、设计说明书和管理服务标准、要求和范围。

(2)考察物业现场并参加标前会议

熟悉了招标文件后,投标物业服务企业要对物业现场进行实地考察。通常,招标人要组织参与投标的物业服务企业统一参观现场,并召开标前会议。标前会议的记录和各种问题的统一解释或答复,应被视为招标文件的组成部分,均应整理成书面文件分发给所有投标人。如与原招标文件不一致时,应以会议文件为准。但口头答疑并不具备法律效力。因此,考察现场与参加标前会议非常重要,一定要仔细了解。

(3)制定管理服务方法和工作量

投标公司根据招标文件中的物业情况、管理服务范围与要求,制定管理服务内容与工作量。

(4)制定资金计划

制定资金计划的目的主要有二:一是复核投标可行性研究结果;二是做好议标阶段向招标人作承包答辩的准备。资金计划应以资金流量为根据进行测算,应保证资金流入大于流出。

(5)标价试算

试算前,投标者应确保做到以下几点:明确领会了招标文件中的各项服务要求、经济条件;计算或复核过服务工作量;掌握了物业现场基础信息;掌握了标价计算所需要的各种单价、费率、费用;拥有分析所需的、适合当地条件的经验数据。通常,即可用服务单价乘以工作量,得出管理服务费用。但对于单价的确定,不可套用统一收费标准(国家规定了管理服务单价的除外),因为不同物业情况不同,必须具体问题具体分析。同时,确定单价时还必须根据竞争对手的状况从战略战术上进行研究分析。

(6)标价评估与调整

对于试算结果,投标者应该经过评估才能最后确定标价。现行标价的评估内容主要包括两方面:一是价格类比;二是竞争形式分析。分析之后便可以进行标价调整,确定出最终标价。

(7)办理投标保函

由于投标者一旦中标就必须履行受标的义务,为防止投标人违约给招标单位带来经济上的损失,在投递投标书时,招标单位通常要求投标单位出具一定金额和期限的保证文件,以确保在投标单位中标后不能履约时,招标单位可通过为投标单位出具保函的银行,用保证金额为投标单位赔偿招标单位的经济损失。投标保函通常由投标单位银行或其主管部门出具。投标保函所承担的主要担保责任有:

①投标人在投标有效期内不得撤回标书及投标保函。

②投标人被通知中标后必须按通知书规定的时间前往物业所在地签约。

③在签约后的一段时间内,投标人必须提供履约保函或履约保证金。

如果投标人违反上述任何一条,招标人就有权没收投标保函,并向银行索赔其担保金额。若投标人没有中标或没有任何违约行为,招标人就应在通知投标无效或未中标或投标单位履约之后,及时将投标保函退还给投标人,并相应解除银行的担保责任。

投标保函的主要内容包括:担保人、被担保人、受益人、担保事宜、担保金额、担保货币、担保责任、索偿条件等。

除办理投标保函外,投标单位还可以保证金的形式提供违约担保。此时,投标方保证金将作为投标文件的组成部分之一。投标方应将保证金于投标截止之日前交至招标机构指定处。投标保证金可以银行支票或现金形式提交。未按规定提交投标保证金的投标,将被视为无效投标。中标的投标方的保证金,在中标方签订合同并履约后 5 日内予以退还;未中标的投标方的保证金,在定标后 5 日内予以退还,均不用支付利息。

(8)编制标书

投标人在作出投标报价决策之后,就应按照招标文件的要求正确编制标书,即投标人须知中规定的投标人必须提交的全部文件。编制标书时应注意以下几个问题:

①投标文件中的每一空白都须填写,如有空缺,则被认为放弃意见;重要数据未填写,可能被作为废标处理。

②递交的全部文件每页应签字,若填写中有错误而不得不修改,则应在修改处签字。

③不得不改变标书的格式时(如原有格式不能表达投标意图),可另附补充说明。

④最好用打字方式填写标书,或用墨水笔正楷字填写。

⑤投标文件应字迹清楚、整洁,纸张统一,装帧美观大方。

⑥计算数字要准确无误,无论单价、合计、分部合计、总标价及其大写数字均应仔细核对。

一份好的投标书必须符合3个要求:一是要符合招标书的要求;二是符合本物业管理的实际需求;三是充分反映本企业的管理特点与长处。通常,投标书中应包括以下内容:

①本企业情况介绍。目的是使招标方对本企业产生深刻印象,因此应该文字生动、事实过硬,一般包括企业管理理念、光荣历史、规模实力、取得的荣誉等。

②管理质量目标和承诺。即承接后能够达到的质量目标,一般表现在两个方面:一是总体达到的某种水平,一般指有关部门给予评定的优秀称号,如建设部评定的示范小区(大厦)等。二是管理达到的具体质量指标,如设备完好率、保修回访率等。

③管理运作机构设置。可用图表加说明的形式。

④人员配置和编制。强调编制的合理性,不要超出自己实力压低编制。因为过低的编制肯定对今后的管理产生不好的影响。

⑤管理费用。最重要的内容就是提出合理的有依据的价格。

⑥管理规章制度。管理规章制度包括岗位职责、运行操作规定及管理制度等。

⑦中标后工作计划等。

(9)封送标书与保函

全部投标文件编制好以后,投标人就可派专人或通过邮寄将标书投送给招标人。封送标书的一般惯例是,投标人应将投标文件按照招标文件的要求,准备正本和副本(通常正本一份,副本两份)。标书的正本和每一份副本应分别包装,而且都必须用内外两层封套分别包装与密封,密封后打上"正本"或"副本"的印记,两层封套上均应按投标邀请书的规定写明投递地址及收件人,并注明投标文件的编号、物业名称、"在某日某时(指开标日期)之前不要启封"等。内层封套是用于原封退还投标文件的,因此应写明投标人的地址和名称,若是外层信封上未按上述规定密封及做标记,则招标方对于把投标文件放错地方或过早启封概不负责。由于上述原因被过早启封的标书,招标人将予以拒绝并直接退还给投标人。

(10)现场答辩

现场答辩是投标实施阶段的最后环节,因此必须高度重视。公开招标的现场答辩会往往比较隆重,评委现场提问,现场记分,当场确定中标单位。邀请招标的答辩会气氛就相对轻松一些,既有提问,也有讨论,可以相互交叉发言。答辩的结果往往在事后通知。参加答辩的企业应当注意以下几点:组织好答辩班子;答辩人员应熟悉业务,口才好,善于临场应变;准备好答辩会上的公司介绍和应答准备;参加答辩人员应当服装统一;按照规则进行答辩,注意礼貌、礼仪,用词恰当,相互之间注意互相保护等。

3) 投标的结束阶段

投标的结束阶段的工作也就是定标后的工作,主要包括中标后的合同签订与履行或未中标的总结和资料整理与归档等工作。

(1) 中标后的合同签订与履行

经过评标与定标后,招标方将及时发函通知中标公司。中标公司则可自接到通知之时做好准备,进入合同的签订阶段。通常,物业管理服务合同的签订需经过签订前谈判、签订谅解备忘录、发送中标函、签订合同协议书几个步骤。

(2) 未中标的总结

未中标公司在收到竞标失利的通知后应及时分析本次失利的原因,如是准备工作不充分、估价不准还是报价策略失误等,以免重蹈覆辙。

(3) 资料整理与归档

无论是否中标,在竞标结束后都应将投标过程中的一些重要文件进行分类归档保存,这样一可以为中标公司在合同履行中解决争议提供原始依据,二可为竞标失利的公司分析失败原因提供资料。通常这些文档资料主要有:招标文件;招标文件附件及相关图纸;对招标文件进行澄清和修改的会议记录与书面文件;投标文件及标书;同招标方的来往信件和其他重要文件资料等。

6.2　物业管理服务方案策划

实际上,在做投标策划时,物业项目服务方案就需要认真策划。投标能否成功,物业项目服务方案的策划起着举足轻重的作用。同时,所编制的物业项目服务方案也是实施企业内部管理的重要依据。

6.2.1　物业项目服务方案概述

项目服务方案是物业服务企业对某物业项目的管理服务工作所做总体上的管理服务策划。

1) 物业项目服务方案的种类

(1) 两类不同角度的管理服务方案

物业服务企业对项目管理进行管理服务策划,一般有两种情况:一种是物业服务企业在市场拓展过程中,应某物业发展商或物业的业主委员会的要求,编制该物业的营销用项目管理服务方案,附于该项目的投标书、策划书或建议书之中,提交发展商或业主委员会评审。这种方案含营销特征,真正实施还需作必要的完善。另一种是物业服务企业的物业管理部门或项目管理经理人员对已经实施管理或将要实施管理

的项目所进行的管理服务策划,所编制的方案书用于企业内部评审和项目管理的实施依据。这种方案不含营销内容,针对性和可操作性较强。编制这种方案是物业管理项目经理人员应该具备的能力。这里所介绍的主要是这一种情况的管理服务方案策划。

（2）不同类型物业的管理服务方案

由于物业有不同的类型,管理有不同的方式,所以项目管理服务方案也随之有不同的类型。按照国内目前的实际情况,项目管理服务方案的分类有以下4种方法:

①按物业性质分。普通住宅、公寓、别墅、酒店公寓、办公楼、商场、工业厂房、学校、医院、市政设施等。

②按时期阶段分。前期介入、前期管理、后期（正常期）管理。

③按管理性质分。全权委托管理服务、单项专业管理服务。

④按专业类别分。物业管理的维保服务、安保服务、保洁服务、绿化服务、礼仪服务及其他服务等。

项目管理服务方案的命名通常可以按照上述分类的顺序连起来写,如××公寓前期物业管理服务方案等。

2）方案策划的作用

项目管理服务方案实际上是实施物业项目管理服务的策划书和指导书,物业管理方案的拟写是否明了、规范,对于是否成功获得管理项目和有效管理起着至关重要的作用。至少可以达到合理定位、收支有数、规范服务、确保质量的作用。

（1）合理定位

通过项目管理服务方案的策划,首先可以对项目管理的管理目标、管理标准、管理费用作一个合理的定位,以免日后方向不明,操作困难,造成物业服务企业、业主及相关方面产生管理纠纷。管理目标是指物业服务企业计划在某一时间段内应达到的管理服务水平。管理标准是衡量物业服务企业实现某一管理目标所应达到的尺度。而管理费用则是实现管理目标、达到管理标准等一系列管理服务活动需要的各项费用。

（2）收支有数

对物业的项目管理,众人所关心的最终都会集中到费用的收支情况上,每一位业主都希望花最少的钱获得最好的服务。因此,物业服务企业应把管理服务费用的收支情况理得清清楚楚,让业主和公司都做到心中有数。策划项目管理服务方案,编制项目管理服务方案书,必然要对项目管理服务的费用进行细分和测算,最后得出总的项目管理费和单位面积每年每月所应承担的费用标准。

（3）规范服务

项目管理服务方案策划中要对项目管理的运作实务进行策划,据此可以制定各项服务的运作规范和作业规范,让物业管理服务的每一项活动都有章可循,有规可依。运作规范和作业规范是很具体很细致的行为准则,将保障物业服务企业为业主提供的各项服务都实现规范化。

（4）确保质量

项目管理服务方案策划除了提出运作规范和作业规范，还要有如何进行质量控制和质量保证的内容。因此，通过方案策划可以解决如何确保管理服务质量的问题。通常，物业服务企业可以策划采用传统质量管理方法或导人 ISO 9000 质量管理国际标准、ISO 14000 环境管理国际标准、OHSAS 18000 职业安全卫生国际标准等方法来实现对物业管理服务的质量控制。

6.2.2 物业项目服务方案策划的主要内容

物业管理服务方案一般由以下几部分组成：引言或综合说明（说明物业管理的意图及管理公司概况）；物业概况；物业服务企业所选择的管理模式；管理的宗旨、方针和具体内容；公司的组织结构与人员编制计划；管理的财务预算；物业管理的前期介入内容与经费等。下面具体介绍几个主要内容：

1）物业概况

物业概况是项目服务策划的依据和基础，项目管理的合理定位、费用测算、服务需求、服务要求都与物业概况有关。方案策划的前期调研与资料收集时应尽可能掌握以下 3 方面的情况：

（1）基本概况

基本概况包括：物业类型；法定地址；坐落位置；占地面积；总建筑面积（地上、地下）；有效建筑面积（其中包括可分摊面积）；绿化面积（包括湖塘面积）；车库面积（包括各类车位数）；道路面积；物业构成。

（2）设备设施概况

设备设施情况的调查与资料收集是一种更为专业和细致的工作。大到物业的各个设备系统和设施布局，小到每个电器的耗电功率和各设备或设施的使用频次，以便为策划设备设施的运行、维修、保养工作和测算运行、维修、保养费用和各种能源消耗提供依据。

（3）业主构成概况

业主构成概况是物业服务企业策划管理目标、管理标准、服务事项、服务方式等的参考依据，也有利于今后进一步作服务需求的细分和延伸服务策划。项目方案策划前应注意收集这方面的资料。

2）管理服务事项

物业管理服务事项在各地的物业管理条例或物业管理办法中都有阐明，各物业服务企业在与开发商或业主委员会所签订的物业管理服务合同中也需要明确，项目管理服务方案应依据当地现行物业管理法规和物业管理服务合同来罗列所策划项目

的管理服务事项。以住宅前期物业管理服务项目为例,管理服务事项通常有以下内容:

①住宅共用部位、共用设备的使用管理、维修和更新。

②建筑区划内公用设施的使用管理、维修和更新。

③电梯、水泵等房屋设备的运行服务。

④区域内保洁服务。

⑤区域内保安服务。

⑥区域内绿化服务。

⑦物业维修、更新费用的账务管理。

⑧物业档案资料的保管。

⑨根据业主需求提供非公共性延伸服务。

⑩根据开发商需要提供房屋、设备、设施的验收、整改、完善及保修的配合。

⑪应开发商需要,在物业建设中提供物业管理的前期介入服务等。

3)管理目标

项目管理目标的内容主要是项目管理服务的定位,通常在物业服务合同中有规定,明确该项目的管理服务在某一规定时间内应达到的管理服务水平,譬如几年内达到部优物业管理大厦或小区,几年内建立和通过 ISO 9000 质量管理体系认证审核等内容。

4)管理标准

项目管理标准的内容主要是阐明物业服务企业在实施项目管理的过程中,在某一时期内所采用的物业管理服务的标准。譬如行业规定的物业管理服务标准,地方规定的物业管理服务标准,或企业自己规定的企业标准。

5)机构设置与人员配备

这部分内容主要是策划人根据项目管理目标、管理标准和运作模式所拟订的项目管理机构与相应的人员配备方案。由于项目定位不同,各地各企业所采用的运作模式不同,方案也会不同,衡量的原则有 3 条:一是看是否用较少的人员提供较好的服务;二是看是否用较合理的配备满足较可靠的运作;三是看是否对业主更有利。

6)管理服务办法

项目管理服务的实施办法主要由运作规范和作业规程两部分内容来阐明,运作规范是保障物业项目正常运作的各种办法、制度及规定等。作业规程则是规定各项服务活动的作业流程、作业时间及作业方法等。运作规范和作业规程是物业管理服务活动中实务性很强的内容,在项目管理服务方案中一般只要阐明总体思路、框架便可。完整的内容可在项目作业文件中分别阐述。

7）质量控制办法

质量控制是保证企业提供的服务能稳定和持续改进的手段，在方案策划时应重点阐明项目管理服务的作业标准和检查规程。作业标准是规定各项服务作业人员作业时应达到的质量要求，而检查规程是规定检查人员如何检查作业活动及检查的时间、程序、手段及其方法。项目管理抓住作业标准和检查规程两个环节，质量控制就有了保障。如果企业导入 ISO 9000、ISO 14000、OHSAS 18000 等国际标准，则项目管理服务的质量控制内容会更丰富，项目管理服务的质量会更可靠。

8）延伸服务办法

非公共性的延伸服务是公共性的专业物业管理服务的延伸，也是现代物业管理服务的闪光点。随着物业管理的市场化进程，已经有越来越多的物业服务企业开始在为业主提供专业管理服务的同时，增加延伸服务的一些内容。因此，项目管理服务方案策划时可根据合同双方的约定或业主需求等实际情况，提出开展延伸服务的设想或总体方案，作为项目管理服务方案的一部分内容。

9）物业服务费用收支预算

这部分是整个管理方案中最重要的内容。预算的合理、正确与否，直接关系到方案是否具有竞争力，是成功获得管理项目的关键。财务预算所包含的具体内容如下：

①前期物业管理中发生的费用预算：包括办公设备购置费、工程设备购置费、清洁设备购置费、通讯设备购置费、保安设备购置费、商务设备购置费、绿化设备购置费等。测算时要掌握勤俭节约、最低配置、急用先置的原则。

②第一年度物业管理费用预算：包括物业管理人员的工资、福利费、办公费、邮电通信费、绿化清洁费、维修费、培训费、招待费等。

③年度能源费用预算：包括水费、电费、锅炉燃油费等。

④物业服务项目的收入预算：包括各项服务收入、利润分配等。

⑤年度物业服务费用支出预算。物业服务费用支出应当根据项目的实际情况，测算具体的人、财、物的费用，包括人员费用、行政费用、公用事业费、维修消耗费等。

根据以上物业服务费用的实际收支情况，在方案书中编制相应的年度物业服务费用收支预算表，来反映物业服务企业提供服务过程中需要的相关费用。

10）公共能源费用收支预算

公共能源费用的收入主要是依靠向业主收取的物业管理费，这占了公共能源费用中的一部分。另一部分则是从房屋维修基金（费用）中取得，用于公共设施设备的维修和保养。它的支出主要是公共设施、设备在运行过程中的能耗和零星的维修、保养费用。以上的费用收支情况在方案书中都要作如实的反映，并制作相应的公共能源费用收支预算表。

6.2.3 物业项目管理服务方案的编制与评审

1) 管理服务方案的编制

项目管理服务方案策划的结果是形成一份完善的书面材料。也就是说,策划内容要通过文字描述来表达,策划的过程就是方案编制的过程。通常,项目管理服务方案的编制可分成 5 个步骤来进行。

（1）项目调查

项目策划人接到项目管理服务方案策划的任务之后,首先就要开展对项目的调查工作,以迅速掌握物业概况。项目调查的对象是物业现场、物业开发商和物业的业主,项目调查的结果应形成表达物业概况的文字数据、技术资料及项目相关资料。

（2）方案构思

项目调查过程中和过程后,策划人应对方案的策划编制有一个构思的过程,这个过程除了整理分析物业概况的数据资料外,还可参照本企业或与本项目相仿物业的管理经验,从中吸取有参考价值的东西,逐步勾勒和形成自己的方案构思。

（3）方案定位

方案构思的一个重要内容是要形成项目管理的方案定位,初步形成该项目未来的管理服务目标、管理服务标准及管理服务费用的大致范围,初步感知业主、开发商、公司对这个定位的反应,进而形成项目管理服务方案的腹稿。方案定位是方案编制的一个很重要的环节,定位的成功与否直接影响到方案实施的成功与否。

（4）方案编写

方案编写是方案策划的文字处理过程。编写时应突出主题,文字通俗规范、内容全面合理、条理清楚,系统性、适用性、实用性强,切忌哗众取宠、东搬西抄。同时应注意以下技巧:

①在编写综合说明时,要做到层次分明、言简意赅。

②在编写物业概况时,除了做到数据正确,介绍全面以外,还要注意用词的专业性,尽量发掘物业自身的潜力。

③在介绍物业服务企业概况时,要做到如实介绍、突出优势与实力,具有竞争力。

④在介绍管理宗旨、方针时,要注意从开发商或业主的利益出发,替对方着想,为他们服务,具有亲和力。

⑤在拟写机构、人员、费用等关键内容时,要做到机构设置科学,人员编制合理,费用测算正确,具有吸引力。

⑥最后,要恰当地宣传开发商所具有的良好传统、作风、精神,并可作为物业服务企业今后工作的借鉴,具有鼓动力。

（5）方案讨论

方案草稿形成之后,编写人应与方案相关人员共同讨论,论证方案的合理性与可行性。共同修改方案、完善方案,尤其是应重点讨论项目管理的机构设置与人员配备和各类费用的测算内容。

（6）形成初稿

方案编写人集中大家的意见和建议,整理编写出项目管理服务方案的初稿,提交上级评审。

2）管理服务方案的评审

项目管理服务方案编制完成后,应该有一个评审论证的过程,以保障方案的合理性和可操作性。为此,企业应根据项目管理服务方案的要求拟定好方案评审的标准,以便方案评审工作有效进行。通常评审标准包括以下内容:

①方案是否符合企业理念、企业目标和企业的管理模式。

②方案是否符合现行物业管理的法律法规。

③方案是否能保障服务合同的管理目标、管理标准的实现。

④各项管理服务费用的设立、测算是否合理。

⑤方案有无创新。

⑥方案是否可操作。

6.2.4　物业项目管理服务方案的实施

1）选择方案实施的负责人

对物业管理项目而言,方案实施的负责人通常便是该项目的物业管理处主任。他是公司派出的全权代表,按照公司的意志和要求组织实施对该项目的管理服务。所以负责人要有良好的品行,要懂得房地产相关理论和开发经营、管理等基本知识;熟悉物业管理的基本理论和有关政策法规,了解本地区有关物业管理环境;掌握公共关系的知识;掌握财务管理的知识;掌握物业管理的管理、服务和作业;掌握有关房屋、设备、设施维修保养的基本知识;还要掌握计算机应用等多方面的知识。总之,方案实施的负责人应是真正意义上的复合型高级人才,选择一位好的负责人等于方案实施成功的一半。

选择方案实施的负责人有多种途径可以考虑:一是可以采取内部选拔,从公司中挑选;二是通过社会招聘;三是公司预先有计划地培养选拔人才,预先建立人力资源库,结合社会招聘,确保每个项目都能找到合适的方案实施负责人。

2）组织方案实施的工作班子

工作班子是确保整个方案顺利运行的基础,其工作效率很大程度上取决于组建工作班子的人,也就是上面所提到的方案负责人。工作班子的正常运作要靠参与人员的共同努力、相互协调和沟通,参与其中的每个人都要为方案的不断完善而出谋划

策并各司其职。因此,负责人要按一定的程序慎重选人。

3)做好方案实施的充分准备

为了方案的实施肯定要做大量的准备,而且准备必须是有目的的、有序的。这样的准备才能为方案的实施制造一个十分有利的环境。准备包括资料的准备和人员心理的准备。

6.2.5　住宅小区物业服务方案示例

一、物业概况

1.物业基本概况

(1)物业类型

(2)法定地址

(3)坐落位置

(4)占地面积

(5)总建筑面积(地上、地下)

(6)有效建筑面积(其中包括可分摊面积)

(7)绿化面积(包括湖塘面积)

(8)车库面积(包括各类车位数)

(9)道路面积

(10)物业构成

2.设备设施概况

(1)设备设施一览表

(2)主要设备技术参数

3.业主构成一览表

4.物业营销状况一览表

二、总体构想与管理模式

1.总体构想

2.服务理念

3.管理模式

4.质量控制

5.方案实施计划

三、服务的范围、内容及标准

1.入住前物业管理范围、内容及标准

(1)范围　施工阶段、接管阶段的早期介入。

(2)内容　①施工阶段的介入内容;②接管阶段的介入内容。

(3)标准与要求　完成前期物业管理服务合同所规定的条款。

2.入住后管理范围、内容及标准

(1)业主服务 ①范围;②内容;③标准与要求。

(2)小区房屋、设备及设施的运行、维修及保养服务 ①范围;②内容:a.房屋维修养护,b.设备维修保养,c.设施维修保养;③标准与要求。

(3)小区安保服务 ①范围;②内容;③标准与要求。

(4)小区保洁服务 ①范围;②内容;③标准与要求。

(5)小区绿化服务 ①范围;②内容;③标准与要求。

(6)小区应急处理服务 ①范围;②内容;③标准与要求。

按照以下"应急预案"要求处理应急事件:

a.停水停电应急预案;b.火警事故应急预案;c.水浸事故应急预案;d.治安事件应急预案;e.电梯故障应急预案;f.突发事件应急预案。

(7)小区延伸服务 ①范围;②内容;③服务标准;④收费标准:参照有关行业标准制订服务收费标准并报物价行政主管部门备案。

(8)社区文化活动服务 ①活动内容;②活动安排;③活动地点;④活动要求。

四、总体目标与对策

1.总体目标

(1)管理服务目标

(2)经营服务目标

2.总体对策

(1)管理处将导入ISO 9001质量保证体系来确保服务质量

(2)小区内各项管理制度完善,各种规定、公约均分发到户并上墙公布

(3)小区各类管理人员上岗要佩戴标志,并有明确的岗位考核标准

(4)建立各种档案资料、报修、养护记录

(5)小区各种收费项目、标准公开,收费基本合理,并接受业主的监督

(6)小区管理应用计算机等现代化管理手段进行科学管理

(7)制订中大修理年度计划,并负责实施。通过不断的完善,真正达到使业主名下的物业保值、增值

(8)制定并组织实施培训计划

(9)结合小区创优评比标准,进一步提高物业管理水平

五、组织架构及人员配备

1.管理处组织架构

2.管理处人员配备

六、组织的运行机制

1.管理方式

2.组织运行机制

(1)制订激励机制

(2)建立监督机制

（3）建立自我约束机制

（4）建立信息反馈及处理机制

七、内部管理制度

1.岗位标准

（1）管理处经理岗位标准

（2）管理人员岗位标准

（3）作业人员岗位标准

2.管理人员的配备、培训、管理

3.作业人员的配备、培训、管理

4.员工考核制度

5.财务管理及核算制度

6.物料管理办法

7.档案资料管理办法

8.信息技术应用管理制度

八、管理服务运作规范

1.业主服务管理办法

2.维保服务管理办法

3.安保服务管理办法

4.保洁服务管理办法

5.绿化服务管理办法

6.应急服务管理办法

7.延伸服务管理办法

九、管理服务作业规范

1.作业标准

2.作业规程

3.检查规程

十、物业管理费用预算

1.物业管理服务费用预算所考虑的因素

2.年度物业管理服务收支平衡预算

3.年度物业管理费总收入预算

4.年度物业管理费（含公共能耗）总支出预算表

5.年度物业管理总支出

6.年度物业管理服务费使用管理

7.维修基金的来源与使用管理

8.附表

[**案例分析**]

某市某项住宅小区招标。在开标时,出现了 4 种情况:

(1)招标者发现 A 投标公司在递送投标书时未附投标保函,便拒绝该公司标书,并将其标书退还。

(2)B 投标公司与 C 投标公司同时委托甲公司代理递交标书并参加开标会议,但招标者通知甲公司代表只能代理投递一份标书,请其撤回另一份标书。

(3)开标结束后,招标者认为各投标人的投标报价都高于标底价,不符合自己的预期,就当场宣布本次投标作废。

(4)在宣布本次投标作废后,招标者说明,应邀参加二次招标的本次投标公司所交纳的保证金一律不予退还,待二次招标结束再根据中标情况予以退还。

讨论:在以上 4 种情况中,招标者的处理是否得当,并说明理由。

复习思考题

1. 物业管理招标方式有哪几种?
2. 物业管理招标的原则有哪些?
3. 简述物业管理投标的程序与方法。
4. 物业管理服务方案策划的内容有哪些?

第 **7** 章
物业管理前期准备

本章介绍物业管理前期准备阶段的主要内容,包括物业管理的前期介入、前期物业管理、制定物业管理规章制度、制定物业管理契约、制定物业管理具体规定等。

7.1 物业管理的前期介入

7.1.1 物业管理前期介入的涵义

物业管理前期介入,是指物业服务企业在接管物业之前就介入,参与物业的规划、设计和建设阶段,从物业管理的角度提出意见和建议,以便建成后的物业更能满足业主和使用人的要求,并且有利于后期管理工作的进行。

物业管理何时介入最为合适?一般来说,越早越好。长期以来,物业管理一直滞后于房地产的规划设计和施工建设。而规划设计是各物业能否形成完整、舒适、便利的功能区域的决定性阶段。但是往往设计人员在规划设计中仅考虑了目前国家的技术标准、市场需求和建设成本,却忽略了从日后使用和管理的角度来统一规划,造成建成后物业使用和管理上的矛盾及漏洞。如现在常见的无管理用房、停车位不足,部分设备落后于科技的发展,以及水、电、通风、交通等配套方面存在的问题。对于这种"先天不足"不仅业主时有抱怨,又使物业管理工作难以顺利进行,关键是以后也难以弥补。而如果开发商在规划设计阶段就选择好物业服务企业,即利用物业服务企业的丰富经验和专业知识对规划设计提出意见和建议,则可使规划设计更符合业主使用的要求,并为以后的管理工作打好基础。

因此,物业管理是一种对物业全过程的管理,其首要环节即是物业管理的前期介入。

7.1.2　物业管理前期介入的作用

1) 有利于促使那些物业竣工后返工无望的工程质量难点提前得到妥善解决

(1) 优化设计,完善细节

首先,由于我国地域广阔,不同的地区地理环境和经济水平差异大,对房屋设计的要求也有很大的不同,比如南北气候的差异要求设计人员在电路负荷、水压、暴风雨灾害的预防等方面都应该有所体现。其次,设计标准和实际的使用之间经常会存在差异,而这些差异如果不能有效融合就会造成日后使用的不便,如卫生间和厨房中排水孔的数目和位置、房间里电路的铺设、开关和插座的数目及位置等。再次,由于社会进步很快,规划设计往往落后于科技及经济的发展,这就造成日后消费者的很多需求无法得到有效的满足,如中央空调的安装、停车区域的布局及停车位数目的不足等。以上这些问题设计人员很难考虑得十分完善,经常会顾此失彼,但是这些问题往往在物业建成后才会暴露出来,此时大多已回天无力。而有经验的物业服务企业却能凭专业人员的经验和已往管理过程中出现的种种问题和缺陷,对物业的整体规划和设计进行审察,对不适之处提出修改方案,优化、完善设计中的细节,从而争取把那些后期管理中返工无望的先天缺陷在物业竣工之前,逐项加以妥善解决,减少后遗症,保持房地产开发项目的市场竞争力。

(2) 提高房屋建造质量

物业在建造完成后,由于设计、施工或材料的原因在日后的使用中可能会暴露出各种质量问题,而物业服务企业在物业的长期使用和管理的过程中积累了大量的第一手资料,对许多工程质量问题十分了解。如果其在房地产开发的过程中就介入,就能把隐患消灭在建造过程中,进一步提高工程质量。

2) 有利于对所管物业的全面了解

物业管理行为的实质是在管理物业的基础上为业主提供优质的服务。然而要服务得好,使业主满意,就必须对物业进行全面的了解。如果物业服务企业在物业交付使用时才介入管理,就无法对许多隐蔽工程,诸如土建结构、管线定向、设施建设、设备安装等物业的情况了如指掌,对图纸改动做出认真记录。比如:管线的分布、走向、节点的具体位置对于后期的维修养护和新增设备有着重要的作用,但图纸中的标注和实际多有差异,仅按照图纸施工就会产生很多不必要的麻烦,浪费大量的人力、物力和财力。相对来说,在日后的管理中,土建这方面不会出太多的问题,而设备安装、调试和管线的布置对后期管理却相当重要,对这些情况则应充分掌握。因此,如果实际条件不允许过早介入,设备安装阶段应该是较合适的介入时间。唯有如此,物业服务企业方能更好地为业主服务。

3) 有利于为后期管理做好准备

前期介入保证了物业服务企业对物业的全面了解,这就给后期的管理带来了很多便利,从而提高了工作效率和工作质量管理。同时,物业管理也是一项综合管理工程,通过物业管理把分散的社会分工集合为一体,在管理过程中,经常会同许多政府的职能部门发生联系。因此,理顺关系,建立通畅的服务渠道非常重要。而在前期介入中,物业服务企业可以提前与这些职能部门进行接触和磨合,这就为日后的管理工作打下了良好的基础。有利于业主一旦入住就可以立刻享受到高质量的物业管理服务。

因此,重视物业管理的前期介入,对于开发商和购房者来说,都是一个双赢的策略。

7.1.3 前期介入的工作内容与实施

在物业管理前期介入阶段,物业服务企业的工作内容大致可以归纳为以下几个方面:

1) 立项决策阶段

房地产开发的第一个阶段是立项决策,解决开发什么,能否开发的问题。这首先需要对市场进行调查分析。此间,物业管理人员所提供的关于该项目的市场定位,潜在业主的构成、需求以及消费水平,周边物业管理概况及日后的物业管理内容、管理标准及成本、利润测算等方面的意见有着重要的参考价值,对正确进行项目的可行性分析及降低决策的风险起着重要的作用。

2) 规划设计阶段

产品要有竞争力必须要全面满足各种需求,对于房地产来说,不仅要重视房屋本身的质量问题,更应该考虑服务的使用功能、小区的合理布局、建筑的造型、建材的选用、室外的环境、居住的安全舒适、生活的方便等。这就要求在规划设计阶段,物业服务企业根据已往的管理经验和日后实施物业管理的需要,针对规划设计中的种种问题和缺陷提出自己的看法和建议。

（1）配套设施

目前,对房地产而言,要求进行综合性开发。因此,光满足住的需求是不够的,还需要充分考虑享受和发展的需求。而能否充分发挥其整体功能,关键要看各类配套设施是否完善。那么,何为完善、需要配些什么? 例如:对于大多数住宅小区,小区内外道路交通的布置,环境的和谐与美化,尤其是人们休息交往的场所与场地的布置在规划设计中都必须给予充分的考虑,但这些设施的规模和档次如何设置,以及是否需要幼儿园、学校等公益设施,是否需要各类商业服务网点、娱乐健身设备都需要根据不同的物业、不同的业主,区别对待。

（2）水电气等的供应容量

水电气的供应容量是项目规划设计时的基本参数,设计人员在设计时,通常参照国家的标准设计。而国标仅规定了下限,即最低标准,只要高于此限就算达到设计要求。但在实际生活中,南北气候的差异必然会造成实际用量的差异,并且随着人们生活水平的不断提高,对各种能源的需求也会不断增大。因此,在规划设计时,要留有余地。

（3）安全保卫系统

大部分消费者在购买物业时,都把小区的安全性摆在首位。因此,做好小区的安全保卫工作,给业主创造一个安全的居家环境,是规划设计的又一个重要环节。目前,大部分小区都是采用的现代化的自动报警系统,如:消防联动控制柜、远红外自动报警系统等。但采用的设备越多、越先进,物业的建造成本就越高,这就需要在节约成本的基础上,尽可能设计经济有效的报警系统。

（4）垃圾处理方式

垃圾处理是每一个物业每天都要面对的问题,处理不好将直接影响小区的环境卫生和业主的日常生活。一般小区垃圾的处理方式有2种选择:垃圾道或垃圾桶。如果采用垃圾道,对于业主来说,相当方便、快捷,但对于物业服务企业来说,如何保持其清洁,杜绝蚊蝇、蟑螂、老鼠的孳生源,防止异味的产生,则成了一个非常头痛的问题。如果采用垃圾桶,就需要考虑如何在方便业主的前提下,合理地设置垃圾桶的位置及数目,保持小区公共区域的环境卫生。这两种方式各有利弊,在规划设计时具体采用哪种方式应根据小区的实际情况和物业服务企业的管理经验来选择。

（5）建筑材料的选择

建筑材料的选择影响着工程的质量、造价,物业服务企业应根据自己以往的管理经验,提供一份常用建材使用情况的资料,以便设计单位择优选择,减少日后的维修管理工作。

（6）其他

在规划设计时,还有一些细节性的问题容易被设计人员忽略,如:室内各种管线的布局、位置是否适用,电路接口的数量、位置是否方便日后检修,插座开关的高度、数目及具体的位置是否适当,方便使用等。这些问题一旦出现,会给日后的使用和管理带来极大的不便,物业服务企业应提前指出,尽量减少类似的缺陷。

总之,物业管理的工作特点,造成了从业人员对物业在使用和管理工程中细节问题的敏感性,物业管理人员的改进意见或建议更贴近业主的实际需要,并为以后的物业管理工作打好基础。

3）施工安装阶段

在这个阶段,物业管理人员的介入一方面加强了工程监理的力量,使工程质量又多了一份保障,另一方面,保证了建筑移交和日后管理的连续性。其工作主要表现在

以下几个方面：

（1）解决常见的质量问题

物业管理人员对房屋在使用工程中常见的质量问题了解的较多，如：卫生间哪里最容易漏水、什么样的墙会渗水等。这些问题如有物业管理人员在现场指导和监督，就会在施工中予以彻底解决，减少"先天不足"问题的产生。

（2）熟悉各种设备和线路

在这个阶段，物业管理人员需要熟悉机电设备的安装调试，管道线路的铺设及走向，尽可能全面收集物业的各种资料，熟悉各个部分，为日后的管理工作做好准备。

4）预销售阶段

在这个阶段，物业管理的介入主要是为前期管理做好管家准备，其主要工作有：

①制定并公示物业服务内容、服务标准和收费标准。

②为未来业主作物业管理咨询。

③将物业管理重要事项配合开发商将其约定在售房合同中，或签订专门的物业管理前期合同。

根据介入阶段的不同，前期介入又可以分为早期介入、中期介入和晚期介入3类。早期介入是指在物业的立项决策阶段、设计规划阶段的介入，起的是参谋顾问的作用；中期介入是指在物业的施工阶段和物业设备安装阶段的介入，起的是工程质量监理的作用；晚期介入是指在竣工验收阶段和预销售阶段的介入，起的是管家作用，并为承接物业做好准备。

7.2　前期物业管理

7.2.1　前期物业管理的定义

"前期物业管理"的规定最早出现于1994年11月1日施行的《深圳经济特区住宅区物业管理条例》中。该条例规定："开发建设单位应当从住宅区开始入住前六个月自行或者委托物业服务企业对住宅区进行前期管理，管理费由开发建设单位自行承担。"

而真正把"前期物业管理"作为物业全过程管理的重要一环，并专门对其进行界定的，还是1997年7月1日施行的《上海市居住物业管理条例》："本条例所称前期物业管理，是指住宅出售后至业主委员会成立前的物业管理。"在建设部《物业管理条例》实施前，前期物业管理一直以此为定义的。之所以这样界定，主要考虑了2个因素：

一是以民事法律关系的主体资格变化点作为前期物业管理的终点。业主委员会成立前,房地产开发企业与物业服务企业签署委托合同,此合同称为"前期物业管理服务合同",签订的民事法律关系的主体是开发商与物业服务企业;而业主委员会成立后所签订的委托合同则称为"物业管理服务合同",签订的民事法律关系主体是业主委员会与物业服务企业。

一是从物业管理的不可间断性来确定起点。把前期物业管理起始点界定在住宅出售后,而不是业主实际入住前后,是因为房屋一旦出售,将会涉及到业主们所关心的管理内容、标准、收费等一系列问题。实际上,不论业主委员会是否成立,是否与物业服务企业签订物业服务合同,物业管理服务在房屋出售后就开始发生了。为保持物业管理的不间断性,建设部 1994 年发布的《城市新建住宅小区管理办法》规定:"住宅小区在物业服务企业负责管理前,由房地产开发企业负责管理","房地产开发企业在出售住宅小区房屋前,应当选聘物业服务企业承担住宅小区的管理,并与其签订前期物业管理合同。"

考虑到物业管理的早期介入,所以在建设部 2003 年 9 月 1 日施行的《前期物业管理招标投标管理暂行办法》中明文规定:"前期物业管理,是指在业主、业主大会选聘物业服务企业之前,由建设单位选聘物业服务企业实施的物业管理。"其中,由于各个开发商在销售前什么阶段选聘物业服务企业都不一致,所以定义中没有确定起点;又由于在选出业主委员但还没有选聘到新的物业服务企业这个阶段的管理还属于前期物业管理,所以这次《物业管理条例》和《前期物业管理招标投标管理暂行办法》都将终点界定为选聘了物业服务企业,即业主委员会与其选聘的物业服务企业签订的物业服务合同开始生效时。

国家提倡建设单位按照房地产开发与物业管理相分离的原则,通过招投标的方式选聘具有相应资质的物业服务企业来进行前期物业管理。若投标人少于 3 个或者住宅规模较小的,经物业所在地的区、县人民政府房地产行政主管部门批准,也可以采用协议方式选聘具有相应资质的物业服务企业。

新建商品住宅出售单位应当在出售住宅前制定临时管理规约,并与其选聘的物业服务企业签订"前期物业服务合同",并报所在地的区、县房地产管理部门备案。

自前期物业服务合同签订之日至新建商品住宅交付使用之日发生的前期物业管理服务费用,由住宅出售单位承担;自新建商品住宅交付使用之日至前期物业服务合同终止之日发生的前期物业管理服务费用,由住宅出售单位和买受人按照住宅转让合同的约定承担。

新建商品住宅出售单位与住宅买受人签订住宅转让合同时,应当将临时管理规约(临时管理规约不得与法律、法规相抵触,也不能侵害物业买受人的合法权益)向业主予以明示并说明,使业主知道在将来的物业管理中自己的权利和义务;并将临时管理规约、前期物业服务合同和住宅使用说明书作为住宅转让合同的附件。

新建商品住宅交付使用时,除住宅转让合同另有约定外,物业服务企业不得向住宅买受人收取任何费用。

前期物业服务合同可以约定期限;但是,期限未满,业主委员会与其选聘的物业

服务企业签订的物业服务合同生效时,前期物业服务合同自动终止。

7.2.2　前期物业管理与物业管理早期介入的区别

在很多地方都把前期管理和前期介入混为一谈,或者把前期介入纳入前期管理的范畴,前期物业管理与前期介入的区别主要体现在以下几点:

(1)参与管理的身份不同

物业管理前期介入一般是以咨询或顾问的身份参与房地产的开发过程,不一定与房地产开发商确定了合同关系。前期物业管理必须通过参加招投标或者其他形式与房地产开发商确立了委托合同关系后方可进行,此时物业服务企业已依法拥有了该物业的经营管理权。

(2)作用不同

前期介入是物业服务企业站在日后使用和管理的立场上,对房地产的开发过程提出具体的意见和建议,至于这些意见和建议是否被接受并付诸实施,决定权在开发商,并且能否前期介入,介入的时机及程度均取决于开发商。因此,早期介入仅有辅助功能。前期物业管理是物业服务企业被开发商全权委托,行使管理权并承担相应的民事法律责任。

(3)参与人员不同

在前期介入中,物业服务企业仅派几个懂工程的专业人员参加,而前期物业管理是物业服务企业的全部人员都参与。

7.3　制定建筑区划的规章制度

物业管理的制度和法规是物业服务企业开展工作的准绳和依据,是以政府颁发的各项法律、法规、示范文本及管理内容为依据,借鉴国内外物业管理的成功经验,并根据本公司的实际制定出来的。这是实施和规范物业管理行为的必要措施和保证。

7.3.1　建筑区划的规章制度概述

物业管理除了需要遵循有关的法律、法规外,由于其是一项具体、细微的管理行为,因此在实际运行中,还需有各种操作的规章制度来明确职责范围、行事规则和行为规范。

建筑区划的规章制度是指建筑区划制定的各种操作性的行为规范。物业管理的规章制度贯穿于物业管理的全过程,一方面,物业管理制度将管理内容及其操作制度化,约束和规范物业管理主体的行为,提高物业管理的总体水平;另一方面,有利于建立对物业管理工作的监督机制,发挥全体业主和使用人的作用,促进物业管理的健康发展。

建筑区划规章制度主要有 3 大作用：

①借助物业管理的法律法规,载明物业管理主体的权利和责任,约束和规范各管理主体的行为,以提高物业管理的整体水平。

②规范业主和使用人以及物业服务企业的行为,协调政府有关部门与物业管理者之间,业主、物业服务企业及其他人员的各种关系。

③规范公司内部的管理行为,以便更好地创造整洁、文明、安全、方便的生活和工作环境。

由于物业管理涉及到方方面面,所以其规章制度必然具有数量多、规定细、操作性强的特点。其主要形式有:公约、合同、规则、章程、手册、工作岗位职责等。物业管理的规章制度一般可分为两大类:一类是物业服务企业对内部员工制定的工作职责和制度;另一类是物业服务企业对业主和使用人制定的有关行为规范管理条例,其中主要包括物业管理的契约和建筑区划的管理规定 2 种。

7.3.2　物业服务企业的内部管理制度

物业服务企业的内部管理制度是指物业服务企业为加强内部管理,提高管理服务质量和工作效率制定的在公司内部实行的各项规章制度。主要包括:

(1)员工管理条例(综合管理制度)

它是物业服务企业最基本的内部管理制度。它对全体员工有普遍的约束作用,包括:劳动用工制度、员工行为规范、员工福利制度、员工培训制度、员工奖惩制度等。

(2)各部门职责范围(职能制度)

它是明确内部职能分工的依据,有助于各职能部门分清责任,在各司其职的基础上互助协作,保证物业管理工作的顺利开展及公司内部机制的正常运行。

(3)员工的岗位职责(岗位制度)

健全的员工的岗位职责是搞好物业管理的基本保证,有助于从总经理到普通员工明确各自的职责、工作要求和所承担的责任,做好本职工作。

(4)企业领导制度

这是关系企业运行的最高层次的制度,主要指确立企业的领导体制,包括董事会领导下的总经理负责制和总经理负责制。

(5)管理程序制度

这是对公司运作过程中所经历的环节和衔接程序的规定,包括:各类计划、总结、报表、报告的传递制度;企业部门费用申报程序;员工任免申报程序、对外往来文件送审程序等。

7.3.3　物业管理的契约

任何一个物业辖区要推行物业管理,客观上需要一个可供共同遵守的行为准则,物业管理契约就是在此基础上产生的。物业管理的契约包括物业管理公约和物业管理合同2种。

1)管理公约

管理公约是房屋产权所有人(业主)和使用人与物业服务企业(或物业买受人与开发商)共同签署并承诺共同遵守的行为守则,是对双方权利义务的限定,也是签约者在特定环境下要遵循的行为规范,对全体业主或使用人以及管理者均有约束力。属于协议、和约性质。

同时,管理公约也是物业管理工作中最为重要的法律文件,它涉及物业管理领域的方方面面,并体现出管理者与被管理者、聘用方与被聘用方之间的法律关系。因此,制订出一个完善的物业管理公约就显得尤为重要。

管理公约现在规范为临时管理规约和管理规约两种形式。

(1)临时管理规约

临时管理规约即原来的住宅使用公约或物业使用、维修、管理公约,一般由第一业主(开发商)在出售物业前制定(但不得损害物业买受人的合法权益),由开发商与物业买受人共同签署,此公约在业主大会通过的管理规约生效后,自然终止。它约束业主或使用人和物业服务企业的行为。

(2)管理规约

一般由业主委员会起草,在业主大会上全体业主应审议通过管理规约,全体业主与使用人都应当遵守(详见3.6节)。

2)物业服务合同

合同是指当事人之间为实现一定目的,明确权利义务关系的协议。合同也称契约。物业服务合同是指物业管理中的当事人之间,为实现一定的经济目的,明确相互权利义务关系而订立的合同。物业管理当事人主要包括房地产开发商、业主委员会、物业服务企业、专业公司以及其他经济组织和个体工商户。物业服务合同形式包括:委托管理合同、物业代理经租合同、专项服务合同、商务合同等。

(1)前期物业服务合同

该合同属于委托管理合同,是由开发商与其选聘的物业服务企业签订的一项协议性的文件,即是物业服务企业接受委托代理管理物业的合同。开发商在售房时应向物业买受人明示该合同,若交易成立,本合同应作为交易附件,并应由物业买受人签章同意,同时应报所在地的区、县房地产管理部门备案。该合同至业主委员会与其选聘的物业服务企业签订的物业服务合同生效时终止。

（2）物业服务合同

该合同也属委托管理合同,是由业主委员会与其选聘的物业服务企业签订的一项协议性文件。该合同签订后也应报所在地的区、县房地产管理部门备案。物业服务合同一般根据示范文本,结合本建筑区划的具体情况商定。

（3）专项服务合同

专项服务合同是物业服务企业与其选聘的职业公司签订的合同,如清洁合同、安保合同、绿化合同等。由于专项服务合同的委托人的权利是由物业服务合同的委托人授予的,因此,该合同所明确的专项服务内容一般须经业主委员会的认可或向其通报。在签订该合同时,物业服务企业应对职业公司的资质、业绩等作全面了解。

7.3.4　建筑区划管理规定

建筑区划管理规定是指物业管理主体根据物业管理的需要就某一或某些事项所制定的书面性文件,由一系列具体的管理规定所构成,其目的是为了规范业主和使用人的行为,监督管理人员的工作质量,保障物业的正常使用,创造一个良好的工作和生活环境。

建筑区划管理规定主要包括综合性的管理规定、专项性的管理规定和住户手册等。

（1）综合性管理规定

综合性管理规定是由一系列细则共同组成的建筑区划范围内的综合性的管理条例。物业服务企业在具体制定时,应根据所管物业的类型和物业的具体情况,依据物业管理的有关法律、法规、管理规约、物业服务合同拟订,并经业主大会审核通过,对建筑区划的业主、物业管理者都有约束力。具体操作时,还可以一份文件的形式出现,主要内容包括:管理机构;管理原则;管理机构的职责权限;公共设施设备的使用、维护、管理;环境和治安的管理、管理经费问题;违反规定的处理原则;对管理人员和管理公司的要求;附则等。

（2）专项性的管理规定

专项性的管理规定是物业管理主体对建筑区划内某一专项管理所制订的书面文件,并在所制定的该规定范围内有约束力。专项性的管理规定一般由物业服务企业拟订,并经业主大会或业主委员会审核通过。专项性的管理规定通常有:清洁卫生管理规定、绿化管理规定、治安管理规定、消防管理规定、机动车管理规定、电梯使用管理规定、装修管理规定、商业网点管理规定等。

物业服务企业在制定具体的管理规定时,应根据所管物业的具体情况及管理模式,对以上内容进行增补和删减。

（3）住户手册

住户手册是物业服务企业制定的交由住户或用户保存的文件。其目的是为了让住户了解建筑区划的概况、物业服务企业的概况、周边环境、物业管理标准服务项目

及内容、住户的权利和义务以及应注意的事项等。用以加强管理者和住(用)户之间的联系,取得他们的支持与配合。

[案例分析]

　　李先生要买房,在与家人商量时,在深圳工作的儿子告诉他一些选房的经验,其中一条就是要选那些物业管理前期介入的房产,特别是前期介入较早的房子。李先生不以为然,他说物业管理是业主住进去后,物业服务企业向业主提供的管理和服务。早期介入为谁服务? 由谁来出钱? 这项费用要是加到房价中,房子不是更贵吗? 试分析讨论李先生的观点,并讨论前期介入对业主来说,究竟有什么好处?

复习思考题

　　1.什么是物业的早期介入? 早期介入的必要性体现在哪些方面?

　　2.物业服务企业在早期介入时可以参与哪些工作?

　　3.什么是物业的前期管理? 它的主要内容是什么?

　　4.物业的前期管理与物业管理的早期介入有何不同?

　　5.什么是管理公约? 管理公约的主要内容有哪些?

第**8**章
物业管理的启动

物业管理的正式启动是以物业的承接验收为标志的,包括物业的承接验收、业主入住、产权备案和档案资料的建立、召开首次业主大会等 4 个环节。

8.1 物业的承接验收

8.1.1 承接验收及其与竣工验收的区别

物业承接验收是物业服务企业代表未来业主对将要承接的物业进行承接验收的过程。承接验收的对象有 2 种:一种是新建房屋,即开发商已完成竣工验收的建设项目;一类是原有房屋,是指已取得房屋所有权证,并已投入使用的房屋。

物业服务企业应着重在物业的使用功能上进行验收以及对物业技术资料的接收。这是业主利益体现的一个重要环节,对物业服务企业而言,也是一次发现隐患、避免管理风险的机会。因此,物业服务企业应积极组织管理与技术人员,按国家标准、行业标准及设计图纸,认真仔细地检查每一个工程项目,发现问题及时向物业委托方指出,请其或让其找施工单位在项目交付使用前整改完毕,不留隐患,不留后遗症。把好验收关,这对业主、物业委托方、物业服务企业都有好处。

物业的竣工验收是物业建筑生产的最后一个阶段。物业的竣工是指该物业所属的工程项目经过建筑施工和设备安装以后,达到了该工程项目设计文件所规定的要求,具备了使用或投产的条件。

竣工验收是指工程项目竣工后,由开发商提出,由建设行政主管部门负责对竣工项目进行查验,确认工程是否合格的法定程序。

竣工验收是建筑商与开发商之间发生的一个法定手续,通过验收能明确责任,如

工程达到设计或合同要求,经验收后,就可解除合同义务。从物质形态上说,建筑商完成了一项最终建筑产品,而开发商也完成了该物业的开发任务;从经济关系上说,建筑商即可解除对开发商承担的经济和法律责任。

承接验收与竣工验收的区别在于:

(1)验收的目的不同

承接验收是在竣工验收合格的基础上,以满足使用功能和物业现状条件为主要内容的再检验,是为了分清管理责任,对即将管理的物业质量和物业现状进行验收;竣工验收是为了检验房屋工程是否达到设计文件所规定的要求,是开发商为了使物业取得进入市场的资格,对物业是否合格进行质量验收。

(2)验收条件不同

承接验收的首要条件是竣工验收合格,并且供电、采暖、给排水、卫生、道路等设备和设施能正常使用,房屋幢、户编号已经有关部门确认;竣工验收的首要条件是工程按设计要求全部施工完毕,达到规定的质量标准,能满足使用等。

(3)交接对象不同

承接验收是由物业服务企业承接开发商或业主委员会移交的物业;竣工验收是由开发商验收建筑商移交的物业。竣工验收合格后,标志着物业可以交付使用;承接验收一旦完成,则标志着物业正式进入使用阶段或新的管理阶段。

(4)性质不同

竣工验收是政府行为,是由政府建设行政主管部门负责,组成综合验收小组,对施工质量和建设质量进行全面检验和质量评定。承接验收是企业行为,是物业服务企业代表全体业主根据(前期)物业服务合同,从确保物业日后正常使用和维修的角度出发,对物业委托方的物业进行的质量验收。

(5)物业服务企业在二者中的职责不同

竣工验收时,物业服务企业只是参加者,无直接的责任关系;而在承接验收中,物业服务企业与开发商是直接的责任关系。

8.1.2 物业承接验收应具备的条件与资料

新建房屋和原有房屋在进行承接验收时是有所区别的。

1)新建房屋的承接验收

(1)承接验收的条件

①建设工程全部施工完毕,并经竣工验收合格。

②供电、采暖、给排水、卫生、道路等设备和设施能正常使用。

③房屋幢、户编号经有关部门确认。

(2)承接验收应提供的资料

①产权资料:

A. 项目批准文件；

B. 用地批准文件；

C. 建筑执照；

D. 拆迁安置资料。

②技术资料：

A. 竣工图——包括总平面、建筑、结构、设备、附属工程及隐蔽管线的全套图纸；

B. 地质勘察报告；

C. 工程合同及开、竣工报告；

D. 工程预决算；

E. 图纸会审记录；

F. 工程设计变更通知及技术核定单（包括质量事故处理记录）；

G. 隐蔽工程验收签证；

H. 沉降观察记录；

I. 竣工验收证明书；

J. 钢材、水泥等主要材料的质量保证书；

K. 新材料、构配件的鉴定合格证书；

L. 水、电、采暖、卫生器具、电梯等设备的检验合格证书；

M. 砂浆、混凝土试块试压报告；

N. 供水、供暖的试压报告。

2) 原有房屋的承接验收

（1）承接验收的条件

①房屋所有权、使用权清楚。

②土地使用范围明确。

③原管理单位关系已解除。

（2）承接验收应提供的资料

①产权资料：

A. 房屋所有权证；

B. 土地使用权证；

C. 有关司法、公证文书和协议；

D. 房屋分户使用清册；

E. 房屋设备及定、附着物清册。

②技术资料：

A. 建筑竣工图纸资料全套；

B. 设备设施图纸资料全套；

C. 环境绿化竣工资料全套。

8.1.3　物业承接验收的具体实施

1）物业承接验收程序

（1）新建物业的承接验收程序

①建设单位书面提请承接单位承接验收，并提交相应的资料。

②承接单位按照标准，对建设单位提交的申请和相关资料进行审核，对具备条件的，应在15日内签发验收通知并约定验收时间。

③承接单位会同移交人按照承接验收的内容及标准（质量与使用功能）进行验收。

④对检验中发现的问题，按质量问题的处理办法及时处理。

⑤经检验符合要求的房屋，承接单位应在7日内签发验收合格凭证，并及时签发承接文件。当物业服务企业签发了承接文件，办理了必要的手续以后，整个物业验收与承接工作即完成。

（2）原有物业的承接验收程序

①移交人书面提请承接单位承接验收，并提交相应的资料。

②承接单位按照承接验收标准，对建设单位提交的申请和相关资料进行审核，对具备条件的，应在15日内签发验收通知并约定验收时间。

③承接单位会同移交人按照承接验收的内容及标准进行验收。

④查验房屋的情况，包括建筑年代、用途变迁、拆改添建等；评估房屋的完好与损坏程度及现有价值；对检验中发现的危损问题，按危险和损坏问题处理办法处理。

⑤交接双方共同清点房屋、装修、设备和定、附着物，核实房屋的使用状况。

⑥经验收符合要求的房屋，承接单位应在7日内签发验收合格凭证，签发承接文件，并及时办理房屋所有权的转移登记。

2）新建房屋承接验收的内容及标准

（1）质量与使用功能的检验

①主体结构：

A.地基基础的沉降不得超过建筑地基基础设计规范允许变形值；不得引起上部结构的开裂或相邻房屋的损坏；

B.钢筋混凝土构件产生变形、裂缝，不得超过钢筋混凝土结构设计规范的规定值；

C.砖石结构必须有足够的强度和刚度，不允许有明显裂缝；

D.木结构座结点牢固，支撑系统可靠，无蚁害，其构件的选材必须符合《木结构工程施工质量验收规范》（GB 50206—200）中的有关规定；

E.凡做抗震设防的房屋，必须符合《建筑抗震设计规范》的有关规定。

②外墙不得渗水。

③屋面：

A. 各类屋面必须符合屋面工程及验收规范的规定，排水畅通，无积水，不渗漏；

B. 平屋面应有隔热保温措施，三层以上房屋在公用部位应设置屋面检修孔；

C. 阳台和三层以上房屋的层面应有组织排水，出水口、檐沟、落水管应安装牢固、接口平密、不渗漏。

④楼地面：

A. 面层与基层必须粘结牢固，不空鼓。整体面层平整，不允许有裂缝、脱皮和起砂等缺陷；块料面层应表面平正、接缝均匀顺直，无缺棱掉角；

B. 卫生间、阳台、盥洗间地面与相邻地面的相对标高应符合设计要求，不应有积水，不允许倒泛水和渗漏；

C. 木楼地面应平整牢固，接缝密合。

⑤装修：

A. 钢木门窗应安装平正牢固，无翘曲变形，开关灵活，零配件装配齐全，位置准确，钢门窗缝隙严密，木门窗缝隙适度；

B. 进户门不得使用胶合板制作，门锁应安装牢固，底层外窗、楼层公共走道窗、进户门上的亮子均应装设铁栅栏；

C. 木装修工程应表面光洁，线条顺直，对缝严密，不露钉帽，与基层必须钉牢；

D. 门窗玻璃应安装平整，油灰饱满，粘贴牢固；

E. 抹灰应表面平整，不应有空鼓、裂缝和起泡等缺陷；

F. 饰面砖应表面洁净，粘贴牢固，阴阳角与线脚顺直，无缺棱掉角；

G. 油漆、刷浆应色泽一致。表面不应有脱皮、漏刷现象。

⑥电气：

A. 电气线路安装应平整、牢固、顺直，过墙应有导管。导线连接必须紧密，铝导线连接不得采用绞接或绑接。采用管子配线时，连接点必须紧密、可靠，使管路在结构上和电气上均连成整体并有可靠的接地。每回路导线间和对地绝缘电阻值不得小于规定要求；

B. 应按套安装电表或预留表位，并有电器接地装置；

C. 照明器具等低压电器安装支架必须牢固，部件齐全，接触良好，位置正确；

D. 各种避雷装置的所有连接点必须牢固可靠，接地电阻值必须符合电气装置工程施工及验收规范的要求；

E. 电梯应能准确启动运行、选层、平层、停层，曳引机的噪声和震动声不得超过电气装置安装工程及验收规范的规定值。制动器、限速器及其他安全设备应动作灵敏可靠。安装的隐蔽工程、试运转记录、性能检测记录及完整的图纸资料均应符合要求；

F. 对电视信号有屏蔽影响的住宅，电视信号场强微弱或被高层建筑遮挡及反射波复杂地区的住宅，应设置电视共用天线；

G.除上述要求外,同时应符合地区性"低压电气装置规程"的有关要求。

⑦水、卫、消防:

A.管道应安装牢固、控制部件启闭灵活、无滴漏。水压试验及保温、防腐措施必须符合采暖与卫生工程施工及验收规范的要求。应按套安装水表或预留表位;

B.高位水箱进水管与水箱检查口的设置应便于检修;

C.卫生间、厨房内的排污管应分设,出户管长不宜超过 8 m,并不应使用陶瓷管、塑料管。地漏、排污管接口、检查口不得渗漏,管道排水必须流畅;

D.卫生器具质量良好,接口不得渗漏,安装应平正、牢固、部件齐全、制动灵活;

E.水泵安装应平稳,运行时无较大震动;

F.消防设施必须符合建筑设计及防火规范的要求,并且有消防部门检验合格签证。

⑧采暖:

A.采暖工程的验收时间,必须在采暖期以前两个月进行;

B.锅炉、箱罐等压力容器应安装平正、配件齐全、不得有变形、裂纹、磨损、腐蚀等缺陷。安装完毕后,必须有专业部门的检验合格签证;

C.炉排必须进行 12 小时以上试运转,炉排之间,炉排与炉铁之间不得互相摩擦,无杂音,不跑偏,不凸起,不受卡,返转应自如;

D.各种仪器、仪表应齐全精确,安全装置必须灵敏、可靠,控制阀门应开关灵活;

E.炉门、灰门、煤斗闸板、烟风挡板应安装平正,启闭灵活,闭合严密,风室隔墙不得透风漏气;

F.管道的管径、坡度及检查并必须符合《采暖与卫生工程施工及验收规范》的要求,管沟大小及管道排列应便于维修,管架、支架、吊架应牢固;

G.设备、管道不应有跑、冒、滴、漏现象。保温、防腐措施必须符合《采暖与卫生工程施工及验收规范》的规定;

H.锅炉辅机应运转正常,无杂音。消烟除尘、消音减震设备应齐全,水质、烟尘排放浓度应符合环保要求;

I.经过 48 h 连续试运行,锅炉和附属设备的热工、机械性能及采暖区室温必须符合设计要求。

⑨附属工程及其他:

A.室外排水系统的标高、窨井(检查井)设置、管道坡度、管径均必须符合《室外排水设计规范》的要求。管道应顺直且排水通畅,井盖应搁置稳妥并设置井圈;

B.化粪池应按排污量合理设置,池内无垃圾杂物,进出水口高差不得小于 5 cm。立管与粪池间的连接管道应有足够坡度,并不应超过两个弯;

C.明沟、散水、落水沟头不得有断裂、积水现象;

D.房屋入口处必须做室外道路,并与主干道相通。路面不应有积水、空鼓和断裂现象;

E.房屋应按单元设置信报箱,其规格、位置须符合有关规定;

F. 挂物钩、晒衣架应安装牢固。烟道、通风道、垃圾道应畅通,无阻塞物;

G. 单体工程必须做到工完料净场地清、临时设施及过渡用房拆除清理完毕。室外地面平整,室内外高差符合设计要求;

H. 群体建筑应检验相应的市政、公建配套工程和服务设施,达到应有的质量和使用功能要求。

（2）质量问题的处理

影响房屋结构安全和设备使用安全的质量问题,必须约定期限由建设单位负责进行加固补强返修,直至合格。影响相邻房屋的安全问题,由建设单位负责处理。

对于不影响房屋结构安全和设备使用安全的质量问题,应书面通知开发商落实保修责任,签订保修合同。可执行建筑工程保修的有关规定,按约定期限由建设单位负责维修;或向承接单位预付约定的保修保证金,承接单位在需要时用于代修,保修期满,按实结算;也可视质量问题的轻重程度,由开发建设单位一次性拨付保修费用,由承接单位负责保修。

3）原有房屋的承接验收内容及标准

（1）质量与使用功能的检验

①以 CJ13—86 和国家有关规定作检验依据。

②从外观检查建筑物整体的变异状态。

③检查房屋结构、装修和设备的完好与损坏程度。

（2）危险和损坏问题的处理

①属有危险的房屋,应由移交人负责排险解危后,始得承接。

②属有损坏的房屋,由移交人和承接单位协商解决,既可约定期限由移交人负责维修,也可采用其他补偿形式。

③属法院判决没收并通知承接的房屋,按法院判决办理。

4）承接验收中应注意的事项

物业的承接验收是直接关系到今后物业管理工作能否正常开展的重要环节。因此,为确保今后物业管理工作能顺利开展,物业服务企业在承接验收时应注意以下几个方面:

①物业服务企业应选派素质好、业务精、对工作认真负责的管理人员及技术人员参加验收工作。

②物业服务企业既应从今后物业维护保养管理的角度进行验收,也应站在业主的立场,对物业进行严格的验收,以维护业主的合法权益。

③承接验收中若发现问题,应明确记录在案,约定期限督促开发商对存在的问题加固补强、整修,直至完全合格。

④落实物业的保修事宜。根据建筑工程保修的有关规定,由开发商负责保修,向物业服务企业交付保修保证金,或由物业服务企业负责保修,开发商一次性拨付保修

费用。

⑤开发商应向物业服务企业移交整套图纸资料,包括产权资料和技术资料。

⑥物业服务企业接受的只是对物业的经营管理权以及政府赋予的有关权利。

5)承接验收的原则

承接验收是一个复杂的过程,不仅涉及建筑工程技术而且牵涉到许多法规,既要维护业主利益,又不能开罪开发商。为了处理好承接验收,把握好分寸,需要掌握好如下基本原则:

(1)原则性与灵活性相结合

所谓原则性是指承接应实事求是,铁面无私。物业服务企业应把在验收中查出的各种问题做非常详细的记录。该返工的要责成施工单位返工,属无法返工的应积极索赔。返工没有达到要求,不予签字,直至达到要求。所谓灵活性是指在不违背原则的前提下,具体问题具体分析。物业服务企业不必拘泥于成规,要针对不同情况分别对待。不能把开发商置于对立状态,而应共同协商,力争合理、圆满地解决问题。

(2)细致入微与整体把握相结合

由于工程质量问题对物业产生的不良影响是相当久远的,给日后的物业管理带来的困难也是巨大的。所以,验收时容不得任何一点疏忽大意,必须细致入微。但是,无论什么类型的物业,都首先应从整体上把握重要目标,把握主要矛盾。比如写字楼其重点是体现使用者的地位和身份,因此其一流的装饰和优良的设施设备系统应是承接验收的重点。

8.1.4 物业交接双方的责任

为尽快发挥投资效益,建设单位应按承接验收应具备的条件和提供的资料的要求提前做好房屋交验准备,房屋竣工后,及时提出承接验收申请。承接单位应在 15 日内审核完毕,及时签发验收通知并约定时间验收。经检验符合要求,承接单位应在 7 日内签署验收合格凭证,并应及时签发承接文件。未经承接的新建房屋一律不得分配使用。

承接验收时,交接双方均应严格按照标准执行。验收不合格时,双方协议处理办法,并商定时间复验,建设单位应按约返修合格,组织复验。

房屋承接交付使用后,如发生隐蔽性的重大质量事故,应由承接单位会同建设单位组织设计、施工等单位,共同分析研究,查明原因,如属设计、施工、材料的原因应由建设单位负责处理,如属使用不当、管理不善的原因,则应由承接单位负责处理。

新建房屋自验收承接之日起,应执行建筑工程保修的有关规定由建设单位负责保修,建设单位应向承接单位预付保修保证金,承接单位在需要时用于代修,保修期满,按实结算。也可以在验收承接时,双方达成协议,建设单位一次性拨付保修费用,由承接单位负责保修。保修保证金和保修费的标准由各地自定。

承接验收时如有争议,交接双方应尽可能协商解决,如不能协商解决时均应请市、县房地产管理机关进行协调和裁决。

8.2　交房

8.2.1　交房的涵义

当物业服务企业的验收与承接工作完成以后,即物业具备了入伙条件后,物业服务企业就应按程序进入物业的入伙手续的办理阶段。所谓"入伙"就是指业主领取钥匙,接房入住。从房地产开发公司和物业服务企业的角度出发,也可把这个阶段称之为"交房",即:房地产开发公司会同物业服务企业在完成承接验收之后,将实物交付给购房者的过程。

8.2.2　入伙手续的办理

由于物业的入伙阶段是物业服务企业与其服务对象——业主接触的第一关,它标志着物业管理工作将以人为中心而逐步展开。这一阶段除了大量的接待工作和繁琐的入伙手续外,各种管理与被管理的矛盾也会在短时期内集中地暴露出来,为此,这一阶段通常也是物业管理问题最集中的阶段。为了入伙手续及日后管理工作的顺利进行,物业服务企业需要做大量的工作。首先,应及时将《入伙通知书》、《收楼须知》等交给业主,方便业主顺利办好入伙手续;其次还应向用户发放《用户须知》和《用户手册》,向用户宣传物业管理有关规定,便于日后管理;再次,组织和配合用户搬迁入伙,为用户提供必要帮助;最后要加强对用户装修的管理。所以,物业服务企业应充分利用这一机会,既做好物业管理的宣传、讲解工作,又要切实为业主着想办事,以树立起物业服务企业良好的"第一印象",取得广大业主的信赖。

1)交房前的准备

交房前必不可少的一项准备工作就是"开荒",是指物业服务企业在完成了对物业的承接验收之后,对物业内外进行全面、彻底的清洁。具体内容包括:建筑垃圾的清理;对玻璃、地面、墙面等处所沾灰尘、污垢的清除;对各种设备的清洁等。做好清洁的"开荒",一方面可以为日后的日常保洁工作打下良好的基础;另一方面可以使物业以崭新的面貌迎接业主的入住,同时也是物业服务企业树立其良好形象和信誉的开始。

2）向业主寄发入伙手续文件

交房前物业服务企业还需要设计及准备好各种入伙手续文件。入伙手续文件是指业主在办理入伙手续时,所要知晓、参照和签订的有关文件,主要包括:入伙通知书、入伙手续书、收楼须知等。这些文件都是由物业服务企业负责拟定,并以开发商和物业服务企业的名义,物业服务企业应及时将各种入伙手续文件一并寄给业主,以方便业主按时顺利地办好入伙手续。主要内容如下:

（1）入伙通知书

入伙通知书就是关于业主在规定时间办理入伙事宜的通知。物业服务企业在制作入伙通知书时应注意如下问题:

①一般情况下,一个物业辖区内入伙的业主不是一家或几家,而是几百家甚至上千家,如果均集中在同一时间里办理,必然会使手续办理产生诸多困难,因此在通知书上应注明各幢、各层分期分批办理的时间,以方便业主按规定时间前来办理。

②如业主因故不能按时前来办理,应在通知书上注明补办的办法。

下面是一份入伙通知书以作示范:

入伙通知书

____女士/先生:

您好！我们热忱欢迎您入住××花园！

您所认购的____区____栋____单元____室楼宇,经市有关部门验收、测量合格,现已具备合同约定的交付使用条件。

（一）请您按入伙通知书、收楼须知办理入伙手续,办理地点在____楼____室。在规定的日期内,地产部、财务部、物业服务企业等有关部门和单位将到场集中办公。

（二）为了您在办理过程中能顺利而快捷地办理好入伙手续,请以下表时间为准前来办理入伙手续。

各楼各层办理入伙手续时间分配表(略)。

阁下如届时不能前来办理入伙手续,请您及时与我公司联系,落实补办的办法,联系电话_____。

特此通知

××房地产开发公司

××物业服务企业

_____年____月____日

（2）收楼须知

收楼须知,即是告知业主在办理收楼过程中应注意的事项及应携带的各种证件、合同和费用,从而避免遗漏、往返,给业主增添不便。

下面是一份收楼须知以作示范:

收楼须知

____女士/先生：

欢迎您成为××大厦的新业主！

我公司为提供良好的管理服务,兹先介绍有关收楼事项和有关收楼程序,避免您在接收新楼时,产生遗漏而导致不便。望您能认真阅读,务勿遗忘。

1. 您应在接到《入伙通知书》之日(以邮戳为准)起3个月内前来办理产权登记和入伙手续。逾期办理者,每逾期一天应缴纳人民币×元的逾期金。超过半年不来办理的房产,将由本大楼物业服务企业代管,代管期间的管理费用仍由购楼业主承担。超过3年不来办理手续,视为无主房产,交由有关部门依法处理。

2. 您来办理入伙手续时请带齐以下物件:

(1)购房合同(协议);

(2)业主身份证或护照及图章;

(3)公司购买的还应带公司法人证件和公章;

(4)《入伙通知书》;

(5)《入伙手续书》;

(6)已缴款项的收据(调换正式发票);

(7)未缴的购房款和物业管理应缴的款项。

如您委托他人前来办理,还应带上:

(1)您(业主)的委托书,应由律师签证;

(2)您(业主)身份证或护照的影印件;

(3)代理人的身份证或护照。

3. 您在办理手续时请按以下程序进行:

(1)到房地产开发公司财务部缴付购房余款,并缴上原预款收据以换取正式发票。购楼余款缴清后,财务部将在您的《入伙手续书》上盖章;

(2)至房地产开发公司地产部审核入伙资格,当您缴验各种证件通过后,地产部将在您的《入伙手续书》上盖章;

(3)至物业服务企业财务部缴付物业管理各项费用;费用缴清后物业服务企业财务部将在《入伙手续书》上盖章;

(4)至物业服务企业办公室办理其他手续,主要有验收房屋、签订《管理公约》、领取《住户手册》、领取钥匙等。当以上事项办好后,您(业主)在《入伙手续书》上签章,并交由物业服务企业保存。

4. 您收楼时,请认真检查室内设备、土建、装修是否有缺少、损坏等质量问题。如有投诉,请在收楼时书面告知,物业服务企业将代表业主利益向承建商协商解决。

5. 根据大厦承建合同,大厦维护保养期为一年,一年内如有质量工程所导致的问题,承建单位将为业主免费修理。但是,如因使用不当所导致的问题,则由业主自行支付修理费用。

6. 您(业主)可以对所购的房间进行室内装修,但应保证绝对不影响大厦结构和公共设施。装修前,需向物业服务企业提出书面申请,获准后方可进行。

祝您顺利入伙!

××房地产开发公司

××物业服务企业

_____年____月____日

(3)入伙手续书

入伙手续书即是办理入伙手续的程序和安排,其目的是为了让业主明了手续办理的顺序,使整个过程井然有序。

下面是一份入伙手续书以作示范:

入伙手续书

____女士/先生:

您认购的____区____栋____单元____室楼宇,现已交付使用,具备入伙条件,请阅读收楼须知,按下列顺序办理入伙手续:

(1)至房地产公司财务部
缴付购房余款

购房款项已全部付清。
特此证明
财务部盖章
年　　月　　日

(2)至房地产公司地产部
审核入伙资格

入伙资格审查合格。
特此证明
地产部盖章
年　　月　　日

(3)至物业服务企业财务部
缴付管理费用

各项管理费用已全部付清。
特此证明
物业服务企业财务部盖章
年　　月　　日

(4)至物业服务企业办公室
办理收楼事宜

入伙收楼事宜已办理完毕。
特此证明
业主盖章
年　　月　　日

××房地产开发公司

××物业服务企业

____年__月__日

(4)缴款通知书

缴款通知书是物业服务企业通知业主在办理入伙手续时应该缴纳的款项及具体金额的文件。

下面是一份缴款通知书以作示范:

缴款通知书

____女士/先生:

您好,您所购买的____区____栋____单元____室房屋已经竣工。按购房合同规定,您来办理入伙手续时,请同时缴清以下款项:

1. 购房余款,计人民币____元。

2. 预收×个月的管理费,计人民币____元。

3. 专项维修资金,计人民币____元。

4. 装修保证金,装修完毕后归还,计人民币____元。

5. 建筑垃圾清运费,用于清理业主入住装修时产生的建筑垃圾所预收的管理费,装修完毕后,按规定清退,计人民币____元。

6. 其他费用(具体列出项目及金额供业主选择)。

××房地产开发公司

××物业服务企业

____年__月__日

3) 物业的移交

迎接业主办理入伙手续时,应合理安排人员,加强治安和服务质量,保持道路通畅和有序,并安排专业人员陪同业主验楼。由于物业服务企业直接参与了物业的承接验收,对物业情况比较清楚,因此能负责地陪同业主验楼并向业主移交物业。移交时双方须完成一系列的交接手续(如签验楼情况表、楼宇交接书,并交接钥匙)。

(1)验楼情况表

物业服务企业为方便业主对房屋验收而制定的一个文本。使验收存在的问题记录清晰,有利于督促建设单位及时整改。

下面是一份验楼情况表以作示范:

验楼情况表

××大厦×屋×室业主于×年×月×在物业服务企业××部×××的陪同下入伙验收,检查了所购房屋的建筑质量和初装修情况,认为:

1. 无任何协议;

2. 发现有以下质量问题:

(1)

(2)

(3)

请开发商予以解决!

业主签字:_____

物业服务企业(代表)签字:_____

____年__月__日

也可以是一个比较详细的分项检查验收表。由业主和物业服务企业代表共同分

项验收签字。

（2）楼宇交接书

业主在验收楼宇后，确认可以接受所购房屋后，与开发商（可由物业服务企业代为办理）签订的一份协议。

下面是一份楼宇交接书以作示范：

楼宇交接书

甲方：××开发商

乙方：××业主

鉴于甲方所开发的物业"××大厦"已竣工，并且经××市有关部鉴定合格。业主购买的×楼×层××室已经具备入伙条件，可以入住。开发商和业主双方均同意签署本楼宇交接书，以便开发商将业主所购买的该单元房屋通过本楼宇交接书正式移交给业主。

现在业主已检查了该单元的建筑质量和初装修情况，双方一致认为，该单元可以交付给业主，业主可以接受该单元。因此，双方签订本交接书，并确认下列条款：

1. 双方确认，自×年×月×日起，该单元由开发商交付给业主；

2. 业主在此确认，确已收到该单元钥匙；

3. 开发商确认，尽管该单元已交付给业主，但仍负有"楼宇销售（预售）合同中"规定的保修义务；

4. 业主同时确认，该单元的建筑质量和初装修质量符合双方所签的"楼宇销售（预售）合同"的规定，业主并无异议；

5. 双方一致同意，有关业主购买的该单元产权登记事宜，均委托××律师事务所办理，开发商予以协助。有关税费按国家规定分别由双方各自承担；

6. 本交接书自双方签字之日起生效；

7. 本交接书一式两份，双方各持一份。

开发商（代表）签字：_____

业　主签字：_____

____年__月__日

8.2.3　装修管理

业主在收楼后有权对自己所购物业进行装修，但装修必须在规定范围内进行。其有关规定包括：建设部发布的《建筑装饰装修管理规定》和物业服务企业制定的《住户装修管理规定》。根据上述规定，业主在装修前必须向物业服务企业进行申请登记，包括填写业主装修申请表、领取《装修管理规定》，根据约定在申请表上签字，缴纳装修管理押金及保证金，经批准后方可动工。业主在装修完成以后，物业服务企业应组织验收，合格后即退还装修押金及保证金。

1) 业主装修申请

业主在装修前向物业服务企业申请登记时,需如实填写装修施工内容,并注明委托施工单位及进场人数,业主、施工队及物业服务企业 3 方应在申请书上签字盖章。

装修申请表

业主名称		住址		联系电话	
施工单位		负责人		联系电话	
开工时间		完工时间			
装修内容					
管理部审核意见	缴纳装修恢复保证金　　元,装修押金　　元,出入证押金　　元,出入证工本费　　元,装修垃圾清运费　　元,合计　　元。 审核人签字: 　　　　　年　月　日				
说明	1. 凡申请装修的项目要有图纸说明; 2. 本申请表超过申请装修完成日期后自动失效,若需继续装修要重新申请; 3. 本表一式两份,业主和物业服务企业各执一份。				

2) 装修报批程序

根据政府有关法规,为加强物业辖区管理,保证物业的完好和安全,保持物业辖区的整洁美观,维护全体业主的合法权益,一般物业服务企业均对装修制定如下规定:

①业主应事先向物业辖区管理处申报。

②详细、如实地填写《装修申请表》,并经管理处审核同意。

③装修施工队应到管理处签订《装修工程队治安责任书》及《装修施工保证书》。

④领取装修许可证,办理装修工人临时出入证后,方可进行装修施工。

3) 装修管理要求

①不得拆改原房屋的墙、柱、梁、楼板等主体结构部件。

②不得凿穿地面和房顶的水泥层。

③不得封闭前阳台,不得改动外门窗,保持房屋外观的美观、统一。

④装修垃圾必须及时清运,倾倒到指定的地点。严禁向窗外、阳台外、楼梯、过道、天台等公共场所抛撒堆放。

⑤严禁将垃圾倒入下水管道内或将生活污水由雨水管道排出。

⑥按照管理处的要求,空调器安装在指定的位置,以保持外观统一、协调。空调出水必须接回阳台内或室内。

⑦装修施工应安排在上午 7:00—12:00,下午 14:00—20:00 时间内进行,以免影响他人休息。

⑧高层住户装修不得使用载人电梯装运建材、木料、工具等物品。

⑨需封闭后阳台的,须申报管理处同意方能施工。

⑩施工队人员应到管理处办理临时出入证,将临时出入证佩戴在前胸,并在指定的区域内活动。

⑪未经管理处同意,不得随意改动水、电管线走向。

⑫底层住户装修,不得在前阳台违章搭建。

⑬临平台的阳台、窗户不能改装门。

4)押金及保证金

①业主装修前须向管理处交付一定的装修保证金。

②装修施工队在办理临时出入证时,须向管理处交付一定的押金。

③装修施工结束后,由管理处派人对装修工程进行检查,如无违反本规定及物业辖区其他管理规定的行为,没有对他人财产和公共场地、设施、设备等造成损害的,管理处将如数退还押金和保证金。

5)违规责任

①在装修施工中有违反上述规定行为的,管理处有权视情节严重程度给予扣罚部分乃至全部押金和保证金的处罚。

②装修施工中有意或无意损坏公共设施、设备和给他人财产、物品造成损害的,必须照价赔偿。

③因装修施工造成管道堵塞、漏水、停电、坠落等造成公共设施和他人利益损失的,装修户应负责修复(或承担修复费用),并视情况给予受损害者必要的赔偿。

④因装修施工造成外墙破坏、污染的,由装修户负责修补。

6)管理权限

①住户装修管理由所属物业辖区管理处全权负责。

②住户要求改动房内水、电管线走向的,须经物业服务企业工程部经理同意方能进行施工。

③住户要求封闭后阳台,须经管理处同意方能进行施工。

④因特殊情况需在户内隔墙上开窗和开洞的,需经物业服务企业工程部经理批准。

⑤任何人均无权批准超过本规定的装修行为。

⑥如施工队违反本规定后,不听从物业服务企业的劝阻和安排,物业服务企业有

权责令其停止装修行为。

8.3　文书与档案的管理

8.3.1　物业文书概述

物业管理的一个重要责任是让业主及使用人随时了解物业的各种情况和管理公司开展的各项管理活动。比如物业某些重要工程(水箱清洗、电梯维修、电线线路改造等)影响业主及使用人生活时应及时通知业主及使用人。再如某住户已超期未交管理费,要提醒其何时交费以避免罚款等。这些沟通工作有的是公告性质的,要张贴在物业的公告栏上;有些是对个别住户的,则要通过信函通知。此外物业公司还需要对一些人进行的查询、投诉,做解释性质的回复。这些都需要从事物业管理工作的人具有良好的书写信函的能力。经调查,许多物业管理工作开展得较好的公司,其员工多具有良好的综合素质,他们的员工不仅有丰富的工作经验,也擅长和公共关系和人的思想工作,更具有一定文字功底。一封既简洁明了,又有礼貌的信函送达业主和使用人手中,既节省了许多时间和精力,又对管理工作的顺利开展起到非常大的作用。所以写一封合符标准的信函是物业管理人员(尤其是经理)的必备素质之一。现在不少物业服务企业在实践中不断摸索,已总结出一批合符实际需要的标准信件样本,已形成信函系统,这个系统既是经验的积累,也是日常管理的重要方法之一。

8.3.2　物业文书范本

1) 催缴管理费通知书

催缴管理费通知书(第三次催缴)(样本)

尊敬的_____先生、女士:

有关_____事宜

本公司于___年___月___日致住户信件提及____月份的___费共人民币____元,迄今您这户仍未付清。直至目前为止包括本月的费用总和应总付款额为人民币_____元。

假如本公司于_____(日期)前仍未收到您这户金额(人民币)_____元的付款,本公司将在无法选择的情况下将此案转交律师诉送法院,并采取一切适当的行动追讨上述欠款而册须作另行通知。

为避免对住户造成,本公司希望在迫不得进行下一步行动之前,住户能尽力缴清上述欠款。

此致

_____公司

日期：____年__月__日

2）通知住户暂停公共服务的信函

通知住户暂停公共服务的信函（样本）

尊敬的住户：_____

暂停电力及饮用水供应的通知

现接到供电部门的通知，由于需要对_____地点的主要电力系统进行检修，小区内电力供应将于_____至 _____暂停。

而小区内的供水系统在上述期间也因此暂停供应。

本公司对上述过程可能导致的不便，深表歉意。

此致

各住户

_____公司

时间：____年__月__日

8.3.3　物业档案管理

物业档案是物业形成、变迁和管理工作中的历史记录，是关于物业所有的，包括过去和现在的一切活动中所形成的，具有参考价值，应当归档保存的各种文字、图表、声像等不同形式的历史记录。

物业档案资料的内容主要由物业设计施工图、物业产权产籍资料构成。

1）物业设计施工图

物业设计施工图是专业设计人员按照一定的要求，通过勘察、测绘等一系列正规设计程序，并根据施工特点和要求而绘制的，是对前期建设开发成果的记录，是以后实施物业管理时对工程维修、配套、改造必不可少的依据，也是更换物业服务企业时必须移交的内容之一。现代建筑工程随着科学技术的发展和使用需求的提高，楼宇设备设施以及埋入地下和建筑体内部的管线越来越多，越来越复杂，越来越高科技化和专业化，因此一旦发生故障，物业设计施工图就成了维修必不可少的东西。

物业设计施工图建立主要抓收集、整理、归案、利用4个环节。收集的关键是尽可能完整，时间上讲是指从规划设计到工程竣工的全部工程技术维修资料；从空间上讲是指物业构成的方方面面，从地下到楼顶、从主体到配套、从建筑物到环境。整理的重点是去伪存真、留下有用的。归档就是按照资料本身的内在规律、联系进行科学地分类与保存。利用即是在日后的管理过程中使用并加以充实。

2）物业产权产籍资料

（1）物业产权资料

物业产权资料是记载物业权属状况和房屋及使用土地情况的各种文件、表格、图纸、证件的档案。它是进行房地产经营和管理活动以及城市建设、管理、房地产纠纷仲裁等活动的基础资料，是产权管理的有机组成部分。产权档案为产权管理提供产权来源和历史演变以及房屋、土地变化的情况，是审查、确认产权和处理产权纠纷的依据。

（2）产籍资料

产籍是物业产籍的简称，是在产权登记过程中所产生的各种图表、登记材料，经过整理、加工、分类而形成的图、档、卡、册、证件等资料的总称。产籍反映了物业的自然状况、社会经济关系及其法律表现，在物业产权管理中具有凭证和依据作用。产籍资料主要包括物业的产权档案、地籍图纸以及账册表卡等其他反映产权现状和历史情况的资料。

产籍资料是记载房屋产权及其占有土地的使用情况的记录，既有产权演变的历史沿革资料，又有反映其现状的最新资料，主要由图、档、卡、册组成。

● 图（即物业地籍平面图）

它是专为房屋所有权登记和管理而绘制的专业用图，主要反映各类房屋及其用地的关系位置、产权经界、房屋结构、面积、层数、使用土地范围、街道门牌等内容。其中：

物业分幅平面图是以城市独立坐标系统为基础，而绘制的物业要素平面图；

分房分丘平面图（简称分丘图）是以产权人为单位绘制的平面图；

分层分间平面图是在一幢房屋有多个产权人的情况下，按每个产权人为单位，分层次按自然间详细绘制了房屋位置、尺寸、墙体归属等内容的房屋平面图；

层屋竣工平面图是指房屋建筑完成后，按实际情况绘制的房屋施工图纸。

分幅平面图主要是物业产籍管理的工作用图；分丘图、分间图如作为权证附图贴在产权证上，便是具有法律效力的产权图；房屋竣工平面图则准确地反映了房屋的建筑结构、管线位置、隐蔽工程，对原设计图纸更改变动的情况等。

● 档（即物业档案）

物业档案主要是指用文字记载的各种具有永久保存价值的户籍档案资料。它是通过房屋产权登记，办理房屋所有权转移、变更登记等。把各种产权证件、证明，各种文件、历史资料等收集起来，用科学方法加以整理、分类装订而成的卷册。它反映了房产权利及房地演变的过程和纠纷处理的过程和结果，是审查、确认产权的重要凭证和依据。

产籍档案可以分为：

调查档案，即房屋普查的现成资料；

房产评估档案,是指对房屋质量的鉴定、评估资料;

房产登记档案,即指房屋的产权登记资料既包括初始登记,也包括变更登记;

房产统计及征拨档案,是指平时经常性的有关数字统计及国家征用、划拨的文件资料。

● 卡(即物业卡片)

它是摘要反映物业产权归属和基本情况的卡片,是根据登记材料填写编制的。卡片一般按丘号(地号)顺序编制,以一处房屋中一幢房屋为单位填制一张卡片,一处房屋有多少幢就编制多少张卡片。物业卡片的作用是为了查阅物业的基本情况,以及对各类房屋进行分类统计时使用,但不可作为原始凭证或证明材料。

● 册(即物业登记簿册)

登记簿册包恬登记收件簿、发证记录簿、房屋总册、房屋产业目录等;这些簿册是根据产权登记的成果和分类管理的要求而编制的,是产权状况和房、地状况的缩影。它按丘号顺序,以一处房屋为单位分行填制,装订成册。其主要作用是用来掌握房屋基本状况和变动,是物业产权管理的基础资料。

同一时期的图、档、卡、册资料应该是一致的,在实际情况发生变化时,它们应同时变更注记。另外,还可以用它们来互相校正各种资料,以便发现问题。

[案例分析]

某女士购买了一套期房,在办理入住手续时,对房屋内部提出了不少细部质量问题,认为该房没有达到入住条件。但因要举家出国,就在入住交接单上提出了自己的意见,并收了房门钥匙。半年后,该女士回国发现,有关的细部质量问题仍未解决,而物业服务企业却发出了多份催交物业费的通知。该女士觉得很冤,当初收房时就对房子不满意,这半年自己也没住,怎么还要缴纳这么多物业管理费?

讨论:

1. 认为房屋细部有问题,并提出了自己的意见,但又收取了房屋钥匙,该女士的这种做法是否意味着房屋已经交付使用了呢?

2. 该女士没有搬进新房,物业服务企业仍向其收取物业管理费是否合理?

复习思考题

1. 什么是竣工验收?什么是承接验收?二者有何区别?

2. 什么是"入伙"?为什么说物业的入伙阶段是物业服务企业与其服务对象接触的第一关?物业服务企业应如何做好这个阶段的工作?

3. 为什么要对物业装修进行管理?物业服务企业应如何就业主对其物业的装修进行管理?

4. 在物业管理的过程中涉及哪些常见的信函?

5. 物业档案有哪几种?

第**9**章
物业管理日常运作

物业管理日常运作阶段主要有日常的综合服务与管理和物业管理的综合协调等两个环节。本章主要介绍物业管理的基本内容,即公共性服务、非公共性服务、物业管理综合协调的意义、途径和方法,以及与这两个环节密切相关的客户服务管理等内容。

9.1 物业管理的公共性服务

物业管理的公共性服务,又称常规性的公共服务,其内容包括物业管理的基本业务和专项业务。基本业务是房屋维修管理和建筑设备设施管理;专项业务即是建筑区划的环境管理。

9.1.1 房屋维修管理

房屋维修管理又称房屋修缮管理,它是物业管理的两项基本业务之一。为了保证房屋正常地发挥其使用功能,延长使用寿命,必须首先了解导致房屋损耗的因素,通过一定的管理措施,经常地、有计划地对房屋进行维修养护,以防止或减缓房屋的损耗,从而达到保值与增值的目的。

1) 导致建筑物损耗的因素

(1) 自然损坏

自然损坏包括气候、生物、地理和自然灾害等因素引起的损坏。

①气候因素。指由于房屋所在地区、所处方位的不同,大气干湿度和温度的不同等大气条件对房屋外部构件会产生一定的老化、风化、侵蚀等损坏现象。例如,木材

的腐烂、砖瓦石的风化、钢铁件的锈蚀、塑料件的老化等。

②生物因素。指由于虫害、菌类的作用,使房屋构件的断面侵蚀、强度降低或断裂等。如白蚁和霉菌的侵蚀破坏。

③地理因素。指由于土壤地基的不均匀沉降或土壤的盐碱化作用,引起房屋的损坏。

④自然灾害。指突发性的天灾人祸,如地震、水灾、火灾、战争、台风等,造成的房屋损坏。

（2）人为损坏

人为损坏包括使用不当、设计或施工质量低劣和预防保养不善引起的损坏。

①使用不当,指人们在日常生活和生产活动中的不合理使用或人为性毁坏造成的损耗。例如,不合理地改建、搭建或改变房屋用途使某些结构遭受破坏或造成超载压损;或使用上爱护不够、使用不当而产生破坏;或由于周围设施的影响,如人防工程、市政管道铺设而导致塌方或地基沉降;或生活用品和生产设备的荷载、撞击、摩擦等造成的房屋损坏等。

②设计或施工质量低劣,例如:房屋坡度不符合要求下雨时排水慢造成漏水;砖墙砌筑质量差,影响墙体承重能力,等等。

③预防保养不善。

以上各因素交互影响更会加剧房屋的损坏,如果不加强建筑物的管理与维修养护,不仅达不到保值、增值的目的,甚至会影响人们的安全使用。因此,作为物业服务企业,一定要做好房屋的维修管理工作。

2）房屋维修管理的主要内容

房屋维修管理的主要内容包括房屋质量管理、房屋维修施工管理、房屋维修行政管理、房屋维修资料管理。

（1）房屋质量管理

房屋质量管理是指定期和不定期对房屋的完损情况进行检查,评定房屋完损等级,随时掌握所管房屋的质量状况和分布,组织对危险房屋的鉴定,并确定解危方法等。

所谓的房屋完损等级是指对现有房屋完好或损坏程度划分的质量等级,评定标准是按照建设部1985年颁布的《房屋完损等级评定标准》进行的,共分为完好房、基本完好房、一般损坏房、严重损坏房和危险房5种类型。

①完好房,是指房屋结构构件完好,装修和设备完好、齐全完整,管道畅通,现状良好,使用正常;或虽存在一定陈旧现象或个别分项有允许值之内的轻微损毁,但不影响居住安全和正常使用,通过小修即可恢复的房屋。

②基本完好房,是指房屋结构构件基本完好牢固,虽有少量构件有稍超允许值的轻微损坏,但已稳定;装修、设备的个别零部件有影响使用的破损,但通过一般性维修可以恢复使用功能的房屋。

③一般损坏房,是指房屋局部结构构件有变形、裂缝、腐蚀或老化,强度不足,屋面局部漏雨,装修局部破损,油漆老化,设备管道不够畅通,水、卫、电、照明的管线、器具和零部件有部分老化、损坏和残缺,需要进行中修或局部大修更换零件的房屋。

④严重损坏房,是指年久失修,部分结构构件有明显或严重倾斜、开裂、变形或强度不足,屋面或板缝严重漏雨,设备陈旧、不齐全,管道严重堵塞,水、卫、电、照明的管线、器具和零件残缺及严重毁损,需要进行大修、翻修或改建的房屋。

⑤危险房,是指房屋承重构件强度严重不足,结构丧失稳定性和承载能力,采用局部加固的修理仍不能保证安全且已丧失维修价值,随时有倒塌可能,不能确保使用安全,需要拆除、翻修的房屋。

进行房屋完损等级的分类,主要是为了确定房屋的完损状况,并根据不同的完损状况合理地安排相应的维修施工工程,使之既能有条不紊地进行,又不影响住户的正常使用和居住安全。

(2)房屋维修施工管理

房屋维修施工管理就是指针对不同种类的房屋维修工程,按照一定施工程序、施工质量标准和技术经济要求,运用科学的方法对房屋维修施工过程中的各项工作进行相应有效的、科学的管理。房屋维修施工管理的基本内容主要是计划管理、工程程序管理和维修工程竣工验收管理。

房屋维修工程的分类有多种分法,但物业服务企业在实际操作中经常采用的方法是按房屋的完损状况和工程性质划分,共分为翻修、大修、中修、小修和综合维修5种。

①翻修工程。翻修工程是指原来的房屋需要全部拆除,另行设计,重新建造或利用少数主体构件在原地或移动后进行更新改造的工程。其特点是投资大、工期长。由于翻修工程可尽量利用原房屋构件和旧料,因此其费用应低于该房屋同类结构的新建造价。一般翻修后的房屋必须达到完好房屋的标准。

②大修工程。大修工程是指无倒塌或只有局部倒塌危险的房屋,其主体结构和公用生活设备(包括上、下水,通风,取暖等)的大部分已严重损坏,虽不需全面拆除但必须对它们进行牵动或拆换部分主体构件。这类工程具有工程地点集中、项目齐全、具有整体性的特点。其费用是该房屋同类结构新建造价的25%以上。

房屋大修工程一般都与房屋的抗震加固、局部改善房屋居住使用条件相结合进行的。主要适用于修复房屋主体结构严重损坏的维修工程,对整幢房屋的公用生活设备进行管线更换、改善或新装的工程,对房屋进行局部改建的工程和对房屋主体结构进行专项抗震加固的工程等,即适用于严重损坏、不修就不能继续使用的房屋。经大修后的房屋,一般都要求达到基本完好或完好房的标准。

③中修工程。中修工程是指房屋少量部位已损坏或不符合建筑结构的要求,需要牵动或拆换少量主体构件进行局部维修,但仍需保持房屋原来的规模和结构的工程。这类工程工地比较集中,项目较小而工程量比较多,有周期性。其一次维修费用是该房屋同类结构新建造价的20%以下。

中修工程主要适用于少量结构构件形成危险点的房屋维修,一般损坏房屋的维修,如整幢房屋的门窗整修,楼地面、楼梯的维修,抹灰修补,油漆保养,设备管线的维修和零配件的更换等,整幢房屋的公用生活设备的局部更换、改善或改装,新装工程以及单项目的维修如下水道重做,整幢房屋门窗的油漆,整幢房屋围墙的拆砌等。经过中修后的房屋70%以上要符合基本完好或完好房的标准要求。因此,及时地开展中修工程是保持房屋基本完好的有力保证。

④小修工程。小修工程亦称零星工程或养护工程,是指为保持房屋原来的完损等级而对房屋使用中的小损小坏进行及时修复的预防性养护工程。

这种工程用工少、费用少,综合平均费用占房屋现时总造价的1%以下,并具有很强的服务性,要求经常持续地进行。所以,小修工程的主要特点是项目简单、零星分散、量大面广、时间紧迫。经常地进行房屋的养护工程,可以维护房屋使用功能,既保证用户正常使用,又能使发生的损坏及时得到修复,不致扩大造成较大的损失。如屋面补漏,钢、木门的窗的整修、拆换五金、配玻璃、换纱窗、油漆等,水卫电、暖气等设备的小型修缮,下水管道的疏通等,这类工程可根据用户的报修,组织零星维修。

对于一些由于天气突变或隐蔽的物理化学作用而导致的猝发性损坏,不必等到大修周期到来就可以及时处理。同时,经常检查房屋完好状况,从日常养护入手,可以防止事故发生,延长大修周期,并为大、中修提供查勘施工的可靠材料。因关系到住用户的使用便利,所以这类工程的重点是要保证维修及时率。

⑤综合维修工程。综合维修工程是指成片多幢或面积较大的单幢楼房,大部分严重损坏而进行有计划的成片维修和为改变成片(幢)房屋面貌而进行的维修工程,也就是大修、中修、小修一次性应修尽修的工程。综合维修工程的费用应是该片(幢)房屋同类结构新建造价的20%以上,经过综合维修后的房屋应达到基本完好或完好房的标准。

3)房屋维修行政管理

房屋维修行政管理是指对房屋维修责任的划分管理和落实维修承担人,排除维修障碍的管理。搞好房屋维修行政管理可以保证及时修缮房屋,从而避免由于维修责任不明或他人阻碍而使房屋得不到及时修缮导致房屋发生危险情况。

物业服务企业的房屋维修行政管理人员应该明确国家和地方的有关规定,修缮房屋是房屋所有人应当履行的责任,因使用不当或人为造成房屋损坏,应由行为人负责修复或给予赔偿。异产毗邻房屋修缮,应依照《城市异产毗邻房屋管理规定》,划分应承担的责任者。保修期内由建设单位负责;保修期满后,由业主负责。对业主委托物业管理的物业,共用部位由物业服务企业负责修缮维护,费用由各业主按业权比例分担,从维修专项基金中支出;自用部位的修缮责任和费用由业主本人承担。租赁私房的修缮则由租赁双方依法约定修缮责任。

对于房屋所有者或应承担房屋修缮的责任者不及时修缮,或者在房屋修缮时,遭到使用人或邻人借故阻挠而可能导致房屋发生危险的,物业服务企业的房屋维修行政管理部门,可依据有关规定采取"排险解危"的强制措施,排险解危费用由当事人承担。

4)房屋维修资料管理

物业服务企业在制定房屋维修计划,确定房屋维修、改建等方案,实施房屋维修工程时,不可缺少的重要依据是房屋建筑的档案资料。因此,为了更好地完成房屋维修任务,加强房屋维修管理,就必须加强对房里维修档案资料的管理。房屋维修所需要的档案资料主要包括:房屋新建工程、维修工程竣工验收时的竣工图及有关房屋原始资料;有关房屋及附属设备的技术资料;房屋维修的技术档案资料等。

9.1.2　房屋设备设施的管理

房屋设备设施又称物业附属设备设施,是为发挥房屋功能所匹配的"硬件"。一般由给排水设备、电气工程设备、燃气设备和供暖、制冷、通风设备等系统组成。随着科技的发展,许多物业中还有中央空调、弱电系统、烟感自动报警及自动喷淋装置、办公自动化设备等。

1)房屋设备设施的分类

①给水排水设备,主要包括:房屋的供水设备(水箱、水泵、供水管网和水表等)、排水设备(排水管道、抽水设备等)、卫生设备(浴缸、水盆、抽水马桶等)、热水设备、消防设备等。

②电气工程设备,主要包括供电设备、弱电设备(广播、对讲、上网设备、电视系统等)、电梯设备和避雷设备等。

③燃气设备,主要包括燃气灶、燃气表、燃气管道或管网等。

④供暖、制冷、通风设备,主要包括供暖设备、室内制冷设备(中央空调、冷气机、冷却塔、深井泵等)、通风设备等。

2)房屋设备设施管理的内容

房屋设备设施的管理是指房屋设备养护、维修方面的管理,即按照科学的管理程序、管理制度和管理要求,对房屋设备设施进行经常性的检查、日常养护和维修。房屋设备设施管理的主要内容有:基础资料管理、设备运行管理、设备养护管理、设备维修管理、设备操作管理。

(1)基础资料管理

通常,在进行房屋设备设施的运行管理和维修管理之前,首先要做好房屋设备的承接验收工作,接收好房屋设备的基础资料。承接验收不仅包括对新建房屋附属设备的验收,而且还包括对维修后房屋设备的验收以及委托加工或购置的更新设备的开箱验收。在此基础上建立设备设施原始资料档案和重要设备设施的维修资料

档案。

（2）设备的运行管理

设备的运行管理包括设备运行成本的管理和设备运行状况的监控。

（3）设备的养护管理

"设备是养出来的"是说设备通过良好的养护可以长期保持良好的运行状态,延长设备的使用寿命。养设备应当从设备的细枝末节处去抓。除了应建立和严格执行设备养护的标准化作业机制外,还应当特别注意像湿度、温度、洁净度等设备生存环境对设备状况、寿命的影响。

（4）设备的维修管理

设备的破损几乎都是从小故障开始,逐步演变成大故障。因此,在设备出现小故障时就要力争尽快消除,"多小修、及时修,尽量避免大修"是物业管理人员应牢记的一种工作观念,千万不要让设备"带病运行"。

（5）设备的操作管理

设备的操作管理即要求员工必须按操作规程操作设备。

为了能使房屋设备设施保持良好的运转状态,延长使用寿命,需要按照一定的文明、安全、科学的管理制度运行。一般的管理制度有:预防性计划维修保养制度、大宗设备使用管理制度、值班管理制度、交接班管理制度、巡回检查制度、报告制度、事故管理制度等。

3）房屋设备设施维修工程的分类

目前对房屋设备设施维修工程分类尚无统一规定,一般可分为零星维修保养、中修、大修和更新改造4种。

（1）零星维修保养工程

零星维修保养工程又简称保养工程、养护工程、零星工程或小修工程,是指对设备进行日常的保养、检修及排除运行故障进行的修理。房屋设备的零星维修保养工作量虽小,但是一项服务性很强的工作,关系到业主的使用是否便利、正常,物业服务企业必须精心养护并及时修理。

（2）中修工程

设备设施中修工程是指对房屋设备更换少量零部件,进行正常的和定期的全面检修。

（3）大修工程

设备设施大修工程是指对房屋设备进行定期的包括更换主要部件的全面检修工程。

（4）更新改造

设备设施更新改造工程是指设备使用到一定年限后,其效率低、耗能大或污染(腐蚀、排气、粉尘、噪声)等问题严重,为使其技术性能得到提高改善,并降低年使用维护成本而进行的设备更新和技术改造。

9.1.3　建筑区划的环境管理

建筑区划的环境管理是指对建筑区划业主的生活和工作环境进行系统而全面的综合性管理。他包括物业管理的所有专项业务,即不但包括保洁管理、绿化管理,也包括建筑区划的排污管理、消杀管理和污染控制。

1) 建筑区划的保洁管理

在建筑区划中,整洁具有视觉上的直观性,会由此直接带来心理上的舒适感与美感,因而成为建筑区划文明的第一象征和服务水平的重要标志。

(1)保洁管理的涵义

保洁管理,是指物业服务企业通过宣传教育、监督治理和日常清洁工作,保护建筑区划环境,防治环境污染;定时、定点、定人进行生活垃圾的分类收集、处理和清运;通过清、扫、擦、拭、抹等专业性操作,维护辖区所有公共地方、公用部位的清洁卫生;通过宣传教育和积极引导,提高业主的清洁卫生意识,纠正不良卫生习惯,防治"脏乱差",使得人人主动参与卫生管理,从而塑造建筑区划整洁宜人的文明形象。

(2)保洁的范围和方式

建筑区划保洁或清洁的范围通常包括:

①公共地方的保洁,即指建筑区划内,楼宇四周平面上的公共地方,包括道路、广场、空地、绿地等的清扫保洁。

②共用部位的保洁,即指楼宇底层到顶层屋面上下空间的共用部位,包括楼梯、走道、电梯间、大厅、平台、外墙面等的清扫保洁。

③生活垃圾的处理,即指日常生活垃圾(包括装修垃圾)的分类收集和协助清运。要求和督促业主按规定的地点、时间和要求,将日常垃圾倒入专用容器或者指定的垃圾收集点,不得擅自乱倒和随意乱丢。

物业的保洁方式分为常规保洁和专业保洁。

常规保洁工作面宽、量多、重复性大,虽不需要过多的专业知识和设备,但因为要求和标准高,且天天都要进行,所以一定要有相应的监督和检查机制。一般可由物业公司自己组建保洁队伍,或专项承包给保洁公司来进行专项保洁服务。

专业保洁是指物业的某些特定部位、特殊项目需要进行的清洁工作。如高层办公楼宇的玻璃幕墙需要定期进行清洁,由于它对清洁工具、清洁方法、安全性等方面有一系列的要求,一般物业公司不具备这样的条件。因此这类清洁工作最好委托专门的清洁公司来做。这样一方面安全,一方面专业,可以更好的保证清洁质量。

(3)保洁管理的具体措施

保洁管理的具体措施,是指物业服务企业为了创造整洁、卫生、优美、舒适的建筑区划环境所采取的行之有效的方法和手段。

①加强建筑区划保洁管理的制度建设。管理制度主要有:

保洁人员的岗位职责和工作要求方面的制度。如处理日常垃圾专人负责、日产日清,定点分类倾倒,定时收集、定时清运,按照规定的工作流程,履行保洁的岗位职责等。

清扫保洁工作每日、每周、每月、每季直至每年的计划安排和保洁工作标准。如建筑区划环境保洁的通用标准是"五无",即无裸露垃圾,无垃圾死角,无明显积尘积垢,无蚊蝇虫孳生地,无"脏乱差"顽疾。建设部颁布的《全国城市马路清扫质量标准》中,有两条可以作为建筑区划道路清扫保洁质量的参考:一是每天普扫二遍,每日保洁;二是达到"六不"、"六净"标准,即不见积水,不见积土,不见杂物,不漏收堆,不乱倒垃圾和不见人畜粪;路面净、路沿净、人行道净、雨水口净、树坑墙根净和废物箱净等。

定期检查制度。物业服务企业可将每日、每周、每季、每年清扫保洁工作的具体内容用记录报表的形式固定下来,以便布置工作和进行定期检查。

建筑区划卫生管理规定或建筑区划范围内业主的公约,等等。

②生活垃圾分类袋装化。生活垃圾分类袋装化有利于提高建筑区划的文明程度和环境质量。物业服务企业应向业主宣传生活垃圾分类袋装化的优越性,要求业主将垃圾装入相应的专用垃圾袋内,丢入指定的容器或者指定的生活垃圾收集点,或由专人每天定时从各楼门口或住户门口清运到指定的容器或者指定的生活垃圾收集点。

③配备必要的卫生设施。为了增强清扫保洁工作的有效性,物业服务企业还应配备与之有关的必要的卫生设施。按户幢配置各种色调鲜艳美观的 ABS 塑料果皮箱;清扫车、洒水车、垃圾运输车等清洁器具;清洗各种材料的特殊清洁济等。

④从服务业主的角度做好环卫宣传和教育工作。环境保洁的方法,一在经常,二在保持。因此,在清扫的同时,要做好宣传教育工作,提高业主的保洁意识。为防止有说教之嫌,提高宣传效果,一定要从服务业主的角度入手,用心服务,以情感人,或以自己的行动对业主进行感化,让业主们感到如果不支持物业公司的清洁工作自己都过意不去,逐渐树立起保洁的意识,使得保洁成为业主们的自觉行动。

⑤依法处罚。克服人们的陋习,不做宣传教育工作是不行的,但光靠宣传教育也是难以全部奏效的。既要讲道理,又要有必要的硬性措施,依法按规定进行经济的或行政的处罚。在对方已纠正时,应当注意适可而止,见好就收,这样不至于结怨于人,便于以后的工作。这样情理并用,管理便会水到渠成。

(4)保洁管理的注意事项

①保洁人员清洁后应及时将地面擦干,地面不能有积水,工作现场设有"小心地滑"的警示牌。

②清洁更衣室、洗手间等私密地方时,应注意回避客人,并挂"工作进行中"和"小心地滑"的警示牌。

③在清洁过程中,如发现有安全隐患,特别是儿童游乐设施,应及时汇报保洁部主管,并提醒人们注意。保洁部主管应马上报维修部进行处理。

④保洁部领班应按相关规程标准检查保洁人员的工作情况并记录于每日的工作日记中。保洁部主管应每天检查一次室外公共区域的卫生并将检查情况记录于保洁部每日的工作日记中。

⑤清洁时应避开人员出入频繁的时间。

⑥当发现有异声、异色、异味时，要找出根源（如味道的来源和可能存在的原因），同时应及时向上级汇报。即使怀疑味道是从业主家中传出的，也不能轻易破门而入，应事先与该业主取得联系，如果联系不上，问题又比较严重时应当与派出所等政府部门联系请他们介入处理，规避管理风险。

2）建筑区划的绿化管理

如果说保洁是净化环境，则绿化在建筑区划中的作用就是美化环境、平衡生态、延年益寿、美化生活和陶冶情操。因此，物业服务企业应通过行使组织、协调、督导、宣传教育等职能，以及建绿、护绿和养绿劳动，加强绿化管理，在提高绿化植物的生长质量、维护绿化植物优美外型的同时，注重与园林艺术融合，以期创造一个清洁、安静、舒适、优美的生态区域。

（1）绿化的作用及意义

在构成城市生态平衡的一切环境要素中，绿色植物（即绿化）起着至关重要的作用。这是因为绿色植物在其生命过程中具有以下有益于生态平衡的十大特殊功能：

①绿色植物通过光合作用吸收二氧化碳，放出氧气，并维持着大气中二者的平衡。

②绿色植物能分泌杀菌物质，有效地降低大气中细菌的含量。

③绿叶在吸水、蒸腾、散热过程中，能有效地调节气温。

④绿叶的表面不平、多绒毛，会分泌粘液和油脂，吸附大气中的降尘和飘尘。

⑤密集的树叶和草茸成三维空间，是天然的吸音器，可有效降低噪声。

⑥树林能降低风速，阻挡风沙，使粉尘下降。

⑦绿色植物会产生负离子，从而促进人体新陈代谢，提高人体免疫力。

⑧许多抗性强的树木，如夹竹桃、厚皮香、珊瑚、银杏、柳杉等，对有害气体具有吸收净化能力。

⑨树木成荫、绿草如茵是构成优美环境的基本条件。

⑩绿化能防风灾、旱灾、水灾等自然灾害。

因此，加强绿化管理，是改善小气候和净化空气的需要，是维护生态平衡和提高自身生命质量的需要；是业主自身生存、发展与享受的需要；也是人类文明进步的需要和标志。

（2）绿化的内容

建筑区划内的绿化主要有：公共绿地（含道路绿化）、公共设施与公共建筑绿化、家庭院落及阳台绿化 3 种形式。具体的绿化工作应包括：绿地的设计与营造（包括垂直绿化）、绿地养护、绿地改造等。作为物业公司来说，其主要工作是绿地养护；因此

应加强绿化养护管理。

（3）绿化养护管理的具体措施

绿化养护管理工作包括浇水、施肥、除草、松土、修剪整形、防治病虫害、护围、涂白（冬天）、立支柱、洗尘以及加强宣传教育和派人巡视、防止人为的毁坏等。绿化养护管理的具体措施如下：

①经常性管理。俗语说："三分种树，七分养护"。这说明绿化日常养护管理是十分重要的。因为居住区绿化工程完成后，要巩固其成果，发挥其功能，主要取决于日后经常性的养护管理工作。物业服务企业应从实际出发建立专门的绿化管理机构，落实专业养护队伍，作为经常性养护管理的组织保证，严防失管失养、放任自流。

②针对性管理。不同种类的树木花草具有不同的品性，它们对赖以生存的客观条件如土壤、气候、温度、湿度、地理环境、人为因素等十分敏感，因而养护管理必须具有针对性，做到"适地适树"，以便"适者生存"。

③动态性管理。绿化养护管理的对象是植物，植物是有生命之物，处于漫长的生长变化之中。它的功能和观赏效果不是短时间内所能显示出来的，而要有一个逐步提高和完善的塑造过程。而且植物随着季节的变化而变化，即一年四季都有一个发芽、长叶、开花、结果、凋谢的变化过程，并且不同的品种变化规律也各有不同。

因此，绿化养护管理必须按照绿化的不同品种、不同习性、不同季节、不同生长期，确定不同的养护重点和养护要求。

④加大宣传力度，提高宣传艺术。用心服务，从服务业主的角度做好宣传和教育工作。如有些物业公司在建筑区划内开展小朋友"领养一棵小树、一片绿地"的活动，小孩来办领养手续时，家里所有人几乎都会陪着来。这样，既达到了很好的宣传教育目的，又达到了保护绿化人人有责的目的，以后再不会有人踩草地、摘花和折树枝了，因为都有专人（可能是全家人）管理和关注了。又如将警示牌由道旁移至人们时常穿越、逗留的绿地中，上面写一些拟人化的劝人爱树木护花草的温馨语言，如："脚下留情，春意更浓"等，让人举目可及，震动心灵。

⑤加大管理力度，严防践踏绿地。除了宣传教育外，还要集中力量强调全员管理。如集中一段时间，白天指定专人重点负责绿地的巡逻，同时规定员工们若发现有人践踏绿地，都要主动上前劝阻。

⑥营造客观情境，疏导游人流向。如草坪的维护管理，一般不能践踏。如何避免呢？在经常被人践踏的绿地地段，可栽一花墙使人要进到里面比较困难；允许人进到里面，就铺一条断石路，既能行人，又不破坏绿地；或把绿地喷灌时间改到傍晚，保持人流密度最大时段内草地表面的潮湿，使人无法坐卧或下脚。

⑦制定绿化管理制度。要搞好绿化管理工作，还有靠广大业主的爱护配合。有些人比较自觉，有些则不然。为此，还要制定一些管理制度、管理规定或管理公约，用强制方式来保护绿化。

3）建筑区划的排污管理、消杀管理和污染控制

环境管理的内容除保洁和绿化管理之外,还有建筑区划的排污管理、消杀管理和污染控制。

（1）排污管理

排污管理是指对建筑区划的污水井、排污管道、化粪池等方面的管理,要采用隐性化服务,确保业主有一个无污水、无废气、无臭气的生活和工作环境。

（2）消杀管理

为有效控制建筑区划的"四害"密度,营造良好的生活和工作环境,应以"预防为主、全面达标"为原则,根据季节的变化,制订相应的消杀工作计划,把灭鼠、灭蝇、灭蚊、灭蟑螂、灭白蚁工作做好。

在消杀工作过程中,应以不影响建筑区划正常生活和办公为前提,把有噪声和刺激性气味的消杀施药工作尽量安排在夜间进行,若是办公大楼,还应在第二天工作日开始前做好通风排气。在消杀质量控制方面,把周期性全区域普及消杀与重点区域强化管理相结合,严格控制蚊蝇滋生地和密集发生区,控制鼠患,消灭白蚁危害。

（3）污染控制

污染控制是指物业服务企业通过执法检查、履约监督、制度建设和宣传教育工作,防止和控制可能发生的建筑区划环境污染,如大气污染（如厨房的排烟、机动车辆的超标排放尾气等）、水体污染、固体废物污染、噪声污染（如车辆的交通噪声、建筑施工噪声、商业设施噪声、教育设施噪声和业主生活噪声等）、"黑色污染"（指在建筑物、树木及其他设施上的乱张贴、乱涂写、乱刻画等）,从精神上、文化上、制度上和日常管理上影响业主,使大家树立起高度的环境保护意识,共建整洁、舒适、优美、文明的生活和工作环境。

9.1.4　建筑区划的秩序维护

物业服务企业在建筑区划的另一重点工作,便是秩序维护,也就是建筑区划的治安保卫工作,即安保管理。

1）安保管理概述

物业环境的治安保卫工作,简称"安保"。所谓安保,是指安保人员通过值班、看守和巡逻,防止或中止任何外界因素危及或影响到业主生命财产及身心健康,避免产生损失或将损失降低到最低限度;发生突发事件后及时妥善处理,以便确保业主的生命财产安全、生活的安宁和建筑区划的安定。

其中可能危及或影响业主的生命财产或身心健康的外界因素有:火灾、洪水、台风、地震、盗窃、匪案、煤气泄漏、水管爆裂、电梯事故、断电事故、交通事故、各种噪声、聚众赌博、卖淫嫖宿、危险物品（爆炸品、腐蚀品、毒品、放射品、枪支弹药及鞭炮等）、

精神病患者、醉汉、斗殴、车辆失窃、不当施工等。

因此,安保管理的工作实质就是治安、保卫,含消防、急救,及时处理意外事件、车辆停放和交通管理等,即维护建筑区划的正常秩序。安保人员现规范称为秩序维护人员,简称为秩序员。

2) 安保管理的基本要求

①配备必要的安保硬件设施。根据安保工作的实际要求,为业主配备防盗门、红外线电子报警系统、闭路电视监控系统、电子对讲可视装置、烟感、气感、自动喷淋系统、停车自动管理保安系统、门禁系统、电子巡更系统等;为保安人员配备应急手控灭火器、对讲机、应急灯、多功能(用于搜查、报警、防卫、营救)新型手电筒以及统一的制服和标识等。

②建立有效的安保制度。光有硬件没有科学的制度来计划、组织、实施和监督,肯定无法达到安保的最终目的。因此还要加强软件的建设,即建立有效的安保制度。常用的安保制度有:安保员的岗位职责;固定岗值班站岗制度、巡逻制度、交接班制度、安保服务规范、楼宇安全计划、消防管理责任制、车场管理制度、器械使用管理规定、安保员奖惩制度等。但再好的管理制度也不可能完美无缺。执行制度是手段,达到效果是目的,变通就是既要不拘泥于具体管理办法,又要不违背总体管理原则。

③安保人员必须严格执行服务规范。安保人员是与业主接触最密切的第一线管理人员,必须严格执行服务规范。如警容整洁、文明执勤、礼貌查询;既要有威严感,又要有亲切感;接待业主彬彬有礼,处理投诉恰到好处等。

④采取通行证、出入证、来访登记等措施,控制所有出入口的人流、物流、车流;特别要严格遵守重要物资放行的工作程序,一定要业主确认,在无法联系业主时不能轻信其他人员的一面之词,对可能存在的风险把握不准时应按照"逐级汇报制度"及时请示上级领导。

⑤熟悉所有业主的基本情况,在遇到住户家中发生火灾、煤气泄露、跑水、刑事案件等突发事件时,虽然管理处可采取紧急避险和正当防卫的做法,但在破门前应尽量寻求第三方(派出所、街道办、居委会、业主委员会或业主指定人等)见证,以规避事后风险。

⑥掌握房屋布局、设备设施的性能和运行情况,并在有安全隐患的地方,如儿童娱乐设施边张贴醒目的安全提示标识或竖立警示牌。

⑦熟练掌握安保的业务技能和突发事件的反应预案。

⑧填写工作报告,包括每日工作报告和特别事件报告,以便总结工作经验,掌握安保规律。

⑨不准滥用权力,如施用武力,随意搜查住宅、搜身等。

⑩用诚恳对待无理,用善意化解蛮横,用祥和软化戾气,用耐心赢得理解,是物业管理人员必须具备的基本功。社会上的确有那么一些人,凭着自己特殊的身份或背景,狐假虎威,无视社会公德。遇到这类人时,安保人员处理要求有:"一不怕",他们

之所以无所顾忌,就是利用普通人惧怕"权贵"的心理;"二礼貌",要有礼有节,不卑不亢,不给对方留下任何闹事的借口;"三认真"防止投机取巧,蒙混过关;"四灵活",在不失原则的前提下,善于变通处理。因此,要有很强的自控能力和良好的职业道德修养。同时,得理要让人,所受的委屈越大,越要表现出你的大度和宽容,真正展示出你的职业品质。

3) 加强消防管理的具体措施

防火是头等大事,也是安保的重点。物业消防管理工作既涉及人们思想中的火险意识,又涉及物业公司的制度建设与消防措施的落实,还涉及安保人员的业务技能、履行消防管理的基本职责、监控手段等,因此不能有丝毫的麻痹。

①加强预防为主的宣传,使业主增加火险防范意识,掌握和普及消防知识。物业管理安保人员,除了本身必须掌握消防知识,熟知灭火应急知识、掌握火场逃生和救生本领外,还要通过各种形式,开展经常性的消防宣教活动,使业主掌握防火安全的规定和措施,增加火险防范意识,以便及时消除火险隐患,掌握防火、扑救初起之火以及火场逃生的基本常识。

②配备先进的消防急救硬件设备设施。如烟感探测器、自动喷淋系统、楼宇报警反应系统、闭路监控系统等设备的装备,将会大大降低火灾发生的几率和火灾损失。

③建立消防逐级管理责任制。物业服务企业应确立一名防火负责人,加强消防组织领导,做到职责到位,有人抓、有人管、有人救,责任到人,各司其职。一旦失职,则"以法治火",追究相应责任。

④加强监督,定期检查。为了确实掌握防火安全规定的落实情况和消防器材的完好状态,必须加强监督,定期检查,以便及时发现火灾隐患,责令整改。

⑤做好紧急物资的储备供应。事前防范工作必须建立在防火器具的储备供应基础上。比如发生火灾时,需要大量使用灭火器。但对于业主来说,事前不可能储存大量的灭火器,一般由物业公司来储存管理。所以如果空间允许的话,除各楼层放有灭火器外,可适当储存少量的灭火器以备急用。

⑥定期组织模拟防火演习。物业公司要对其员工制订相应的训练计划,并定期进行防火演习。通过演习,可以检测发生火灾时的反应情况,现场暴露消防管理工作的问题以便及时改进,增强应付突发事件的能力,全面提高消防工作水平。

有条件的,也可对业主组织演习,让他们了解指示标志和安保人员手势的含义。这对发生火灾后的疏散工作十分重要。

⑦发生火警时,有序地组织疏散、隔离和抢救,尽量减少火灾的损失。

4) 加强建筑区划的车辆管理

建筑区划的车辆管理,既是为了建立和保持建筑区划内良好的交通秩序和车辆停放秩序,又能确保业主的重要财产——车辆不受损坏和失窃。因此,车辆管理也是安保管理的重要组成部分,应引起安保人员的足够重视。为保证建筑区划的车辆安

全和道路畅通,可采取以下措施:

①应加强教育和培训员工,如思想培训、服务技能培训,风险防范培训等。

②加强制度建设,如制定相应的岗位职责,严格的门岗值班制度,车辆出入证、通行证和出入登记制度,停车场(库)管理制度,建筑区划车辆管理规定等。

③配备闭路监控系统。

④加强重点部位的巡查和守卫工作。

⑤在每辆车进车库或小区时都留意一下车辆的外观,有异常情况时要及时提醒业主,并做好书面记录。

⑥在小区发生车辆擦挂时,管理处要尽量做好现场的保护取证,在处理过程中尽量要求双方到现场处理,不能现场处理的立即报警,移交相关部门处理,规避自己的风险。

5) 标识管理

建筑区划标识系统的准确性、实用性体现了物业服务企业规范程度及文明水平,一个集安全、便利、美观诸功能于一身的建筑区划标识系统通常应包括通行标识、安全消防标识、提醒标识、场所标识和电梯标识。

①通行标识。通行标识一般有人员通行标识、室内或地下停车场标识、地面广场及架空层标识等几种。

a. 人员通行标识。建筑区划平面布置图、各楼名称标识、各楼层层号标识、各楼层平面布置图、各大堂名称标识、通道及主要楼梯标识、电梯分区停层标识、大堂单位名录牌、每层单位名录牌、每层电梯厅楼层标识、每层电梯厅方位标识、检查井门标识等。

b. 室内或地下停车场标识。室内或地下停车场入口标识、出口标识、入口限高标识、通行方向标识、专用车位标识、通往各电梯或楼梯标识、车辆避碰标识、其他交通必须标识、各设备区标识等。

c. 地面广场及架空层标识。车场入口标识、出口标识、车辆通行方向标识、车位标识、其他交通必须标识等。

②安全消防标识。安全消防标识包括楼层疏散指示图、疏散楼梯标识、各种消防器材标识、各防火卷帘门标识、各防火门标识、禁火区及易燃物品注意标识等。

③提醒标识。保持安静标识、禁烟标识、绿化保护标识、避碰标识、防摔标识等。

④场所标识。楼名标识、形象标识、门牌号、洗手间标识、会议室标识、办公室标识等其他场所的标识。

⑤电梯标识。电梯内禁烟标识、乘电梯注意事项告示等。

9.2　物业管理的非公共性延伸服务

物业公司在搞好"主业"——公共性服务的基础上,还应以服务业主为宗旨,开展好"副业"——物业管理的非公共性延伸服务。

物业管理的非公共性延伸服务,是相对于公共性服务而言的。公共性服务在物业服务企业承接运行后便全面提供。不论全部入住还是部分业主入住,不论业主享受与否,服务都需要存在。而非公共性延伸服务,则是物业服务企业为满足建筑区划内业主的需求,利用物业辅助设施或物业管理的有利条件,为业主提供公共性服务以外的服务,是物业管理公共性服务范围的延伸。一般包括委托性的特约服务和针对性的专项服务,即特约性服务和兼营性服务。

9.2.1　特约性服务

1) 特约性服务概述

特约性服务是具有委托代理性质的服务方式,故又称为委托性的特约服务或简称为特约服务。当业主因健康、时间、信息、能力等原因,使生活与工作产生各种困难,而难以自行解决时,便要求花钱买方便、花钱买时间、花钱买潇洒、花钱买服务,物业服务企业便创造条件,有求必应地提供委托性的相应服务。

因此,特约服务是指物业公司接受个别业主委托而提供的或业主根据自身需要而自愿选择的特别约定服务。特约服务使物业管理的综合服务更丰富多彩和富有特色,也使建筑区划的"大管家"更名副其实。特约性服务具有以下几个特点:

①个别性。特约性服务通常是物业管理服务合同中未要求和未设立的服务,是应个别业主的特殊需求而设立的服务,因此具有个别性。

②代理性。业主根据自身生活和工作上的需要委托物业服务企业代理某些工作,它不像保洁、安保、消防、绿化等管理项目是以合同形式确定下来的。

③多样性。特约性服务是业主根据自身需要自愿选择的服务方式,物业服务企业根据业主不同需求,开设多种多样的特种服务项目。

④不固定性。业主在生活或工作上碰到的困难经常是临时的,不固定的,如当业主因工作忙碌,无法抽出时间去缴纳水电、煤气、电话费时,则可以请物业服务企业代缴,当业主有时间则自行缴纳,因此代缴费用不是固定包给物业服务企业的。

2) 特约服务的项目

目前设置的特约性服务项目大概有以下几种:

①委托家务服务类:如委托接送小孩;上门清洁;消毒、打蜡;收洗衣物;装空调、

淋浴器、防盗装置、晒衣架；上门绿化服务等。

②护理服务：如照顾老人、病人、孕产妇和儿童；

③代办服务：代缴水电、煤气、电话、电视费；代送牛奶；代订报刊；代买车、船、飞机票；代购、陪购物品；代请家教；代聘各种类型的保姆；代办户口申报和房产证；代办保险；代看管空房和家具；代理物业租赁转让；礼品递送等。

3）开展特约服务的注意事项

特约服务是物业管理全方位、立体式服务发展的必然产物，它是常规性服务的延伸和发展。物业服务企业在开展特约服务的时候，应遵循以下注意原则：

（1）满足需求，量力而行

根据业主需求和物业服务企业的自身情况，因地、因时、因人制宜，有计划、有步骤地进行。可以先通过问卷调查，热线电话调查和上门走访调查，有针对地提供服务。首先满足业主的最基本需求，然后量力而行地逐渐满足业主的多样性需求，提供有求必应式服务。决不可一哄而起，全面开花。

（2）有偿服务、质价相符

特约性服务是有偿服务，社会上很少有可以参照的收费标准，物业服务企业与业主要根据服务标准和要求协商定价，收费要满足维持经营、收支平衡、略有盈余、适可而行、质价相符的原则，不能片面追求经济效益，而应以服务为宗旨，树立自己的品牌，使业主对物业服务企业产生一种亲切感和信任感，达到以经营促服务，以服务促经营的目的。

（3）有情服务

要注重职业道德，讲究有情服务，要求"人在情在，人不在情在"，让业主感到物业服务企业员工是实实在在地为他们服务的大管家。

9.2.2 兼营性服务

1）兼营性服务概述

一般住宅小区由于居民的经济承受能力有限，物业管理服务的收费标准不可能定得很高，但从社会效益和自身信誉的角度出发，又必须提供高质量的服务，这就要物业服务企业发挥自身的优势，积极开展多种经营，即各项兼营性服务。既满足了业主的需求，又增加了收入，增强了自身的"造血"功能，弥补了物业管理经费的不足。即通过以副补正，实现"以业养业"。由于"一业为主，多业经营"，所以称为"兼营"。兼营性服务从属于主业，但不可淡化"主业"。兼营性服务具有如下的特点：

①收益性。开展以营利为目的的综合经营项目，从中取得一定的利润，以弥补物业管理经费的不足，使物业服务企业职工的工作积极性得到更大的调动。

②方便性。方便群众、服务群众，是兼营性服务能够开展起来的先决条件。例

如,在辖区内开设信用社,业主储蓄、取钱就可就地解决,既方便了业主的生活,又能获取一定的利润。

③有条件性。开展兼营性服务前物业服务企业应事先做好启动资金、经营场地、物料和人员的准备工作。

2)兼营性服务的项目

(1)日常生活类

衣着方面:服装店、洗熨店、缝纫店等;饮食方面:餐饮店、食品店、果蔬店、超级市场等;居住方面:邮局、银行、美容美发店、花店、旅店;车辆方面:车辆寄放、清洗、保养、维修等;百货方面:百货店、家电店、五金店等兼营维修业务。

(2)文化、教育、卫生、体育类

文化方面:书店、图书馆、录像室、音乐茶座等;教育方面:托儿所、幼儿园等;卫生方面:药店、卫生站、门诊部等;体育方面:健身房、乒乓室、台球房、游泳池、网球场等。

(3)房地产咨询中介类

房屋租赁、买卖中介、房屋评估、房屋置换等。

3)开展兼营性服务注意的事项

与特约服务一样,物业服务企业在开展兼营性服务的时候,也应遵循以下原则:

①满足需求,量力而行。根据业主需求和物业服务企业的自身情况,通过实际调查,因地制宜地选择服务项目。同样不能全面展开,而应该量力而行,逐渐发展。

②妥善处理兼营性服务与建筑区划环境的净化、美化的关系。在为业主服务满足其需求、并为物业服务企业赢利的同时,绝不可给业主生活和工作环境带来不良后果。在利弊同存的情况下,决不可为赢利而强行上项目。

③妥善处理兼营性服务与地区政府及有关部门之间的关系。如兼营项目需要"通水、通电、通气",必须与煤气、自来水、供电局等协调好关系。又如餐饮服务,需报卫生检疫部门同意,接受检查、监督,以保证食品卫生。

④保证兼营性服务的质量。通过严格把关进货渠道,来保证进货产品的质量,谨防假冒伪劣产品。同时通过开展规范达标服务和搞好内部管理,强化对从业人员的职业考评,为业主提供优质服务,从而树立并维护物业服务企业的良好形象。

9.3　物业管理的综合协调

物业服务企业要保证物业管理工作的顺利进行,就需要搞好方方面面的关系,协调各种各样的矛盾和问题,为物业管理与服务创造一个和谐的外部环境。

9.3.1　物业管理综合协调的必要性

物业管理处在一个复杂的客观环境之中,涉及方方面面的关系,面临诸多矛盾和问题。

①物业管理涉及面宽,各种关系交错复杂,不协调将会步履艰难。

由于物业管理是房地产开发的延续,开发过程中涉及的部门,物业管理都要继续长久地接触和交往,同样离不开这些部门的帮助和支持。如规划局、房地局、供电局、电信局、环卫局、园林局、消防局、自来水公司、煤气公司、市政管理处等专业部门都是物业管理离不开的。物业服务企业在组建、发展过程中以及大量的日常工作中经常接触的还有政府各主管部门、公安部门、工商、税务、街道办事处等以及建筑区划大大小小的产权单位,比开发过程所涉及的部门更为广泛。没有这些单位和部门的理解、支持与帮助,物业管理简直寸步难行。

另外,物业管理工作与一般商业服务不同,服务对象不是一时一事或一人一事,而是具有长期性和群众性。商业服务面对成千上万的顾客是流动的,需求是单一的,基本需求是购物。而物业管理的服务对象是相对固定的,是几年、几十年为一代人或几代人服务,并且是各行各业都有,对服务的需求是多方面的、综合性的,既要维修房屋,又要维护环境,保证安全,又要提供其他服务,比起商业服务要复杂得多。

正是因为物业管理的涉及面宽,各种关系交错复杂,矛盾和问题的产生将会很多,要想一帆风顺,就需要加强综合协调以搞好各方面关系。

②对物业管理的认识还参差不齐,不协调将会矛盾重重。

a.开发企业认识不到位。从开发企业来说,仍有少数开发商对物业管理没有足够的认识和理解,没有真正把"管"看成是"建"的延续,没有认识到管好物业对房地产开发的促进与完善作用和对销售房屋的促销作用,于是该建的配套设施迟迟不建,该完善的不完善,给后期管理带来许多不良后果。这就需要与开发商搞好关系,加强协调。

b.业主和住用户的认识不到位。从业主来说,许多业主和住用户习惯于福利制住房,对物业管理这种市场化、企业化经营行为缺乏认识和理解,还把物业管理视同政府行为,只要求物业管理服务,不愿承担自己的义务。最突出的表现是交物业管理费,往往有许多阻力。还有少数素质较差的业主,道德水准较低,公德意识淡薄,许多不文明的表现更给物业管理带来很多困难。

c.政府有关部门的认识不到位。从政府有关部门来看,由于对物业管理缺乏更深的认识和了解,习惯延用行政管理模式,使物业管理不能及时得到有力的支持和帮助。有时需要有关部门解决的问题迟迟得不到明确的答复,使物业服务企业处于非常艰难的境地。

d.物业管理从业人员自身认识不到位。物业管理从业人员自身的素质也亟待提高,从管理人员到实际操作服务人员对物业管理的认识也没有全部到位,没有摆正自己的位置,服务意识缺乏,因而往往会使业主产生这样或那样的意见和不满。

总之,人们认识物业管理并完全接纳它必然要有一个过程,在这个过程中,会产生许多矛盾和问题,这是物业管理需要综合协调的又一客观因素。

③城市环境管理水平的差距,使物业建设遗留问题较多,这更需要综合协调。

城市环境管理水平的差距,必然会影响建筑区划的建设和管理,诸如小区的道路、绿化、环境卫生、社会治安、交通、购物、电信、通邮等许多配套设施和环境条件都会受城市建设和管理水平的影响和制约,存在的问题越多,群众意见越大,投诉增多,协调工作量就会增加。

④法规不健全,政策不配套,增加了综合协调的工作量。

⑤社会上某些行业的不正之风也给物业管理带来许多不必要的困难和麻烦,物业服务企业不得不分散一些精力去协调处理。

综上所述,物业管理的综合协调十分必要。物业所处的客观环境和条件是综合协调的客观基础,综合协调是顺利实施物业管理的前提。

9.3.2 物业管理综合协调的意义

物业服务企业要想解决各种矛盾和问题,理顺各种关系,只有面对现实,积极协调,化解矛盾,疏通渠道,才能把问题解决好。综合协调对于顺利实施物业管理具有十分重要的现实意义。

1)协调好各方面的关系是顺利实施物业管理的前提

物业管理涉及方方面面的关系,如果这些关系都搞得很紧张,物业管理不仅得不到应有的支持,反而会增加许多困难和阻力。

①协调好与开发商的关系将使物业管理"建"和"管"衔接更加顺利。从开发过程来看,物业管理与开发商的协调关键在于解决"建"和"管"的关系问题,如协调得好,许多问题在建的过程中都能及时解决,而在管理过程中发现的问题开发单位还能够及时给予补救,遗留的问题及时给予处理,这无形当中就是对管理工作的大力支持。另一方面从房地产销售开始,开发单位在销售过程中就宣传和介绍物业管理,对业主进行必要的约束,这无疑也是对物业管理的支持。由此可见,物业与开发的协调是非常重要的环节。

②协调好与各专业部门的关系是获得支持和帮助的关键。从与各专业部门的关系来看,物业服务企业离不开各专业部门的支持与帮助。物业公司作为建筑区划的"总管家"和"总代理",无论水、电、气哪个环节出现问题,业主和使用人不找别人,就找物业公司。物业公司如果忽视这方面的协调工作,遇到问题可能就束手无策,陷于非常被动的地位。平时协调好了,解决问题就会顺畅得多。

③协调好与政府各部门的关系是获得支持和配合的有力保证。物业管理有许多明确的制度和规定,对于大多数业主和居民来说,是能够遵守并支持物业管理的。但

对个别不遵守规定者,甚至严重违章者,光靠物业服务企业是很难纠正的。必须得到政府有关部门的支持。因此,就必须与各部门保持密切的联系,及时汇报情况,勾通思想,引起重视。有些需要政府执法部门出面解决的事,物业公司只有积极地协调与这些部门的关系,才能得到支持和帮助。例如小区内违章搭建的拆除,没有工商、公安、规划、街道等部门共同出面工作,物业公司单枪匹马是无能为力的。物业公司要实施有效的管理,就必须与政府各部门保持紧密的联系、协调,争取政府各部门对物业管理的大力支持与帮助。

④协调与业主的关系是取得理解和认同的基础。物业管理面对各种各样、各行各业的业主,日常的管理和服务只有被广大业主认可、赞同、支持才能顺利实现。要取得广大产权人及使用人的拥护和支持,除了物业公司做好本身的工作,提供优质服务外,很重要的一点就是要协调好同广大业主的关系,重视业主的反映和呼声,对业主提出的意见和建议及时予以解决和答复。发生矛盾或误解,及时做好工作,化解矛盾,消除误会,不断密切物业公司同广大业主的关系,使共建文明小区、美好家园成为全体业主的共同意识和行动。这个理想目标的实现前提是业主对物业管理的理解和认同。而协调与业主的关系是取得理解和认同的基础。

2)综合协调是解决矛盾和问题的钥匙

物业管理过程中遇到的各种各样的问题,有些是属于物业服务企业本身就能够解决的。比如住户的一般报修,物业公司及时派人去维修就解决了,有些问题则不然。比如工程遗留或质量隐患暴露出来的问题,按规定应该由建设单位或施工单位解决。若把责任一推了之,或让业主自己去找,就容易引起矛盾和不满,问题肯定得不到妥善解决。只有物业公司出面积极联系协调,尽到物业公司应尽的责任,问题才能得到及时解决。

入住之后,有些配套设施往往不能及时启用,如通邮、通气等,时间越长业主意见越大。这些本应由开发公司抓紧解决的事,物业公司若不抓紧协调催办可能会拖很长时间,不仅给业主生活带来许多不便,对物业管理也会带来许多不利影响。

对小区内的各种违章现象,尤其是历史原因形成的违章搭建,物业公司若是坐等政府出面干预,可能会拖很长时间,使小区越来越乱无法管理。只有物业公司及时与有关部门联系,引起各级领导的重视,促成拆除的条件和时机,各部门联合执法,才能解决拆除违章的难题。所以说协调是解决问题的钥匙,协调工作做好了,物业管理才能顺利实施,这是实践得出的结论。

3)综合协调是物业管理健康持续发展的保证

物业管理是面对千家万户的新兴行业,其在发展过程中,各种矛盾和问题是随时发生的。老的问题解决了,还会出现新情况新问题。物业公司的管理人员要有清醒的头脑,随时以良好的精神状态去协调处理各种各样的问题,才能使物业管理健康持续地发展。

无论从哪个角度,综合协调都是小区物业管理必不可少的措施和手段,对现实和长远都有十分重要的意义。

9.3.3　物业管理综合协调的途径

物业管理的综合协调是一项艰难复杂的工作,要积极寻求综合协调的有效办法和途径,使协调工作能够产生预期的效果。由于物业管理的外部环境涉及的环节较多,所以协调的途径就需要从外部环境的各个环节去找。

1)积极争取各级政府和主管部门的支持

任何一个企业要想在市场经济环境中生存和发展,除了自身的努力还离不开各级政府和主管部门的支持。物业管理作为一个新兴的行业,更需要政府的支持与扶持。特别是居住小区的物业管理,最直接最大量地是和广大居民打交道,为居民提供各种服务,同时又要对居住行为进行管理,对居住的管理行为很大程度上是代行政府职能,是在为政府分忧,所以更离不开政府。具体办法有:

①经常请示汇报、保持紧密联系。要得到政府和主管部门的支持,首先要和政府部门保持紧密的联系。

物业公司的领导和部门负责人要熟悉政府部门的领导和主办人员,要经常保持联系。采取"走出去、请进来"的办法,定期或不定期地到有关部门走一走,主动汇报情况,征求意见,增进感情;或请政府有关部门的同志到物业公司或所管的小区来看一看,加深了解。

特别是遇到政策性较强的问题,多向政府有关部门请示汇报,使主管部门熟悉情况,心中有数,这样可以有针对性地帮助物业服务企业解决问题。

涉及物业管理同其他专业部门的关系,如职责分工,收(交)费标准等有时也不是物业公司直接和专业部门双方协商所能解决的。必须经过政府主管部门的协调和仲裁,虽然当时不能从根本上解决问题,但有一个缓冲的余地,为从根本上解决问题奠定了基础。

如果平时没有接触或根本不认识,等碰到问题再去联系,效果自然就不好。

②干出成绩,引起重视。物业公司做好自己应做的工作,以实际行动和效果赢得政府的支持是非常重要的,是综合协调的重要途径和基础。住宅小区的管理是城市管理的一部分,也是政府管理工作的重要内容。住宅小区的管理工作做好了,形成一个好的环境,好的秩序,居民安定,社会稳定,这正是政府工作的重要目标,经过物业管理的努力,协助政府实现这一目标,自然会得到政府的支持。特别是如果物业服务企业作出了成绩,创出了品牌,为政府增了光,更会引起政府的重视和主动支持。

2)主动出击,迎难而上

物业管理综合协调是一种主动行为,而不是被动应付,所以要始终坚持不等不

靠、主动出击,迎难而上的原则和做法。

①主动出击,提前插入。即在矛盾未出现之前主动出击,提前插入,主动和开发建设单位、规划设计部门以及各专业部门、产权单位接触,理顺关系。这个过程也会遇到困难和阻力,有些单位和部门由于认识的局限,对物业管理单位的意见和要求可能不以为然,有的即使当面答应的事,实际做起来就可能被抛之脑后或大打折扣。物业服务企业从小区管理的长远利益出发就要坚持不懈地和这些单位和部门交涉协调,直到取得满意的结果为止。这种协调与交涉包括规划设计、配套设施、施工过程、管理分工等。每个过程、每个环节都会出现与物业管理有关的问题,这些问题解决得好与不好,直接影响物业管理的正常运行。必须提前插入,主动出击,积极与有关单位和部门联系协调,把问题解决在产生之前。

②迎难而上,消除矛盾。是指在矛盾和问题出现之后,不回避矛盾,迎难而上,尽快消除矛盾,解决问题。这里涉及的面可能更为广泛。不仅有开发建设过程遗留的问题,规划设计不合理或施工质量问题,还有大量的与专业部门管理职责划分问题,与业主和住户的关系问题,和地方政府有关部门的利益问题等。这些矛盾和问题是客观存在的,物业服务企业必须有充分的思想准备,决不能推卸责任、回避矛盾,只有采取积极的态度,迎难而上,积极协调,才是解决问题的最好办法。

3)运用法律武器维护物业公司的正当权益

这是指物业管理的综合协调应该是在以维护业主和物业服务企业自身正当权益为前提的基础上进行的。除了要抱有积极的态度、正确的方法、实事求是的精神外,还要学会运用法律武器维护物业公司、业主及住户的正当权益,公正合理地解决问题。

即当一般的民事主体之间自行协调或采取行政手段不能解决时,只有通过司法部门依法裁决。这并不是谁告谁或与谁过不去,而是为了更有效更合理地解决问题。物业服务企业有时会成为被告,有时也要当原告。总之,不要回避矛盾,不要怕打官司。打官司也是一种协调,是物业管理过程中不可缺少的一种解决问题的途径。如欠款的追缴、毗邻房屋维护修缮的实施、治安案件与物业管理保安责任的纠纷、车辆丢失的赔偿责任等,必要时就得通过法律诉讼,使问题得到公正合理的解决。

4)通过行业协会解决物业服务企业面临的共性问题

要使物业管理健康发展,物业服务企业就要十分重视行业协会的建设,并积极参加行业协会的活动。通过协会活动,可以将政府的精神、政策法规更好地传达灌输给企业,将企业的想法、意见、要求和在实际经营过程中出现的问题更快地反馈给政府有关部门。通过广泛研讨物业管理的理论和实践问题,可对一些普遍性问题达成共识,并形成全行业的反映和呼声,这样比起由某个物业管理单位单枪匹马去呼吁更容易引起政府的重视,有利于问题的解决。通过参加协会活动,同行之间进行深入广泛的交流,还可以达到互相学习,取长补短,加深友谊的目的。

5) 密切业主关系,共建美好家园

①处理好物业公司同业主的关系。要处理好物业公司同业主的关系,就要使广大业主理解物业管理的初衷。因此就必须广泛深入地宣传物业管理的章程和主张,提高服务意识和服务水平,通过经常的回访和座谈,了解业主,认识业主,全身心地为业主服务,与业主打成一片,通过扎实有效的服务让业主感受到物业公司的辛苦和心愿,认识到物业公司是业主的靠山,是真心为大家服务的,大家就会逐渐把物业公司看成是自家人,是小区的一员,达到这种境界,协调就非常简单,而各项管理工作才能真正到位。

②通过加强社区文化建设,密切业主同业主之间的关系。建筑区划内的业主们来自各行各业,平时工作紧张,大家互相都不认识。物业服务企业为了做好物业管理和服务,可以在休假日通过开展一些社区文化活动,让建筑区划内的业主们由互相认识、互相了解,到互相成为好朋友,让大家都愿意和物业服务企业一起建设自己共同的美好家园。这样以来,大家感情融洽了,就容易互相体谅、互相包容了,管理工作自然就好做了,业主之间的争执就少多了,即使有了事也就好协调了。

物业管理从表面上管理的是物,但服务和管理的最终对象和根本目标是人。因此要做好物业管理,就必须协调好人际关系。物业管理人员要协调好人际关系,就需要加强公关意识,提高公关水平,提高同各种类型、方方面面的单位和人员打交道的能力。只有这样才能提高自己的综合协调能力,才能给业主和住户留下深刻的印象,树立起良好的企业形象,从而胜任物业管理服务工作。

9.4　客户服务管理

不论是公共性服务、非公共性服务还是物业管理的综合协调,其中大部分工作都是首先通过客户服务中心(部)来进行的,所以必须加强客户服务管理工作。

9.4.1　客户服务管理概述

客户服务中心(部)是物业管理中最直接与住户接触、最直接为业主服务的一个部门。由于经常与业主接触,在业主心目中,他们的一举一动、一言一行代表着物业服务企业的形象。好的客户服务就像业主与物业服务企业之间的润滑剂,能最大程度地缓解两者之间的摩擦和矛盾,为物业管理工作的顺利开展打好基础。因此应该加强客户服务管理。

所谓客户服务管理,是一种了解和创造客户需求,以实现客户满意为目的,企业全员、全过程参与的一种经营行为和管理方式。客户服务管理的核心理念就是:企业全部的经营活动都要从满足客户的需要出发,以提供满足客户需要的产品或服务作

为企业的责任和义务,以客户满意作为企业经营的目的。

通常,客户服务管理应具有以下要求:

①视客户为亲友。把客户当亲友,在与客户交往中,就不能单纯的把企业与客户的关系视为"一手钱,一手货"的金钱交换关系,而应该看到企业与客户之间还存在着相互支持、相互信赖、相互促进的非金钱关系。只有用高质量的服务接待每一位客户,才能使客户以更大的热情购买更多的商品来回报企业,企业与客户的关系才能步入良性循环的轨道。

②客户永远是对的。"客户永远是对的",这句话是伴随着市场经济的迅速发展,消费者运动的日益高涨,由西方企业界提出来的,是"客户就是上帝"这句口号的具体化。但是这句话很容易让人产生理解偏差。

"客户永远是对的",从表面上看这句话显得绝对化,因为客户也是人,人非圣贤,孰能无过,客户在接受服务的过程中,也不可避免地说错话,做错事,即客户不可能永远正确,所以不能说客户的任何意见甚至无理的要求都必须满足。但是,这里倡导的这种服务思想,不是从具体的一时一事角度界定的,而是从抽象意义上界定的。在企业为客户服务过程中,自然应以被服务者的需要和意志为转移。况且,这里所说的客户也不是指单个具体的人,而是把客户作为一个整体来看待的。企业为整体的客户服务,不应该挑剔个别客户的个别不当言行,更不能因为个别客户的个别不当言行影响对客户整体的根本看法。

③把客户视为企业的主宰。把客户视为企业的主宰,就应当尊重客户权利,把尊重客户在接受服务时的安全权、知情权、选择权、受尊重权、监督权、被赔偿权等作为自己的天职,认真履行应尽的义务。

④强化现代服务理念,提升服务品位。理念支配人的行为,服务理念决定着企业的服务特色和服务品位。因此应强化现代服务理念,从而提升服务品位。

⑤正确处理好服务与经营的关系。改变那种认为经营有效益是硬指标、服务没有效益是软指标的片面认识,解决重经营、轻服务的片面做法,形成经营与服务互相促进、一体化发展的良性循环的运行机制。

9.4.2 物业管理客户服务管理的两大内容

物业管理客户服务管理主要有两大部分内容,一是业主投诉管理;二是业主求助管理。

1)业主投诉管理

这里所谓的业主投诉,主要指的是由于物业服务企业的责任,使得服务不到位,对业主产生了不便、受扰、过失、损失或伤害,业主对物业服务企业的投诉。

(1)投诉的分类

投诉分类的方法很多,针对不同的侧重点有不同的分类法。

①根据投诉的受理性质不同可分为有效投诉和无效投诉。有效投诉是指投诉内容属于物业管理服务合同规定的物业服务企业服务范围或法律法规规定物业服务企业必须负责的服务范围。反之为无效投诉。这里主要讨论有效投诉。

②根据投诉方式的不同可分为来人投诉、来函投诉、来电投诉、其他投诉 4 种。

③根据投诉主体的不同可分为内部顾客投诉和外部顾客投诉。内部顾客是指企业的内部员工;外部顾客的投诉,也就是小区业主或使用人的投诉。这里探讨的主要是指外部顾客的投诉。

④根据投诉的性质不同可分为咨询性投诉、普通投诉、紧急投诉。

⑤根据投诉内容不同可分为保安投诉、绿化投诉、保洁投诉、维修投诉、机电投诉和其他事务投诉。

⑥根据投诉的事件大小可分为重大投诉、重要投诉和轻微投诉 3 种;重大投诉指的是公司承诺或合同规定提供的服务没有实施或实施效果有明显差距,经业主多次提出而得不到解决的投诉;由于公司责任给业主造成重大经济损失或人身伤害的投诉;投诉在一个月内得不到合理解决和合理解释的投诉。重要投诉指的是因公司的管理服务工作不到位、有过失而引起的投诉。轻微投诉是指因公司的设施、设备和管理服务水平有限给业主造成的生活、工作轻微不便而非人为因素造成的影响,可以通过改进而较容易得到解决或改进的投诉。

（2）投诉的处理

当客户服务中心接待员接到投诉时首先要判断该投诉是否有效,如果是无效投诉,值班人员要向投诉人解释清楚,管理处能够协助处理的要尽量帮忙解决,如提供可解决问题的主体的联系方式等。如果是有效投诉,接着就要分清是属于咨询性投诉、普通投诉还是紧急投诉。

对于咨询性投诉客户服务中心接待员应即时处理,立刻给予投诉人答复。确实不能即时给予投诉人答复的,可以要求投诉人留下联系电话,待明确后立即回复业主。

对于普通投诉客户服务中心接待员要先判定属于哪种事务投诉,然后根据投诉内容尽快将《业主投诉意见表》发送到被投诉部门,相关部门可以根据具体情况进行处理,但是必须要在公司规定的时限内完成。被投诉部门负责人在时效期限内将投诉内容处理完毕,并做好投诉处理过程记录。在处理完毕的当天第一时间将过程记录交到客户服务中心。客户服务中心接待员收到被投诉部门投诉处理结果后,将情况汇报部门经理,在当天将处理结果通过电话通知或巡逻人员上门告之等形式通报给投诉的业主,并调查和登记投诉人对处理结果是否满意。最后整理投诉的相关资料并归档,本项投诉处理就宣告结束了。

对于紧急投诉,接待员要及时通知相关领导和判断本管理处相关部门能否及时解决。本管理处可以及时处理的应立即通知相关部门优先处理,本管理处没有足够能力处理的应立即联系可以帮忙解决的单位,请求支援,共同把问题解决。然后把处理结果反馈给客户服务中心接待员,剩下的程序就和普通投诉一样了。

若是重大投诉或重要投诉,须经客服部主管或部门经理当天转呈公司总经理或管理处主任、经理。但都需要给出确切的承诺或明确的答复意见。

单项投诉处理的有了结果不能代表投诉处理已经完全结束了,每过一段时间管理处要对单项投诉处理的情况进行统计分析,看是否存在同类投诉多次发生的现象,如果存在就要深入研究,寻找其真正的根源,制订相应的纠正预防措施,彻底解决它。

(3)投诉处理的基本原则

处理投诉的基本原则主要有以下4点:

①换位思考原则。指将业主所投诉的事项当成是自己所要投诉的事项,积极思考期望得到什么样的答复。

②积极乐观对待原则。将业主投诉处理看成是与业主交朋友、宣传自己和公司的机会,并通过为业主实事求是地解决问题,达到加强沟通的目的。

③不与投诉人争辩原则。严格遵守公司服务方针,严禁与业主进行争执和辩解。

④同情原则。要富有同情心,愿意了解业主的疾苦,并能以正确的心态处理投诉。

(4)处理投诉的技巧

一般情况下,一线员工可依照如下三步来处理业主的抱怨、指责和投诉:耐心听完;真诚道歉;按照规定或请示上司后来与业主沟通,将问题解决。具体处理时,注意以下7个技巧。

①遇到业主投诉和指责时,不要急着为自己辩护,不要变得烦躁、怒气冲冲,虽然这些都是正常反应。

②业主投诉时,试着把自己放在业主的角度,即使认为你是对的,也应对业主的不快表示歉意。道歉后立即采取行动补救。不要寻找借口为自己开脱或把责任推到别人头上,也不要一味承认错误。

③仔细倾听业主诉说,不带任何评价,因为这样可以发现一些被忽视的东西。

④为掌握最准确的事实,可用委婉的语气向业主提问,给业主以解释的机会。

⑤接到业主投诉时,态度应友好诚恳,并要向业主表示谢意:"谢谢您将此事告知我们。"

⑥处理投诉必须及时迅速,在短时间内给业主满意的结果和答复。如因客观原因无法及时解决,应与业主联系,告知原委及预计完成时间,取得业主的谅解。

⑦处理完毕应上门或致电询问业主是否满意。

但是,在2种情况下,业主有可能被激怒:一是物业管理员说出令人不愉快的话;二是业主因为不满意客户服务人员的说明而产生激烈的情绪反应。不管哪一种因素激怒业主,最直接的处理方法就是马上找出业主生气的原因,采取一系列的补救行动。

(5)缓解业主怒气的"三变"策略

通过以下3个变化可以有效缓解业主怒气。

①撤换当事人。当业主对某物业管理员的服务与沟通感到极不满意时,就会产

生一种排斥心理。假如该管理员一直按照自己主观的意见向业主解释,业主的不满和怨气反而会加剧,因此另外找其他人员来处理将更加合适。通常这位调解人员是有经验、有人缘,具有处理能力的高级主管。

②改变场所。若是产生抱怨的业主在公共场所大声争吵时,显然会对其他在场的业主产生直接的影响,对管理员本人和物业服务企业都是非常难堪的事情。这时,来调解的人员就应该首先稳定自己的情绪,不能受到业主情绪的影响而违背了自己作为中间人该有的立场,最好能尝试换个场所。比如可以用"站着说话不方便,请到贵宾室来坐下谈谈,好吗?"此类的话语引导客人到接待室或办公室。

③改变时间。假如业主依然怒气冲冲,那么取消今天会谈,并把它顺延两天,就是最好的办法。这就要直接向业主道歉,然后有礼貌地告诉他(她):"明天我们负责人一定会直接到您家中拜访您!"假如这时业主仍态度强硬地回答:"不用来了,来了我也不在。"这就表示其怒气无法在一时之间平息下来。遇到这种情况,一定要诚恳地问出业主的地址、电话(一般都应该知道),然后每天不断地派人到业主家中拜访道歉,以真挚的诚意来博取对方的谅解。

当然,到业主家中拜访,为了尽快得到对方谅解,可以备些小礼品以表诚意。一般来说,经过一夜的时间,加之公司第二天如约前来,业主的态度都会有所转变,此时再诚恳地道歉,并加以解释,业主就会很容易接受了。

(6)处理由于误会而产生的抱怨的技巧

有些抱怨是由于误会而产生的,这种抱怨的处理技巧是:当事人一定要平静,仔细地把事情的原委告诉业主,让业主了解真实情况,但是也要注意,不要将话说得太明了,否则业主容易因为下不了台而恼羞成怒。因此,应注意以下两点:

①解释时语气一定要委婉,要诚恳地让业主知道你并不是要让他难堪,而只是要使误会消除。这样,业主往往会很配合你。

②不要老强调自己的清白无辜,否则业主会用"我绝不会那么糊涂,连这么简单的事情都搞不懂"等语言来为自己辩解,掩饰自己的过错。

(7)投诉处理的十句"禁语"

负责投诉处理的人员在言语上一定要特别注意,不要因为说话不当,用语不慎而将业主激怒,使矛盾更加激化。因此要避免使用以下话语:

①"这种问题连三岁小孩都会。"当业主向管理人员询问设备设施的特性或使用方法时,很易说出这种话。这样极易引起反感,认为是在嘲笑他。

②"一分钱一分货"。若是管理员说出这种话来,会让人产生"是不是嫌我寒酸,只配住廉价房"这种感觉。

③"绝不可能有这种事情发生。"一般物业公司对自己的管理与服务都是充满信心的,因此,在业主提出投诉或抱怨时,管理员可能会以这句话来回答。其实说这句话时,已严重伤到了业主的心。因这句话代表着业主提出来的投诉都是"谎言",因此必然会产生很大的反感。

④"这种问题去问开发商,我们只负责管理。"这句话本身就表明不负责任,不讲

信誉。

⑤"嗯,这个问题我不清楚"。当业主提出问题时,若管理员的回答是"不清楚"、"不知道"表明企业没有责任感。有责任感的企业应尽最大的努力来解答业主提问的,即使真的不知道,也应请专家来解释。

⑥"我绝对没有说过那种话"。"绝对"这个字眼是不存在的,因这个词有硬把自己的主张强加在别人身上的感觉,让人觉得公司想逃避责任。

⑦"我不会"、"不行"、"没办法"。这类否定的话就表示个人没能力,或公司无法满足业主的希望与要求。

⑧"这是本公司的规矩"。规矩通常是为了提高工作人员的工作效率和服务质量来制定的。而绝不是为了监督业主的行为和限制业主的自由。因此,即使业主不知情而违犯了公司的规矩,管理员也不可以用公司规矩做挡箭牌来责怪业主。

⑨"总会有办法的"。这句话态度暧昧,对于急着想要解决问题的业主来说,这种不负责任的说法非常令人失望。

⑩"你先回去吧,改天我再同你联系"。这句话常让人觉得公司为了打发业主离开而采用的缓兵之计,也是一句不负责任的话。相反,给业主一个明确的答复,一方面代表公司有信心、有能力帮助业主解决问题,另一方面也不会让业主感到是在受愚弄。

2) 业主求助服务管理

业主求助服务管理是指物业管理处在发生业主求助服务需求时的服务管理工作,主要是指客户服务部的工作。

(1) 业主求助服务的分类

业主求助服务分为以下几类:

①急救病人求助服务;

②投诉求助服务;

③咨询求助服务;

④报修求助服务;

⑤盗劫、打架斗殴、抢劫、凶杀、中毒、交通意外的求助服务;

⑥台风、水浸、火灾等灾害事故的求助服务;

⑦其他生活或工作上的正常求助服务。

(2) 求助服务处理的原则

求助服务处理的原则如下:

①快速反应原则:一般情况下应立即给予回复,解决不了的应马上向主管请示后再给予回复,有时效要求的服务工作按时效要求执行。

②尽可能提供帮助的原则:对业主提出的正当求助,应尽可能提供帮助,满足求助业主的要求。

③严禁推诿的原则:对满足不了的求助要求,应主动帮助其联系相关单位或部

门,切忌推诿。

9.4.3 做好客户服务管理的关键要素

客户服务人员良好的仪表、热情的服务态度,礼貌的谈吐举止、训练有素的服务技巧和建立有效的客户服务管理制度是提供良好客户服务的基础,也是做好客户服务管理的关键。

1) 员工仪表要求

要向客户提供优质服务,首先就要具备良好的仪表。因为作为物业服务企业的客户服务人员,平时与业主接触频繁,良好的仪表体现了对业主的尊重,而且干净、整齐、令人愉快的形象会得到周围人的欣赏,是一种有礼貌有修养的行为。

①注意个人清洁卫生,保持身体和皮肤的清洁。

②每天上班前,女职工要化淡妆。

③保持头发干净、整齐,长度不超过颈项。女职工长发应梳或盘起来。

④保持牙齿清洁健康。上班前不要食用大蒜、洋葱等有刺激性气味的食物,以免引起气息不雅。

⑤勤洗手,勤剪指甲。女职员不允许涂抹大红指甲油。

⑥保持鞋的整洁和良好的维护。

⑦勤洗袜,保持袜子干净无异味、无破洞。

⑧保持制服整洁,无褶皱。不可在大街上或工作以外的任何场所穿着制服。

⑨不应佩带过多首饰,不带耳环和项链。

⑩每日上班前必须仔细检查自己仪表。

2) 员工行为举止要求

不良的行为举止会损害个人形象和企业整体形象。因此,物业服务企业客户服务人员需要在平时不断训练保持有礼貌的行为举止,直到能习惯地自然地做出高度的礼貌表现。同时还须注意一些肢体语言:如一个细微的表情或不引人注意的手势、姿势都会在无意中向业主传达一些信息,客人会敏感地从中得知自己是否得到了重视。

①工作时应保持正确的站、坐、行的姿势。

②不要在公共场合或业主视线范围内掏鼻孔、抠指甲、打哈欠、伸懒腰、抽烟、吃东西、嚼口香糖、整理头发、衣服、化妆、咬手指甲、搔痒、吹口哨、唱歌等。

③工作中,如确需整理头发、领带、衣服或补妆应到洗手间或客人看不到的地方。

④咳嗽、打喷嚏、吐痰时要用干净手帕或纸巾遮住嘴巴,然后要说"对不起"。

⑤与业主交谈时必须注意:

A.集中注意力,避免东张西望,保持眼睛与对方接触;

B.保持微笑,脸上保持活跃、感兴趣、友好或同情的表情,不时点头微笑表示赞同,即使业主是在投诉、抱怨。脸上不应显出冷漠、厌倦的表情;

C.注意倾听,不要打断业主的讲话;

D.不与业主争辩。永远不要跟业主争辩,这是一个简单的道理,但是要真正做到却相当困难。特别是当一名业主冲到你面前,为不是因为你的过错而发生的问题大发雷霆、抱怨不迭时,尽管理智告诉你需要保持冷静,你还是免不了要肝火上升,开始同业主争辩不休、据理力争。这是很自然的行为,但却是很不明智的行为。一定要通过角色扮演培训来克服这种行为。

3)客户服务技巧

（1）礼貌服务

①业主来公司咨询或要求服务时,必须笑脸相迎,热情接待,及时给予帮助和服务。微笑时不只是展露唇齿,而是发自内心,传诸眼神。要发出会心的微笑就要求服务人员必须心胸宽阔,感激生活,充满激情。

②与业主首次接触时,应清楚介绍自己的姓名、职位及任职的部门,并双手递上自己的名片。

③记住业主的名字,并用之与业主打招呼,如:"你好,李先生"等。因为当人们听到对方称呼自己的名字时,会感到很开心。

④上门服务时,不能没有预约直接上门。

⑤如业主提出的要求超出了能力范围之外,应委婉地表示歉意,并提供可以让业主得到帮助的信息,不可简单地加以回绝。

⑥如属能力范围内的服务,一旦承诺,就应在约定时间内准时到达,在保证质量的前提下,尽快完成。

⑦学会承认业主。物业公司员工必须做到看到业主的第一眼就向他打招呼。虽然这只是一个简单的要求,可他却显示了企业对业主的重视程度。即使员工在特殊的情况下无法立即与业主开始交谈,也需要表示出他对业主的注意和随时为其服务的意向。

如果是在电话中接触,仍然必须让业主感到自己是被注意和承认的。即使员工需要离开电话机解决业主的问题,他也要不时确认一下业主的存在,否则,电话线另一端的业主就会感到被冷落和不受尊敬。

（2）讲究语言艺术

"温语慰心三冬暖,恶语伤人七月寒"。语言是最容易动人心弦的,也是最容易伤透人心的。客户服务人员主要靠语言与客户沟通、交流,他们的语句是否热情、礼貌、准确、得体,直接影响到业主对企业的印象。

一个优秀的客户服务人员的语言,必须具备以下8个特点:

①语言有逻辑性,层次清楚,表达明白。

②突出重点和要点,不需无谓的铺垫。

③不讲多余的话,不啰嗦。

④不夸大其词,不吹牛诓骗。

⑤不污辱、挖苦、讽刺业主。

⑥不与业主发生争论。

⑦话语应因人而异。

⑧不使用粗陋话语,不用方言土语。

同时,尽量使用以下技巧:

①避免使用命令式,多用请求式。

②少用否定句,多用肯定句。

③多用先贬后褒的方法。

④言词生动,语气委婉。

⑤要配合适当的表情和动作。

(3)注意电话礼貌

①接听电话时,发音清楚,音调适中,用愉快、充满生气的声调向对方问好,并自报部门或姓名。如:"您好!××物业服务企业客服部"或"您好!××物业服务企业×××"。

②确定对方要找的正是本部门或本人,确认身份后,再谈正事;若是找人电话要说"请稍等"并迅速转给被找者;若要找的人无法接听时,必须向通话人解释,并询问是否留言,如"对不起,他正在接听电话或他不在办公室,请留下姓名和电话号码,等他回来我请他给你回电话好吗?"等。

③不要让对方等候而又不予反应,要灵活处理。如对方坚持要等,则每隔 20 秒,要回话给来电者,"对不起,让你久等了,他还在接听电话,你是否还要继续等下去或留言给他?"

④当来电者情绪激动时,应保持冷静和镇定,先对对方表示同情,并对给他造成的不便致歉;然后了解情况,适当向对方澄清一些事实;并尽快通知有关部门,迅速采取行动。

⑤接听完投诉后,必须对来电者表示感谢:"谢谢您将此事告知我们。"然后等来电者先挂,你才轻放电话。

⑥通话应简洁明了。来电者如长话连篇,要先控制通话,趁间歇打断谈话,结束话题,有礼貌但态度坚决。

⑦来电者说话含糊不清时,应注意倾听,保持耐心,问清问题所在,重点再复述一遍,友善地给予帮助。

⑧电话响起时,应在三声内接听。

⑨如来电者需要帮助,立即作出反应:"请允许我将电话转给××部门的×小姐,她将会帮助您。"或"我马上联系有关人员,他们会尽快赶到您家中给您提供帮助。"或"对不起,我们没有这项服务,不过我可给您×××的电话号码,或许对您有帮助"。

⑩如需拨打电话,应说:"早上好/下午好,我是××物业服务企业的×××,我可以同×先生讲话吗? 谢谢。"

(4)建立有效的客户服务管理制度

为了提高服务质量和效率,物业服务企业必须制定一系列有效的客户服务管理制度,主要有:客户投诉登记制度,投诉处理作业规程,投诉处理查询系统、回访制度等。

[**案例分析**1]

楼上楼下关系紧张。一日,楼下业主反映楼上漏水,维修人员经查找出源头是楼上的厨房管道漏水。但楼上业主由于对楼下业主有意见,因此不肯配合维修。

讨论:

1.你作为管理处管理人员,如何通过协调沟通来解决楼上漏水楼下遭殃的状况?

2.作为管理人员,如何做得更完美? (提示:除补漏外)

[**案例分析**2]

某日,物管公司保洁员对四楼洗手间进行清洁后,收拾工具并取下门把手上悬挂着的"工作进行中"警示牌准备离去。这时,一名业主推开门进入洗手间,突然,保洁员听到"扑通"的声音,忙过去一看,原来是业主摔倒在地上。

讨论:

1.你是保洁员,发生事故后如何处理?

2.如果业主摔伤,你及物管公司有无责任,为什么?

复习思考题

1. 房屋维修管理的主要内容有哪些?

2. 导致建筑物损耗的因素有哪些?

3. 房屋完损等级分为哪几种类别?

4. 房屋维修施工工程的种类有哪几种?

5. 房屋设备设施管理主要内容有哪些?

6. 房屋设备设施维修工程分为哪几种?

7. 保洁和绿化的内容是什么?

8. 绿化养护管理的具体措施有哪些?

9. 谈谈安保管理的基本要求。

10. 谈加强消防管理的具体措施。

11. 什么是物业管理的非公共性延伸服务?

12. 什么是特约服务和兼营性服务?

13. 论述物业管理综合协调的途径。

14. 客户服务管理的概念和要求有哪些?

15. 业主着急,不能及时上门维修,应采用怎样的态度向业主说明?

16. 外来人员来小区搬运东西,在履行手续时应注意哪些问题? 应采取哪些防范措施才能确保万无一失?

17. 深夜时分,发现进入小区停车场后的车辆已有破损怎么办? 是及时通知车主还是待到次日处理?

18. 为避免上门维修服务过程中导致业主其他物件受损,维修人员应注意哪些工作细节? 发生了物件受损后应如何处理?

第 *10* 章
物业服务企业的财务管理

通常,一个企业生存的目的是:为了达到既定目标,对人力、物力、财力进行相应运作后,能达到最好的企业经济效益。其中,财务管理就是企业有计划的筹措资金,合理使用资金,控制成本,最大限度地提高资金运用效果的行为。

10.1 物业服务企业的财务管理概述

10.1.1 物业服务企业的财务管理

财务管理是依据相关法律法规和制度对企业资金的筹集、投放和分配的财务行为的一种管理。也是在有效控制企业资产运动的基础上处理企业与各方面经济关系的一种综合性管理活动。如果说经济是企业的命脉,那么,作为企业经济行为具体体现的财务管理既是一切管理活动的基础,又是企业管理的中心环节。

物业管理是我国新兴的服务性经营行业,物业服务企业的财务管理符合上述财务管理的共性。作为服务经营性的物业服务企业的资金运动更是其生命线,为保障这根生命线的正常运行,就必须建立健全物业服务企业的财务管理制度和规范企业的财务行为。

1998 年以前,物业服务企业没有本行业的财务管理规定,各企业间执行的财务制度有差距,不利于对物业服务企业实施财务管理和监督,不利于物业服务企业之间开展绩效评价和公平竞争。

为了规范物业服务企业财务行为,加强物业服务企业财务管理和经济核算,1998年 3 月财政部颁发了《物业服务企业财务管理规定》。规定中强调国内各类组织形式的物业服务企业在财务管理工作中应执行《物业服务企业财务管理规定》,除该规定另有规定外,物业服务企业执行《施工、房地产开发企业财务制度》。

10.1.2　物业服务企业财务管理的主要内容

物业服务企业财务管理的主要内容:

①资金筹集、物业服务费用收取、运用的管理。

②经营租赁房产和代租房产租金的管理。

③物业有偿服务费用的管理。

④流动资金和专项资金的管理。

⑤资金分配的管理。

⑥企业固定资产的管理。

⑦财务收支汇总平衡。

⑧企业的应税管理。

10.1.3　物业服务企业财务管理的主要任务

①筹集、收取、管理好资金。即要保证物业经营服务的需要,加速资金周转,不断提高资金运用的效能,尤其是提高自有资金的收益率。物业服务企业的主要经济来源是物业服务费和物业有偿服务费用收入,要全力保证物业服务费的足额收取,加强有偿服务费的收费工作,做到应收尽收。在资金使用上,对各项支出要妥善安排,严格控制,注意节约,防止浪费,充分发挥资金的效能。

②加强经济核算。通过财务运作加强经济核算,改善经营管理,降低修缮、维护、养护成本,不断降低消耗,增加积累,提高投资效益和经济效益。

③积极组织资金。积极组织资金,开辟物业经营市场,"一业为主,多元经营",不断寻求物业经营服务的新增长点,不断拓展物业管理服务的新领域,形成新优势。

④实行财务监督,维护财经纪律。物业服务企业的服务、经营、管理必须依据国家的方针、政策和财经法规以及财务计划,对企业预算开支标准和各项经济指标进行监督,使资金的筹集、收取合理合法,资金运用的效果不断提高,确保资金分配兼顾国家、集体、个人三者的利益。

10.2　物业服务企业财务管理制度和财税政策

10.2.1　物业服务企业的财务管理制度

我国现行的企业财务制度体系由《企业财务通则》、行业财务制度和企业内部财

务管理办法或制度 3 个层次组成。

物业服务企业是房地产开发行业的后续服务产业,其共性财务政策部分,按照 1993 年 1 月 11 日财政部颁发的[1993]财预字第 6 号《施工、房地产开发企业财务制度》执行,其特性财务政策部分按照 1998 年 3 月 12 日财政部颁发的[1998]财基字 7 号《物业服务企业财务管理规定》执行。为了加强物业服务企业财务管理,建立健全企业内部财务约束机制,物业服务企业还应该根据国家统一规定,制定企业内部财务管理办法或制度。

1)物业服务企业内部财务管理办法或制度

物业服务企业内部财务管理办法或制度,是企业根据《企业财务通则》、物业管理行业财务制度的规定,结合物业服务企业本身的服务经营特点和内部管理要求而制定的规范企业内部财务行为的管理办法或制度。它是现行财务制度体系的有机组成部分。

2)物业服务企业内部财务管理办法或制度的主要内容

财务管理制度是物业服务企业内部管理的重要制度,是保证有关财务管理工作规范化、标准化的一系列具体规定。

(1)会计核算方法及凭证账册制度

①会计科目和核算方法在《房地产开发企业会计制度》的基础上,再按照"物业服务企业会计核算补充规定(试行)"执行。结合企业的实际情况,设置银行现金记账、总分类账、各项明细分类账等。

②原始凭证是记账的依据,财会人员必须认真审核各种原始凭证,要求一切原始凭证必须手续完备、合法、内容真实,数字正确,日期和印章齐全,大、小写相符等,不得用白条报账,不得有涂改。一切原始凭证经审核无误后,才能填制记账凭证,据以记账。

③财会人员应对一切原始凭证负责,账簿的记载不得挖补、涂改或用脱色药水消除字迹,记账应使用钢笔,不准用铅笔或圆珠笔,发生错误应根据性质,采用划线更正或红线更正。

④凭证、账册应指定专人列册登记,妥善保管,不得丢失。有关会计报表、账册、会计凭证保存年限按上级规定办理。

⑤指定专人保管一切未使用的空白会计凭证,如:支票、现金收据、发票等,动用时由领用人办理领用手续。对误写的收据或作废的支票,应注销作废章,妥善保存,不得销毁废弃。

(2)货币资金管理制度

①严格按照国家有关现金管理制度的规定,除抵补现金库存外,非经银行同意,不得将业务收入坐支留用,严格分清收支两条线。

②做好库存现金的保管工作,有关证券和现金必须放在银箱里,确保安全。对指定使用备用金的人员必须进行定期检查、核对,做好备用金管理,库存现金不得超过

银行核定的限额。

③建立健全现金账目,做到日清月结,钱账相符,杜绝白条抵库或账外现金,禁止私设"小金库"。

④对超过现金收付限额以上的收付款项,必须通过银行结算。

(3)费用现金报销制度

为了加强现金报销管理,严格执行财政纪律,可对各类现金报销制定以下制度:

①差旅费报销制度。

②医药费报销制度。

③通信费报销制度。

④加班费报销制度。

⑤招待费报销制度等。

(4)往来账目清理制度

做好结账收款工作是保证企业正常运转的重要环节。财会人员要及时结账收款,催收应收账款。过月未收到的账款,要上门催收。对月终尚未清算的债权债务,应查明原因,列出清册。

结账付款工作要严格按照请款批准程序执行。财会人员不能解决的事项应及时上报领导。

(5)会计报表制度

会计报表是经营收支执行情况的重要组成部分,其书面报告是领导和上级主管部门了解企业经济状况和指导工作的重要信息资料,也是编制收支计划的重要依据。所以,要保证报表的数字准确,内容完整,报送及时,手续完备。对年度决算报表,应附有分析收支计划执行情况的说明。

(6)固定资产管理制度

固定资产是指使用期限较长,单位价值较高,在使用过程中保持原有实物形态的资产,是管理公司为业主服务的所必须的物质条件。为保证固定资产的安全完整,提高使用效率,应管好用好这些资产,提高服务效益和经济效率。

物业服务企业固定资产的一般范围和分类:

①凡单价在 200 元以上的一般设备,单价在 500 元以上的专用设备,其耐用时间在一年以上的,可列为固定资产。

②不满上述金额的设备而耐用时间在一年以上的大批量同类财产,也列为固定资产。

③固定资产分为房屋及建筑物,专用设备,家具设备,电气设备,一般设备等大类。

固定资产管理制度通常包括:计划、采购、验收、建卡、账务、领用、报损报废、盘点等细项组成。

(7)财会部门和人员的岗位职责

岗位职责是规范财务部门和财务人员财务行为的基本制度。

例:某物业服务企业财务人员的岗位职责

①财会部经理(副经理)岗位职责:

A. 依据国家对物业服务企业财会管理的有关法规、政策、文件,建立健全公司会计核算制度和财务管理制度及操作程序;

B. 组织公司的财会管理工作,当好公司负责人的经营管理参谋;

C. 组织编制公司的年度财务预决算报告,落实和监督财会计划执行情况;

D. 审查每月、每季各种会计报表和统计报表,写出财务分析报告,送公司负责人审阅;

E. 检查、督导物业管理各项费用的及时收缴,保证公司资金的正常运转;

F. 审核控制各项费用的支出,杜绝浪费;

G. 组织拟订物业管理各项费用标准的预算方案,送公司领导、业主委员会和相关主管部门审核、修订;

H. 研究、熟悉和实施各相关工商、税务、物价、财会等管理制度,运用法律、行政和经济手段保护公司的合法权益;

I. 完成上级交办的其他工作,并对其结果负责。

②财会部会计(助理会计)岗位职责:

A. 具体做好本部门的日常财会管理工作,向财会部经理负责;

B. 做好各种会计凭证和财务处理工作;

C. 做好月、季、年的各种会计报表,定期向公司和业主委员会公布管理费收缴和使用情况;

E. 负责检查、审核各经营管理部门及下属机构的收支账目,向部门和公司领导及时汇报工作情况;

F. 定期检查银行、库存现金和资产账目,做到账账相符,账实相符;

G. 负责公司的完税工作及相应报表的编制;

H. 对固定资产进行分类核算,建立账卡、计提折旧,定期清查资产,做到账、物、卡三者相符;

I. 完成上级交办的其他工作。

③财会部出纳岗位职责:

A. 遵守公司员工守则和财会管理制度;

B. 管理好公司的银行存款、现金库存,保管好相应的各种银行支票、印章、现金、有价证券等;

C. 编制有关现金、支票等的记账凭单,做好银行日记账、现金日记账的记账工作;

D. 督导追收公司各种应收款项,保护公司和业主利益不受损失;

E. 及时办理各种转账、现金支票、现金的进出银行,按月将银行存款余额与银行对账单核对相符,交会计作账;

F. 完成上级交办的其他工作。

④财会部收银员岗位职责:

A. 遵守公司员工守则和财会管理制度;

B. 按公司与业主约定的收费时段和政府核批的收费标准进行收费工作,每日及时清点,做到账款相符,并按时上交所收各项钱款,严禁挪用;

C. 及时、准确、真实、完整地编制相关报表,及时反映收费中出现的问题;

D. 协助业主办理不同的缴费方式;

E. 按公司的有关规定对欠缴费用的业主采取电话、上门、书面通知的方法进行催收,对拒不缴纳相关费用的业主要及时向上级汇报,以便采取追收措施;

F. 完成上级交办的其他工作。

10.2.2　物业服务企业的财税政策

纳税是指企业在一定时期内取得的经营收入和实现的利润,按国家税法的规定,依法按时向税务机关缴纳税金的行为。纳税是每一个企业的应尽义务。

物业服务企业作为新兴的服务型经营性企业,属服务行业,国家给予了一系列的优惠政策。在税收方面,享受国家对第三产业的税收优惠政策。

物业服务企业现阶段的纳税主要为营业税、城市维护建设税、教育费附加。

其中:营业税 = 经营收入 ×5%

城市维护建设税 = 营业税 ×7%

教育费附加 = 营业税 ×3%

"两税一费"合并税率为 5.5%。

另外,根据物业服务企业的实际运作或经营的内容,可能还涉及其他的应税,如:房产税、土地使用税、印花税、车船使用税、所得税等。

根据国务院颁发的《物业管理条例》第四十二条:"建筑区划内,供水、供电、供气、供热、通讯、有线电视等单位应当向最终用户收取费用。"但是,物业服务企业在物业服务实践中,现在还存在诸如水、电、气等的代收代付项目。对于这类代收代付项目的税收问题,按照国家税务总局国税发〔1998〕217 号文《关于物业服务企业代收费用有关营业税问题的通知》精神执行:物业服务企业代有关部门收取水费、电费、燃(煤)气费、维修基金(编者注:现为维修资金)、房租的行为,属于营业税"服务业"税目中的"代理"业务,因此,对物业服务企业代有关部门收取的水费、电费、燃(煤)气费、维修基金、房租不计征营业税,对其从事此项代理业务取得的手续费收入应当征收营业税。

10.3　物业管理资金筹措

10.3.1　物业管理前期介入阶段的物业管理资金筹措

在物业管理前期介入阶段,物业服务企业的物业管理资金筹措主要方式为:
①物业服务企业积极与开发建设单位协商,争取开发建设单位的支持,由开发建

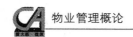

设单位拨给一定的资金作为物业管理前期介入阶段的物业管理费用。

②由物业服务企业提供一部分启动资金,加上开发建设单位的一部分补贴,组成物业管理前期介入阶段的物业管理费用。

③将来,随着物业管理行业的发展,由物业服务企业全额带资介入物业管理前期阶段的物业管理必会成为现实。

10.3.2　正常物业管理服务阶段的物业管理资金筹措

当按照售房合同的交房日期,将经过相关部门通过竣工验收合格的物业(房子)交付给业主后,从售房合同签订的交房日期起,物业管理就进入了正常的物业服务阶段。

在正常的物业管理服务阶段,物业服务企业的物业管理资金来源为:

①按照协商确定的标准收取物业管理服务费,这是物业管理服务的最主要的,也是最重要的资金来源。

②根据物业的具体条件和具体情况,由物业服务企业开展的多种经营服务所取得的经营收入。多种经营服务收入主要指物业服务企业以中介服务形式从事有关房地产方面的各种业务(如,房屋出租、估价咨询等)或以商业性服务(如,对业主的一系列有偿特约服务,像室内保洁、维修、老人陪护等及通过经营娱乐活动场所、超市等配套服务设施)取得的经营收费。这些收入既丰富了业主的生活,又可以改善物业的服务质量,还可以补充物业管理服务费用的不足,使业主享受到更加便捷和超值的服务,同时,也增强了物业服务企业的活力和竞争力。

10.4　财务预算

对于一个物业服务企业在它面对服务的物业时,必须要做的头一件工作就是对所管理服务的对象做出全面、详尽的财务预算。其结果将直接影响到管理服务的质量和成败。

10.4.1　物业管理服务成本和费用的主要内容

根据财政部 1998 年 3 月 12 日财基字[1998]7 号文,关于印发《物业服务企业财务管理规定》的通知,物业管理服务成本和费用的主要内容我们通常把它们归纳为:

①管理、服务人员的工资和按规定提取的福利费。

②公共设施、设备日常运行、维修及保养费。

③绿化管理费。

④清洁卫生费。

⑤保安费。

⑥办公费。

⑦物业服务企业固定资产折旧费。

⑧物业服务企业酬金(企业合理利润)。

⑨法定税费。

10.4.2　物业管理服务成本和费用的测算方法

1)单位面积费用

每平方米建筑面积的物业管理服务成本和费用可用一个简单的公式来表示:

$$P = \sum X_i (i = 1,2,3,\cdots)/S$$

式中　P——每平方米建筑面积的物业管理服务成本和费用标准,元/(月·m²);

　　　X_i——各项(如,绿化、保安、维修、人员工资等)成本和费用,元/月;

　　　i——各分项项数(在具体测算中,可以根据实际情况和要求来细分);

　　　S——总建筑面积,m²。

2)分项测算

①管理、服务人员的工资和按规定提取的福利费:

$X_1 =$ 所有人员月基本工资 + 各项福利 + 各项保险 + 服装摊销 + 其他补贴等

②公共设施、设备日常运行、维修及保养费:

$X_2 =$ 设施设备保养费 + 易损件更换费用 + 小修费等

单位为:元/月

③绿化管理费:

$X_3 =$ 月用化肥 + 农药 + 工具摊销 + 绿化用水等

单位为:元/月

④清洁卫生费:

$X_4 =$ 月用清洁用品 + 清洁用水 + 工具摊销 + 垃圾清运费 + 消杀用品等

单位为:元/月

⑤保安费:

$X_5 =$ 月保安器材摊销 + 保安器材维护费 + 保安人员住房租金等

单位为:元/月

⑥办公费:

$X_6 =$ 月交通费 + 通信费 + 书报费 + 低值易耗办公用品费 + 办公用水电等

单位为:元/月

⑦物业服务企业固定资产折旧费:

$X_7 =$ 固定资产总额/(折旧年限 × 12 月)

单位为:元/月

⑧物业服务企业酬金(企业合理利润):

X_8 = 前7项之和 × 利润率

其中:利润率各地根据实际情况确定,一般控制在5% ~ 10%。

单位为:元/月

⑨法定税费:

X_9 = 营业税 + 城市建设维护税 + 教育附加费 + 其他税费

其中:营业税、城市建设维护税、教育附加费"两税一费"合计税率为5.5%,这是物业管理管理企业最主要的税费。所以:

$X_9 = (X_1 + X_2 + \cdots X_8) \times 5.5\%$

单位为:元/月

通过分项计算,把X_1至X_9合起来再除以总建筑面积,我们就能得到每平方米建筑面积所需的物业管理服务成本和费用了。

3)实际中我们通常的测算方法(以某地某高档电梯公寓为例来表述)

建筑面积:50 000 m²　　户数:350 户　　车位:300 个

绿地率:60%　　游泳池:1 个　　会所:500 m²

(注:本例中的车位、游泳池、会所均为业主共同所有。业主及亲朋好友的消费收入,应以物业服务合同约定的比例补充到物业服务费用中。)

(1)管理服务成本和费用测算总表(见表10.1)

表10.1　管理服务成本和费用测算总表

序号	支出项目	月计/元
1	管理人员、员工的工资、保险费及福利	51 604
2	公共用电	32 774.5
3	公共用水	2 688
4	行政办公	5 800
5	公共保险	2 000
6	统一服装费用	1 450
7	设施设备维修、保养	8 100
8	清洁卫生	4 100
9	公共绿化	4 200
10	差旅、交通	3 000
11	员工招聘、培训	1 100
12	接待	2 800

序号	支出项目	月计/元
13	不可遇见费(含坏账准备,一般为前 1 ~ 12 项总和的 3‰ ~ 5‰)	3 000
14	管理公司酬金(按相关规定以前 1 ~ 13 项的总和的 8% 计)	9 809.32
15	应交税费(营业税、城建税、教育附加费按 1 ~ 14 项的总和的 5.5% 计)	7 283.42
16	税后支出合计	139 709.24
	收入项目	
1	停车费(地下车位 100,150 元/个;地上车位 200 个,70 元/个)	29 000
2	其他服务性收入(外来车辆临停、游泳池、会所、业主报修及有偿服务等)	4 000
3	房屋出租及管理	3 000
4	其他	
5	合计	36 000
	管理服务成本和费用测算结果	
	(税后支出合计 – 收入项目)÷建筑面积: (139 709.24 元 – 36 000 元)÷ 50 000 m^2 = 2.07 元/m^2	

(2)管理服务成本和费用的测算明细分表

①管理人员、员工的工资、保险费及福利(见表 10.2)。

表 10.2 管理服务成本和费用的测算明细分表 单位:元

序号	岗 位	人数	工资	保险费	福利	工资额
1	总经理	1	2 600	650	208	3 458
2	总经理助理	1	1 300	325	104	1 729
3	文员	2	2 × 800	2 × 200	2 × 64	2 128
4	会计	1	1 200	300	96	1 596
5	出纳	1	1 000	250	80	1 330
6	保安部长	1	1 200	300	96	1 596
7	保安队员	18	18 × 700	18 × 175	18 × 56	16 758
8	保洁部长	1	1 000	250	80	1 330
9	保洁工	12	12 × 500	12 × 125	12 × 40	7 980
10	电气工程师	1	1 300	325	104	1 729
11	电工	4	4 × 800	4 × 200	4 × 64	4 256
12	给排水工程师	1	1 200	300	96	1 596
13	水管工	3	3 × 700	3 × 175	3 × 56	2 793

续表

序号	岗 位	人数	工资	保险费	福利	工资额
14	园艺工	1	1 000	250	80	1 330
15	普工	3	3×500	3×125	3×40	1 995
16	合计	51	38 800	9 700	3 104	51 604

说明:1. 本表所列的工资、津贴、福利均以本例所在地劳动力市场为参考;

2. 保险费按当地政府相关规定要为员工购买占工资额25%的保险,其中医疗保险8%、养老13%、工伤2.5%、失业1.5%(具体的各种保险比例应以当地社保局的相关规定为准);

3. 福利按一般原则为工资的8%。

②公共用电(见表10.3)。

表10.3 公共用电

序号	项 目	数量 /台	总功率 /kW	月运行时间 /h	负载率 /%	月耗电 /(kW·h)	电 价 /(元·kW^{-1}·h^{-1})	小计 /元
1	电梯	8	8×25	12×30	60	43 200	0.50	21 600
2	送风机	10	10×0.3	12×30	75	810	0.50	405
3	排烟机	10	10×0.3	12×30	75	810	0.50	405
4	高区消火泵	4	4×25	2	100	200	0.50	100
5	低区喷淋泵	4	4×18	2	100	144	0.50	72
6	消防控制系统	1	1.0	24×30	100	720	0.50	360
7	高区生活泵	4	4×5.5	2×30	75	990	0.50	495
8	生活恒压泵	4	4×1.0	24×30	100	2 880	0.50	1 440
9	排污泵	6	6×1.0	5×30	75	675	0.50	337.5
10	安防系统	1	1.0	24×30	100	720	0.50	360
11	公用照明		20	24×30	75	10 800	0.50	5 400
12	会所用店		10	24×30	50	3 600	0.50	1 800
13	合计							32 774.5

③公共用水(见表10.4)。

表 10.4　公共用水

序号	项　目	月量/t	单价/(元·t^{-1})	小计/元
1	清洁	200	1.30	260
2	绿化	200	1.30	260
3	消防测试	10	1.30	23
4	水池景观	150	1.30	195
5	游泳池	1 500	1.30	1 950
6	合计			2 688

④行政办工(见表 10.5)。

表 10.5　行政办公

序号	项　目	月计/元
1	办公设备维修(电脑、复印、传真等)	500
2	通讯(电话、手机、寻呼机添置摊销和服务、通话费,信函等)	1 000
3	办公设施(文件柜、办公桌、椅等添置和维修)	300
4	财会费用(账册、表格、报税、年审等)	300
5	低值易耗品(纸、笔、墨、胶水等)	500
6	书报费(专业杂志、法规、报刊等)	100
7	办公用水、电	1 000
8	社区文化活动	1 000
9	办公设备、设施折旧	1 000
10	其他	
11	合计	5 800

⑤公共保险(见表 10.6)。

表 10.6　公共保险

序号	项　目	月计/元
1	小区公共财产保险(一般按设备总值的 3‰计)	1 500
2	第三者意外保险	500
3	其他	
4	合计	2 000

⑥统一服装费用(见表 10.7)。

表 10.7　统一服装费用

序号	项目	数量/人	单价/元	小计/元	月计/元
1	管理人员冬、夏各二套	6	冬:2×300 夏:2×150	5 400	服装以使用二年计 34 800÷24＝1 450
2	保安人员冬、夏各二套	19	冬:2×350 夏:2×150	19 000	
3	工程人员冬、夏各二套	9	冬:2×150 夏:2×50	3 600	
4	保洁、园艺冬、夏各二套	17	冬:2×150 夏:2×50	6 800	
5	其他				
6	合计			34 800	1 450

⑦设施设备维修、保养(见表 10.8)。

表 10.8　设施设备维修、保养

序号	项　目	月计/元
1	电梯外包专业公司维保	3 000
2	强电外包测试(高压绝缘、接触器、变压器、开关柜等)	500
3	弱电外包测试(宽带、光纤、通讯、监控系统等)	1 000
4	消防系统测试、检修(探头、灭火器等)	800
5	备用发电机维保及油耗	1 000
6	公共照明系统(换灯泡、开关、插座、熔丝等)	800
7	公用水泵维保	800
8	公用风机维保	200
9	其他	
10	合计	8 100

⑧清洁卫生(见表 10.9)。

表 10.9　清洁卫生

序号	项　目	月计/元
1	清洗专用设备维保(抛光机、吸尘器等)	300
2	清洁易耗品(扫帚、拖把、抹布、可降解垃圾带等)	1 500
3	垃圾筒、箱、水桶等物品的维修、更换	500
4	生活水箱的定时清洗、消毒	500

续表

序号	项　目	月计/元
5	下水管道的疏通、清淤	300
6	垃圾清运	500
7	政府收费(门前三包、灭四害、排污等)	500
8	其他	
9	合计	4 100

⑨公共绿化(见表 10.10)。

表 10.10　公共绿化

序号	项　目	月计/元
1	园艺保养(按每平方米绿地 0.10 元计)	3 000
2	园林工具维修、更换(剪草机、锄、耙、斧、锯等)	500
3	草木更新	500
4	节日的观赏植物租摆	200
5	其他	
6	合计	4 200

⑩差旅、交通(见表 10.11)。

表 10.11　差旅交通

序号	项　目	月计/元
1	差旅费	500
2	汽车费用(保险、养路、油料、路桥、停车、维修、折旧等)	2 500
3	其他	
4	合计	3 000

⑪员工招聘、培训(见表 10.12)。

表 10.12　员工招聘、培训

序号	项　目	月计/元
1	招聘广告	400
2	培训(技能、上岗证等)	500
3	外来人员用工管理费	200
4	其他	
5	合计	1 100

⑫接待(见表10.13)。

表10.13　接待

序号	项　目	月计/元
1	应酬	1 500
2	节日、联谊	500
3	业主委员会开支	800
4	其他	
5	合计	2 800

10.5　财务核算和财务分析

物业服务企业的财务核算和财务分析是物业服务企业财务管理的重要内容,而物业服务企业财务管理与物业服务企业会计核算有着密切的联系。一方面,会计核算对业务的处理要以财务制度为依据;另一方面,财务管理离不开会计,财务管理需要会计日常核算提供经营活动的原始记录作为管理的依据,财务管理的定额管理需要与会计核算相配合,财务管理的财产管理需要运用会计进行财产清查的方法,财务预算、财务计划的编制、调整都离不开会计提供的资料。因此,物业服务企业的财务核算和财务分析是建立在物业服务企业会计核算基础之上的。

10.5.1　财务核算

财务核算通过观察、计量、登记、综合、检查和分析等方法,应用实物、劳动、货币3种计量单位,反映和监督企业内部各核算单位服务经营过程的劳动消耗、物质损耗和资金占用及其经济效果。财务核算的方法是根据审核后的原始凭证,运用会计科目,填制记账凭证、登记会计账簿,以货币为计算尺度,连续、系统、全面地记录、核算各核算单位或核算项目的经济活动过程,从数量上反映和监督企业的服务经营活动及经营成果。

财政部颁发的《企业会计准则》,是所有企业会计财务行为应共同遵守的基本原则。物业服务企业会计核算方法应按照财政部财会字[1999]0044号"关于物业服务企业执行《房地产开发企业会计制度》有关问题的通知"执行。即:物业服务企业会计核算方法应在《房地产开发企业会计制度》的基础上,再按照"物业服务企业会计核算补充规定(试行)"执行。

根据财政部1999年12月1日财会字[1999]0044号文关于物业服务企业执行《房地产开发企业会计制度》有关问题的通知,物业服务企业应统一会计科目和会计报表。

（1）物业服务企业的会计科目

通常物业服务企业会计科目包括如下（表10.14）：

表10.14　物业服务企业会计科目

序号	编号	科目名称	序号	编号	科目名称
		一、资产类	32	203	应付账款
1	101	现金	33	204	预收账款
2	102	银行存款	34	209	其他应付款
3	109	其他货币资金	35	211	应付工资
4	111	短期投资	36	214	应付福利费
5	112	应收票据	37	221	应交税金
6	113	应收账款	38	223	应付利润
7	114	坏账准备	39	229	其他应交款
8	115	预付账款	40	231	预提费用
9	119	其他应收款	41	241	长期借款
10	121	物资采购	42	251	应付债券
11	123	采购保管费	43	261	长期应付款
12	124	库存材料			三、所有者权益类
13	125	库存设备	44	301	实收资本
14	129	低值易耗品	45	311	资本公积
15	131	材料成本差异	46	313	盈余公积
16	133	委托加工材料	47	321	本年利润
17	135	开发产品	48	322	利润分配
18	136	分期收款开发产品			四、成本类
19	137	出租开发产品	49	401	开发成本
20	138	周转房	50	407	开发间接费用
21	139	待摊费用			五、损益类
22	141	长期投资	51	501	经营收入
23	151	固定资产	52	502	经营成本
24	155	累计折旧	53	503	销售费用
25	156	固定资产清理	54	504	经营税金及附加
26	159	固定资产购建支出	55	511	其他业务收入
27	161	无形资产	56	512	其他业务支出
28	171	递延资产	57	521	管理费用
29	181	待处理财产损溢	58	522	财务费用
		二、负债类	59	531	投资收益
30	201	短期借款	60	541	营业外收入
31	202	应付票据	61	542	营业外支出

（2）物业服务企业的会计报表

通常物业服务企业会计科目包括如下（表 10.15）：

表 10.15　物业服务企业会计科目

报表编号	会计报表名称	编报期
会开 01 表	资产负债表	月报
会开 02 表	损益表	月报
会开 03 表	现金流量表	年报
会开 02 表附表	利润分配表	年报

（3）按财务核算单位和部门分别立账核算

为了对各核算单位和部门的服务经营状况能确切地加以考核和评定，应分别记录、核算、登账，做到手续完备、内容真实、数字准确、账目清楚。

（4）核算规范化

会计凭证、会计账册和会计报表要根据实际发生的经济业务进行登记，符合会计制度的规定。收款凭证和付款凭证必须按照发生款项内容填制清楚，经出纳人员签章后才能生效。转账凭证要由经管会计填制。健全核算程序，一切记账凭证必须经指定的审核人员签章后，才能记账。

（5）原始凭证的审核

财会人员要认真审核各种原始凭证，遇有伪造或涂改凭证、虚冒领款的行为，应拒绝受理，并及时向领导报告。一切原始凭证必须手续完备、内容真实、数字准确、账目清楚，经指定的审核人员审核签章后，才能记账结算。

（6）空白凭证的管理

未使用的重要空白凭证，如支票、收据、发货票据、定额票据要由专人保管。领用时要由领用人按相关制度办理领用手续，按时结算。

（7）核算时效

一般规定：物业服务企业向政府有关部门报出的月会计报表在月末后 10 天内报出，季会计报表在季末后 15 天内报出，年度会计报表在年末后 20 天内报出。对企业各部门的服务经营款项以制度的形式，按时上缴企业财务入账，以便企业会计核算及编制会计报表。

10.5.2　财务分析

物业服务企业的财务分析跟一般企业的财务分析一样，是利用会计、统计、业务核算、计划等有关资料，通过一定的会计技术方法，对一定期间的服务经营活动过程及结果进行比较，依据一定的原则，对企业财务状况进行科学的评价，找出存在的问题和原因，以便采取措施，挖掘内部潜力，提高服务经营管理的水平和效益。

1) 财务分析的主要内容

（1）资金来源、筹措与使用分析

包括资金来源、筹措与使用状况的一般分析；资金利用情况的分析；物业管理服务费和其他经营收入的分析；专项维修资金和日常维修资金的分析；流动资金周转率的分析等。

（2）成本和费用分析

财务的成本和费用分析是指物业服务经营过程中各项成本和费用的执行情况分析。包括实际成本和费用是否超出计划预期数及其原因；各项管理费用的构成、支出及比例是否合理；公共能源消耗情况等。由于在物业服务过程中，物业服务企业主要提供的是劳务，因此，应突出对人工劳务费用的分析。

（3）利润分析

对实行酬金制的物业服务企业，企业的利润是相对固定的。对实行包干制的物业服务企业主要分析税前利润、税后利润及税后利润的分配。

（4）服务经营情况的分析

在以上 3 个方面分析的基础上，对物业服务企业的服务经营管理活动做出全面的综合分析，得到科学的评价。并通过与服务经营管理计划、财务计划及同行业其他企业的对比，找出差距，分析原因，以便改进工作。

2) 财务分析的方法

（1）比较分析法

比较分析法主要是将会计报表提供的有关指标的本期实际数与基数进行对比，计算实际数与基数的差异，分析形成差异的原因，掌握企业财务状况、经营成果和变动情况与变动趋势。基数的取得可以是本期计划数、前期实际数或本企业历史最优数及同行业的同类指标数。

（2）比率分析法

比率分析法主要是把对比的数值改为相对数，计算出比率，然后进行对比分析。一般有趋势比率分析、构成比率分析、相关比率分析。

根据物业服务企业财务报表的结构与内容，通常采用如下一些比率指标。

①偿债能力指标。偿债能力是企业清偿债务的能力，这类指标主要有：

A. 流动比率。流动比率是指流动资产与流动负债的比率，它可反映企业短期债务到期前的变现程度。该指标以 2：1 比较合理。

流动比率 =（流动资产÷流动负债）×100%

B. 速动比率。速动比率是指速动资产与流动负债的比率，它反映企业流动资产中可以立即用于偿还流动负债的能力。该指标以 1：1 比较合理。

速动资产 = 流动资产 −（存货 + 待摊及预付费用）

速动比率 =（速动资产÷流动负债）×100%

C. 资产负债率。资产负债率是指负债总额与资产总额之比。

资产负债率 =（负债总额÷资产总额）×100%

D. 债务资本比率。债务资本比率是指企业负债总额与所有者权益总额之比。

债务资本比率 =（负债总额÷所有者权益总额）×100%

②营运能力指标。营运能力指标以各种周转率为计算主体。它反映企业的使用其经济资源或资本效率的有效性，该指标又称作资金周转指标、业务比率或经营比率。主要包括以下指标：

A. 应收账款周转率。应收账款周转率是指赊销收入净额与平均应收款余额的比率，它反映企业应收账款的流动程度。

赊销收入净额 = 销售收入 - 现销收入 - 销售退回、折让与折扣

平均应收款余额 =（初期应收账款 - 期末应收账款）÷2

应收账款周转率 =（赊销收入净额÷平均应收款余额）×100%

B. 流动资产周转率。流动资产周转率是指经营收入与流动资产的比率，它反映企业流动资金的周转速度。

流动资产周转率 =（经营收入÷流动资产）×100%

C. 存货周转率。存货周转率是指销货成本与存货平均余额的比率，它反映企业销售能力和存货是否合理。

平均存货 =（期初存货 + 期末存货）÷2

存货周转率 =（销货成本÷存货平均余额）×100%

③盈利能力指标。盈利能力指标是指考察企业盈利情况，借以评价企业经营成果的指标，主要有以下指标：

A. 资本金利润率。资本金利润率是指利润总额与注册资本金总额的比率，它反映投资者投入资本金的获利能力。

资本金利润率 =（利润总额÷注册资本金总额）×100%

B. 资本利润率。资本利润率是指企业利润总额与所有者权益总额的比率。

资本利润率 =（利润总额÷所有者权益总额）×100%

C. 销售利润率。销售利润率是指税后利润与经营收入的比率。

销售利润率 =（税后利润÷经营收入）×100%

D. 成本费用利润率。成本费用利润率是指利润总额与成本费用总额的比率，它反映了成本费用与利润的关系。

成本费用总额 = 销售成本 + 销售税金及附加 + 销售费用 + 管理费用 + 财务费用

成本费用利润率 =（利润总额÷成本费用总额）×100%

E. 营业利润率。营业利润率是指营业利润与营业收入的比率，它反映了营业收入的收益水平。

营业利润率 =（营业利润÷营业收入）×100%

总之，物业服务企业的财务分析内容和方法，可依照上面的一些财务分析方式结合物业服务企业自身的具体情况进行，在实践中逐渐形成符合自身行业特点的财务

分析内容、种类和方法。

［案例分析 1］

为了促销,深圳某房地产商在《深圳特区报》和《深圳商报》连续做大幅广告称:"首 100 家业主,免终身物业管理费"等。许多开发商纷纷效仿,在物业管理费上大做文章,从"免收三年物业管理费"到"终身零物业管理费"服务,开发商随口承诺对物业管理正常运作形成了巨大威胁。

讨论:免收物业管理费可行否? 合法否(从物业管理的基本特点、业主的自治自主权利和承诺是否隐含欺诈性几方面来讨论)?

［案例分析 2］

朱先生第一批住进新买的房子后,交物业管理费时发现,收费标准比原来买房时定的标准多了 1 元,物业服务企业的解释是,还有一部分房子没有卖出去,那部分房子的应分摊的物业管理费就要暂时由已入住的业主来承担,因为已入住的这部分业主是楼宇公共部位公共设施的完全使用者。待房子都卖出去了,再重新分摊到每户业主身上。

讨论:

1. 这种处理办法合理吗?

2. 业主有义务来承担这部分空置房的物业管理费吗?

3. 应由谁来承担这种空置房的物业管理费?

复习思考题

1. 物业服务企业属于我国现行的哪类产业? 它有哪些特点?

2. 物业服务企业的财务管理执行哪类企业的财务制度?

3. 专项维修资金指的是什么?

4. 国家对物业服务企业会计核算是如何规定的?

5. 物业管理服务成本和费用由哪些内容组成?

6. 物业服务企业主要的纳税有哪些?

7. 财务分析包括哪些内容?

8. 物业管理费可以提前几年预收吗?

第**11**章
各种类型物业的物业管理

物业根据它们的不同功能和用途,可将物业分为许多类型,如住宅小区、写字楼、商业中心、工厂、别墅、特种物业等。本章主要是对各类物业的管理服务特点、要求及形式进行介绍和阐述。

11.1 住宅小区的物业管理

11.1.1 住宅小区的概念和特点

1)住宅小区的概念

住宅小区是指按统一规划、综合开发、配套建设和统一管理的原则开发建设的,具有比较齐全的公共配套设施,且建筑面积达到一定规模,能满足业主正常物质文化需求,并为交通干道所分割或自然界限所围成的相对独立集中的生活区域。

一个完整的住宅小区既是成片的住宅,具有配套市政设施、生活服务设施、商业网点和室外绿化构成的物质生活环境,又具有人际关系和体现社会公德的社会环境。所以说住宅小区是一个微型社会。

2)住宅小区的功能

①居住功能。这是住宅小区最基本的功能,住宅作为人类基本的生活资料,能提供人们栖息、睡眠的寓所。

②服务功能。住宅小区的配套设施及有关机构应能为居住者提供多方面的、多

层次的优质服务,如幼儿园、商场菜场、银行邮局等。

③城市功能。住宅小区的发展是城市发展的重要组成部分,小区的绿化和环保是构成城市绿化和环保的最重要组成部分;小区文化与文明是城市文化与文明的具体体现。

④市场功能。住宅小区的建设和管理都是市场经济条件下的经营活动,如小区房屋买卖、租赁、经营,针对性的有偿服务,契约化的管理等都体现了市场化的运作。

⑤社会功能。小区的主体是居民,居民的活动是社会活动在小区内设有行政机关、商业服务和各类社会团体等,形成了一个为居民服务,相互影响、相互制约的社会网络。

3) 住宅小区的特点

(1) 规划建设集中化

现代城市规划和建设要求住宅小区向集中化、规模化、综合化、现代化方向发展。在小区建设时要考虑物业建筑的整体布局、外观的协调、合理的通风与采光及楼房高低的疏密配置。此外,还要考虑文化生活服务设施及市政基础设施的配套,统筹安排,统一规划和建设。

(2) 建筑形式多样化

小区建设要体现现代城市美和民族与地方的特色,物业建筑无论是外观与色彩,还是内部装修都要丰富多彩、风格各异,园林小品布局合理、错落有致,从整体到局部都要鲜明的特色。

(3) 公用设施系统化

小区地上建筑与地下设施组成一个不可分割的整体,供电、供水、供暖、排水、供气、通讯等各种管道和设施形成了一个庞大的、复杂的网络体系。

(4) 物业产权多元化

住房商品化使产权结构发生重大变化。小区的物业产权可以是国家所有、集体所有、个人所有、外资所有或混合所有等,形成了产权多元化的格局。

11.1.2　住宅小区物业管理的概念

1) 住宅小区物业管理

住宅小区物业管理是指在小区范围内,以住宅房屋及配套的设施设备和场地为对象,以为业主和使用人提供全方位服务为核心的一系列管理服务活动的总称。

2) 住宅小区物业管理内容

营造舒适、安全、健康、和谐的人居环境,实现物业保值、增值,促进小区文化与文

明的发展是小区物业管理的最重要的内容。具体来讲有下面几点：

①房屋及设备的管理。小区内房屋及设备的管理,关系到住宅功能发挥,物业的保值、增值,以及小区的整体形象和物业服务企业的信誉。物业服务企业要指导业主正确使用设施设备,减少人为损坏,对房屋及设备要及时维修和养护,消灭隐患,保证正常使用。

②环境卫生和绿化管理。环境卫生和绿化关系到小区的容貌和精神文明建设,要树立讲卫生、爱护花草的良好风尚。对绿地、花坛要有人侍弄、浇灌;场地、道路要有人清扫,垃圾及时清运,落实责任制,强化服务意识。

③安全管理。住宅小区安全管理的目标是保障小区安全与安宁,主要包括治安管理和消防管理。常住人员应办理出入证,对来访人员礼貌询问,限制摊贩进入小区,24小时值班巡逻等。

④车辆管理。随着人们的生活水平提高,小区车辆不断增加,车辆管理成为小区管理新增加的重要管理内容。合理设置停车场地,建立车辆进出领、交证制,车辆在小区行驶应限速等。

⑤综合经营管理。物业服务企业可根据小区情况,开展一些物业租赁业务,有偿性综合经营服务,创造一定的经济效益。

⑥财务管理。根据委托合同约定合理收取管理费用,做到收费与服务相适应,定期向业主和使用人公布费用使用状况。

3)住宅小区物业管理特点

①管理机构的统一性。小区产权多元化,需要由一个物业服务企业对小区各种管理项目实行统一的管理,避免多头的、混乱的管理。

②小区管理的综合性。小区房屋及设施设备多种多样,业主和使用人情况复杂,物业管理涉及面广。因此,管理工作综合性强。

③业主的自治管理。业主通过自治组织业主大会选聘物业服务企业,签订物业服务合同,并对物业管理过程进行监督。

11.1.3　住宅小区物业管理的模式和要求

1)住宅小区物业管理模式

我国住宅小区管理模式由于历史原因,目前有4种基本形式:

(1)以房管所为主的管理模式

这种模式主要集中在城市的旧城区的直管或托管住宅,是历史原因造成的。这种模式一般只有维修而没有更多的服务。

(2)以街道办事处为主的管理模式

小区的管理以街道办事处为主,具体由居委会执行。管理以综合性管理为主,不管理房屋的维修,专业服务性不强。

（3）以街道办事处为主三结合的管理模式

以街道办事处牵头,由派出所及小区开发单位共同组织管理委员会,负责小区的日常事务管理与专业维修及其他服务。这种方式容易形成多头管理,行政机关过多干预,不利于物业管理市场发展。

（4）专业化物业服务企业的管理模式

由住宅小区开发商或业主大会通过公开招标方式,选聘专业物业服务企业,并签订物业管理委托合同,将小区物业和配套的设施设备及场地交由物业服务企业统一管理。这既体现了物业管理的专业化、社会化、规范化,又体现了物业管理市场经济内在要求,它代表了我国物业管理的发展方向。

2）住宅小区物业管理要求

（1）增强物业功能

物业管理要做好物业的维护保养,加强附属配套设施的养护,不断采用现代化的先进手段,确保物业正常使用,延长物业寿命,使物业功能全面、持久地发挥作用。

（2）改善居住环境

物业服务企业应努力创造和改善小区的物质环境及社会环境,协调和理顺小区内外的各种关系,建设一个人人平等,心情舒畅的文明小社会。

（3）加强物业服务企业自身建设

只有重视和加强企业自身建设,提高企业从业人员的整体素质,才能提高物业服务企业的管理水平和服务质量。

11.2　公寓物业管理

11.2.1　公寓的概念和特点

1）公寓的概念

公寓,一般指具有分层住宅形态,各有室号及专门出入,成为各个独立单位的物业。公寓大都要求有完善的设施设备,装修精致,厅室齐备,配备家具和部分电器设备。公寓有普通公寓和高档公寓之分,如青年公寓、学生公寓等属于普通公寓,酒店式公寓等属于高档公寓。我们这里讲的是高档公寓。

2）高档公寓的特点

高档公寓除具有住宅物业的共性外,还具有:

①封闭性和共处性。公寓的每个单元都是独立封闭的,功能完善,而这独立封闭的每一单元又处于一幢楼宇之中,多户业主或住户共处一楼。

②业主和住户的经济收入高。在高档公寓中居住的人员大都是白领阶层或富裕人士,其中有不少外籍人士,也有港澳台人士。

③建筑档次高,硬件设施齐备。建筑设计规范,施工质量高,一些设备和原材料采用进口;客厅面积大,讲究自然采光;同时,还配备家用电器、家具、厨具等。

11.2.2 公寓的物业管理

1)公寓物业管理的特点

①客户相对稳定,服务周期长。公寓业主和住户相对比较稳定,较少变化,流动性小。不过公寓与写字楼有些相似,人员进出多,从早到晚都有进出,物业服务企业要不间断提供管理服务,周期长。

②管理要求严,服务层次高。公寓客户对居住条件和环境要求比较高,因此,对物业管理的要求也较高,特别是保安、保洁和服务等方面。

③管理服务市场化程度高。公寓的客户市场观念比较强,对优质优价容易接受。因此,在公寓管理服务中,服务和享受的一致,价位与标准的一致,成为客户和管理者双方的共识,市场化式的管理较容易推进。

2)公寓物业管理的要求

①房屋和设备保养维修要及时到位。平常要勤养护检查设备,使其处在最佳运转状态;对业主的报修要及时处理。

②配套建设要完善。对于生活服务娱乐的配套设施要在经营服务中逐步完善,如邮所、银行、健身房、幼儿园等。

③特约服务要齐全。公寓的个性服务范围较广,代办商务、代理房屋租赁、代洗衣物、医疗康复等,物业服务企业应尽量满足各种不同层次的要求。

④保安、消防服务管理措施得当,制度严格。高档公寓业主比较富有,是犯罪分子重点作案目标,保安工作要求高。保安消防设备要到位,人员要经常培训和演练,有较强的实战能力。

⑤关注业主和住户的公共交往。经常召开业主恳谈会、联欢会,倾听业主意见,改进管理服务质量,促进双方理解。

11.3　别墅的物业管理

11.3.1　别墅的概述

别墅原指本宅以外另置的园林建筑游息处所,现泛指在郊区和风景区等地建造的供休养、居住用的园林住宅。别墅一般与自然景观相结合,依山傍水,环境宜人。

别墅的特点如下:

①建筑个性化强。别墅外观典雅,普遍仿欧美式,讲究宽敞的阳台,别墅内都有自己完整的厅室体系和设施设备、场地体系。

②建筑面积大。别墅一般都是二、三层建筑,建筑面积在 200 ~ 400 m²。

③环境优美。由于别墅占用土地面积大,每户都是独门独院,空闲面积多,为环境绿化提供了条件,有山有水,片片绿地,鸟语花香。

11.3.2　别墅的物业管理

1)别墅物业管理的特点

①管理水准高。由于高标准的建筑和精良的设施设备,必须有一支技术精、水平高的队伍来管理,使物业能得到良好的维修保养,达到保值、增值的目的。

②特约服务多。居住在别墅里的客户生活比较富裕,大都是企业家或高级管理人员,工作相对繁忙,因此其家政事务要求特约服务的项目较多。

③环境氛围高雅。由于入住人士的文化层次较高,物业管理不仅要创造一个宁静、安全、舒适的环境,而且还应体现出艺术和高雅的品味。

2)别墅物业管理的内容

(1)别墅的环境管理

①完善别墅区域的园林绿化设计。进行园林绿化设计时,应考虑与别墅的建筑风格、周边环境相协调,考虑不同草种、树种的合理搭配。

②合理设置公共设施。增加露天健身房、儿童乐园、园艺小品、信息栏等公共设施。

③及时做好清扫保洁工作。别墅区域的范围较大,物业服务企业必须安排专人认真、及时地做好清扫保洁工作。

(2)别墅的安全保卫管理与服务

①实现人防与技防的有机结合。利用先进的智能化设施,对别墅区域的周围进

行24小时监控。

②提高安保人员的服务素质和水平。

③加强车辆交通管理。实行"人车分流",做到正确、有效、到位,路线合理、流畅等。

（3）别墅的综合服务

别墅的住房一般都对休闲、健身、娱乐等设施有较高的需求。物业服务企业应当结合周边情况,合理选定服务设施的项目,经营的方式与规模、收费的标准等,并妥善处理经营与安全的关系,同时实现经济效益与社会效益的最大化。

11.4　写字楼物业管理

11.4.1　写字楼的概念和特点

1)写字楼的概念

写字楼是指各种政府机构的行政管理人员和企事业单位的职员办理行政事务和从事商务活动的楼房。在我国写字楼早期主要指政府用的办公楼,属自建自用。

随着改革开放,经济发展,工作量大大增加,人们集中办公成为一种需要,足不出楼便能处理各类事务,提高办事效率,节约办事成本。于是,政府、公司、金融、律师、保险等都需要现代化办公场所,现代写字楼在我国迅速发展,已经成为现代社会生活和经济发展不可缺少的部分。有的写字楼成了该城市的标志性建筑,像上海市的"金茂大厦",广州的"中信广场",深圳的"地王大厦"。

现代写字楼是指拥有一定规模的面积,具有良好的建筑和现代化的设施,以及优质的物业管理服务,能够满足现代社会办公的各种需要的楼宇,这里主要讲的是现代写字楼。

2)写字楼的类型

（1）按面积大小分

一是小型写字楼,建筑面积在1万 m^2 以下;二是中型写字楼,面积在1万~3万 m^2;三是大型写字楼,面积在3万 m^2 以上。

（2）按功能分

一是单纯型写字楼,只有办公一种功能;二是商住型写字楼,有办公和居住两种功能;综合型写字楼,以办公为主,同时又具有其他多种功能,如居住、餐饮、娱乐等。

（3）按智能化程度分

非智能化写字楼,即一般写字楼;智能化写字楼,具有通讯、办公、楼宇、消防、治安自动化(5A)。

（4）按级别分

甲级写字楼,地理位置优越、交通便利,设备设施齐全完善,楼层室高 2.6 m 以上,停车位 200 m² 至少一个,24 小时维护维修和治安服务,有良好的物业管理服务等;乙级写字楼,未达到甲级水准的写字楼。

3) 写字楼的特点

①规模大,人数多。现代写字楼多为高层建筑,楼高层多面积大,其间可以拥有几十个甚至上百家单位集中办公,办公人员及来往访客形成巨大人流。

②造型美观,装饰精良。现代写字楼的内外大多有独特的格局、色彩和装饰,往往是一个国家的经济、科学、技术发展以及文化、艺术的结晶。

③功能齐全,设施完备。现代写字楼的功能齐全,设施完备,尤其智能大厦更是如此。现代写字楼一般要求拥有电气设备系统、通信系统、空调系统、给排水系统、运载系统、消防系统、监控系统、停车场等。

④良好管理,周到服务。现代写字楼设备先进复杂,进出人员众多,提供物业管理的企业人员的知识结构和素质必须优化,管理标准定位要高,这样才能实现良好的管理,为业主和客户提供周到的服务。

11.4.2　写字楼的物业管理

1) 写字楼物业管理的内容

（1）营销推广

现代的写字楼绝大部分是经营租赁型的,主要用于出租或出售。因此,对它的营销是物业管理的工作重点之一。主要包括写字楼整体形象设计和宣传;办公空间的分割;与买主、租户的联络、谈判、签约;接受和处理客户的投诉和要求,及时通知有关部门做好协调工作等。

（2）前台服务

前台服务是物业管理日常工作的重要内容,主要包括接待写字楼的内外客人,帮助他们解决(出入引导、咨询答疑)等问题;提供打字复印、代订车船机票;办理客户留言及发放各种通告。

（3）设施设备管理

写字楼的设施设备比较先进复杂,管理的主要任务是保证写字楼的通讯网络、供水、供电、空调、排水和电梯及停车场等设施设备的正常运行,杜绝严重事故的发生。

（4）安全保卫管理

写字楼人员复杂,进出频繁,流动性大,安全保卫工作十分重要。主要措施包括中央监控、前后大门警卫、定时或不定时大楼巡查等。

（5）消防管理

水火无情。写字楼电气设备较多，装修时尚，火灾隐患大，一定要认真贯彻"以防为主，防消结合"的原则。要完善消防设备系统，做好消防宣传工作；落实消防责任，建立消防队伍；制定应付突发事件的预案。

（6）清洁卫生管理

写字楼单位多、人员多，清洁卫生工作量大。物业服务企业要制定严格的清洁卫生责任制，对电梯、过道天天清洁，保持好如大厅等公共场所的清洁卫生。

2）写字楼物业管理的要求

写字楼物业管理应体现"安全、舒适、快捷、高效"的方针。

（1）管理要制度化、标准化、规范化

现代写字楼科技水平高，管理范围广。物业服务企业应制定和完善各方面的管理制度，使全部工作有章可循，有据可依。学习国外先进管理经验，实施 ISO 9001 质量认证，使物业管理工作进入制度化、标准化、规范化的轨道。

（2）强化时效性，提高经济效益

写字楼是收益性物业，不断提高经济效益是主要经营目标，且以租赁经营为主，时效性强。其重点是要提高物业租用率和有效租用时间。物业服务企业要为客户提供方便、快捷的服务，只有客户满意，才能稳定客户，获得管理效益。

（3）明确重点，强化管理

写字楼物业管理内容多，涉及面广，强化管理要明确重点。着重四个方面的工作：设施设备的维修保养；加强治安管理落实防范措施；加强消防管理，做好防火工作；重视清洁卫生，搞好环境管理。

（4）要做好应付突发事件的准备

写字楼规模大、功能复杂、人员流动大，发生突发事件的可能性极大。物业服务企业要时刻保持警惕，制定突发事件处理的预案，以能将危险控制在最低限度。

3）写字楼物业管理的模式

（1）自主经营型物业管理

自主经营型物业管理是指业主或投资者将建成的写字楼，交由属下的物业服务企业或为该幢写字楼专门组建从事出租经营的物业服务企业，通过收取租金回收投资。这种模式优点在于物业服务企业与开发商的利益具有一致性，没有复杂的交接期和磨合期，进入角色较快。物业服务企业对写字楼的设计、施工、结构、设备等状况也非常清楚，有利于公司的管理活动。

（2）委托服务型物业管理的模式

委托服务物业管理模式是指业主或投资者通过招标或聘用方式，将建成的写字楼委托给专业物业服务企业管理，并用物业管理合同形式来明确双方的权利和义务。这种模式可充分发挥物业服务企业的专业管理经验优势，提高营运的效率，为开发商的物业提供保值增值服务;同时,开发商也可借助物业服务企业服务水平和品牌效应,提高写字楼的出租率和租金水平。

11.5　工业厂房物业管理

11.5.1　工业厂房的概念

工业厂房是指供生产企业、科研单位安置生产设备与实验设备,进行生产活动或科学试验的物业及其附属设施设备。传统的厂房一般由生产企业自行管理,随着改革开放的深入,我国的一些城市和地区涌现出许多开发区或工业区,在里面现代化厂房、通用性厂房不断产生,为它们提供的物业管理服务已经或正在走向市场化、社会化和专业化。

11.5.2　工业厂房的物业管理

1)工业厂房物业管理的特点

工业厂房的物业管理与其他的物业管理相比,有相同之处(管理理念、服务宗旨等),又有自己的特点。

(1)专业性强、维护保养费高

工业厂房中生产设备和辅助设施的种类多、专业性强。各种设备性能和用途不同,对管理的要求也不同,物业服务企业必须对此有所了解和熟悉。同时,由于机器的使用,易造成厂房及有关设施磨损快、消耗大,从而需要经常维修,导致物业管理成本增加。

(2)清洁难度大,环保要求高

工厂油污极易弄脏地面等地方,生产过程也会排放废水、废渣、粉尘等,清洁难度大,还费时、费力。企业的产品不仅在国内销售,也要开拓国际市场,而国际社会的一些发达国家不但讲究产品质量,对产品生产过程是否会造成环境污染也十分重视。物业服务企业必须积极配合企业做好 ISO 14001 环境管理体系的实施和认证工作,并将有关要求落实到日常的物业管理服务中去。

(3)隐患多,出现险情机率高

工厂内易燃易爆物品和有害危险品多;电器及线路复杂;厂房设备长期使用或使用不当等,都可能引发火灾或其他险情。物业管理要有严格制度,责任落实到人,做好突发事件处理预案。

(4)安全保卫工作难度大

工厂的员工较多,上下班人员流动大,交通工具进出频繁;此外,厂区还存放着大量原料、成品、半成品和贵重机器设备。防盗防窃管理不易,这大大增加了厂区安全保卫工作的难度。

(5)常规服务坚持高标准

现代的厂房已不再是铁屑和油污满地的传统厂区,厂房规划设计得错落有致,生产区干干净净,机器设备摆放有序。这就要求物业服务企业的保安、保洁、绿化和现场管理工作必须坚持高标准,做好每一项工作。

2)工业厂房物业管理的内容

(1)维修养护管理

维修养护的内容、过程等,与其他物业管理相同。但是针对厂房及仓库的管理与服务的特点,物业服务企业必须重点确保水电供应,保证生产的正常进行。因此,物业服务企业应当高度重视对于内部附属供水、供电设备系统的精心养护、及时修理、定期检查,确保其处于完好状态。另外,可以设置适量的备用发电机组,以免突发事故造成惨重的损失。

(2)用户使用管理

物业服务企业应当按照厂房合同的规定,督促各入住企业履行各自的义务,管好各自使用部分。一般来讲,使用人应遵守以下规定:厂房、仓库不得兼做生活居住使用;进行内部改造和设备安装时,不得破坏建筑结构;按楼地面荷载的设计要求,放置设备及货物,不得超载;正确使用、维护水电系统;按要求处理废弃物品,不得随意倾倒等。

(3)安全保卫管理

工业厂房及仓库可能存放有易燃、易爆、有毒货物和材料,容易造成火灾或事故的发生。同时,大量的原材料、成品、半成品和设备,容易诱发盗窃案件。因此,工业厂房及仓库安全保卫管理工作的任务更加重要艰巨。工作内容主要有:建立严格消防制度,配备消防设备并保证处于完好状态;建立严格值班制度,全天候值班;制定事故处理预案等。

(4)交通运输管理

厂区内交通运输的畅通程度,影响着原材料、工具等的供应,以及产成品的输出,并关系到各企业的生产效率。

因此,物业服务企业在实施工业厂房及仓库的交通运输管理时,应本着保证道路畅通、便于货物存取的原则,合理划分,设置厂区货物的装卸区、车辆停放区,确保道路畅通。

(5)保洁绿化管理

工业厂房的保洁绿化水平,不仅影响员工的心情和工作效率,而且可以减少、降低发生各种事故的可能性。

针对厂房管理与服务的特点,物业服务企业必须区分不同的工业厂房,制定具体的保洁制度和方法。如对污染重的厂房要加大清洁、清扫次数;对进入精密无尘车间要更换衣帽、戴好手套等保洁措施。工厂绿化能够净化空气、防尘、防噪,起到改善工业厂区环境的作用。

3)工业厂房物业管理的要求

①要有明确的物业管理目的。物业服务企业的目的,应与生产企业的发展目标和目的保持一致,使物业管理工作成为生产过程的保护因素和促进因素。

②要有完善的管理制度和详细工作计划。物业服务企业应根据工业厂房的不同功能、不同性质的物业单元,制定严格制度和详细计划,使管理工作标准化、规范化。

③要配备高素质的管理人员。针对工业区的特点,应有一支有道德、懂专业、会技术的高素质管理队伍,对所管物业实施专职管理。

④要有物业管理侧重点。工业厂房的物业管理,除日常物业修缮、清洁卫生等工作外,还需要重点搞好水、电、气供应;消防与保安;交通与道路畅通;环境绿化等工作。

4)工业厂房物业管理模式

对工业厂房实行物业管理主要有 3 种模式:一是工业企业委托适合工业厂房管理服务的物业服务企业进行管理服务;二是由工业企业自行组建物业服务企业对自身物业进行管理;三是工业企业和物业服务企业联合组建物业服务企业进行物业管理服务。

11.6　收益性物业的物业管理

11.6.1　收益性物业的概念

收益性物业是指用于出租,供需要者承租进行了商业性或收益性活动以获得租赁费用的物业。在这里物业所有权未发生变更,承租人在缴纳一定租金后,可获得物业某一部分的使用权,并通过经营活动取得营业收入。此类物业以写字楼、商业楼宇、高档公寓等为主,其中,商业楼宇最具有代表特征。

商业楼宇有多种分类,如:大型百货商场、大型超级市场、大型购物中心、酒店宾馆、各类专业性市场等。

商业楼宇的特点如下:

①建筑规模大,结构新颖别致。现代商业楼宇多为建筑规模大、楼层空间高的楼宇。为了争取顾客,外观设计个性特色突出,务求新、奇、特;内部装修也多采用新材料、新技术,做到优美、别致。

②功能、形式多样化。现代商业物业向功能多样化方向发展,许多大型商业楼宇配置了如餐饮、娱乐、购物、休闲等多功能设施,尽可能为顾客提供一切方便。

③商业楼宇人口流动大,成分复杂。楼宇每天都进出众多顾客,他们成分复杂,性格各异,逗留时间较短。

④地处繁华地段,形象影响力大。商业楼宇大多集中在城市的繁华地段或主要街道两侧,是整个城市市容面貌的门面,其外观形象对城市整体形象影响很大。

11.6.2　商业楼宇的物业管理

1)商业楼宇物业管理的形式

（1）委托管理服务型

物业产权所有人自行负责物业租赁活动,而将物业日常的管理服务工作,委托给选聘的专业物业服务企业进行管理。产权人获得租金,承租人获得营业收入,物业服务企业取得物业管理费。

（2）委托经营服务型

物业产权所有人将包括物业租赁在内的全部有关物业活动,委托给选聘的物业服务企业进行经营、管理、服务。

（3）自主经营管理型

物业产权人自行组建物业服务企业,对物业进行租赁和日常管理服务工作。

2)商业楼宇物业管理的内容

①商业楼宇的形象管理。它包括外部形象管理（外形设计和装饰、品牌与标识）和内部形象管理。

②对承租者的管理。它包括承租商的选配和承租商的管理两部分。

③商业楼宇的日常管理。它包括保卫消防、设备管理、绿化清洁管理、车辆管理等。

3)商业楼宇物业管理的要求

（1）外树形象,内重条件

要突出楼宇的标志和特色,增强对顾客的吸引力。在内部要为顾客提供良好的条件和环境,使顾客在方便、舒适的环境中活动。

（2）切实做好治安保卫工作

商业楼宇是一个人员流动非常频繁,安全系数较低的地方,不法分子活动猖狂。因而,加强楼宇的治安保卫工作十分重要。

（3）重视消防管理

商业楼宇的消防工作重要性不言而喻,要建立严格制度,保持设备的完好,防火通道要畅通。同时,做好宣传教育工作。

(4)搞好环境管理

商业楼宇环境好、秩序好,可招徕更多的顾客。要设置专职清洁员,经常清扫,保持楼宇整洁。加强停车场管理,车辆停放有序。做到水、电、气等设备的完好。

11.7　特种物业的物业管理

11.7.1　特种物业

特种物业是指除住宅小区物业、公共商业楼宇物业、高层办公楼宇物业和工业物业以外,有必要、有可能运用物业管理的方法实施管理的物业。多种物业尚处在逐步走向企业化、社会化、专业化管理服务的进程之中,有的已经交由物业服务企业实施管理服务,有的通过原行政部门转制成立管理服务机构,以探索后勤改革之路,有的则处于"空白"。

特种物业的类型有以下几种情况:

①文化类物业,包括学校、图书馆、博物馆、档案馆、文化馆、青少年活动中心(青年宫、少年宫)、展示厅、展览馆等。

②体育类物业,包括体育场馆、健身房、武术馆、游泳馆、保龄球馆、乒乓球馆、网球场、高尔夫球场等。

③传媒类物业,包括电台、电视台、电视塔、音像影视制作基地等。

④卫生类物业,包括医院、卫生所、疗养院、药检所、敬老院、殡仪馆等。

⑤餐饮类物业,包括宾馆、旅馆、酒楼、饭店、咖啡屋、茶坊、啤酒屋等。

⑥交通类物业,包括车站、码头、机场、停车场、隧道、桥梁等。

⑦娱乐类物业,包括影视院、剧场、游乐场、夜总会、度假村等。

⑧宗教类物业,包括庙观、教堂、宗祠等。

11.7.2　特种物业的物业管理特点和内容

特种物业的种类繁多,各种不同使用功能的物业其建筑与设备、设施以及规模往往有所区别,使用对象与使用时段也不尽相同。因此,要根据特种物业的各种使用功能施行具有针对性的管理服务;对于建筑物及其附属设备设施的维护和保安、清洁、绿化、车辆管理工作,也要依照不同的特点以实施有效的管理服务。

特种物业管理的服务的特点和内容主要有:

(1)服务对象

服务对象具有年龄、文化、性格、兴趣、信仰和滞留时间的差别。如学校是青少年

集中的地方,活泼好动,设备设施要求坚固耐用,安全性要高;剧场、车站、体育场等,人流量大,滞留时间短,安全和防火特别重要。

（2）服务需求

特种物业服务普遍要求环境幽静,标识明显;公共场所应保持良好的通风;影院、医院、图书馆等地严禁吸烟。

（3）管理要求

要做好防火、防盗、防潮、防尘、防虫、防鼠等工作,一些危险地方要有警示标识。

11.7.3　医院的物业管理

由于物业管理可涉及的特种物业部门和领域较多,这里只介绍医院的物业管理。

医院的主要职责是为病患者提供治疗和护理方面的服务,但是对于病人来讲,在整个治疗过程中,除治疗外,还需要人们的照顾和关心,医院很难满足患者多方面的要求,由此产生出对医院物业管理和服务的需要。主要内容有:

①陪床服务,包括病人手术后的陪伴、护理,重症病人的长期护理。

②病人的生活服务,洗衣、喂饭、洗澡、取药、送饭等。

③医院卫生保洁,包括清扫、消毒、垃圾处理等。

④供热、供水等服务。

⑤医院共用设施设备的维修养护,通风、空调、电路、管道等设施设备。

⑥其他杂务,包括为医院各部门、治疗的各环节提供他们所需的各种服务和管理。

［案例分析］

某公司设在某写字楼12层。一日上午,公司职员小李返公司上班,在通往电梯的大堂上有一滩水渍,小李路过时,一不小心滑倒摔伤。为此,小李要求物业服务企业赔偿医疗等费用,而物业服务企业以小李本人不小心为由,拒绝赔付。

讨论:你认为此事应如何处理?

复习思考题

1. 住宅小区物业管理服务的特点和要求是什么?
2. 写字楼有何特点? 在物业管理上有什么特别要求?
3. 商业楼宇应强调哪几方面的管理服务?

附 件

管理规约(示范文本)

说 明

1. 本示范文本中未订立事项可以用"×"表示;

2. 本示范文本[ ]中的内容,据实填写在其前面的空格中;

3. 可根据实际情况对文本有关条款予以选择、调整、补充;

4. 本示范文本中所指物业类型分为:住宅、办公用房、商业用房、厂房、仓库、其他用房;

5. 召开首次业主大会会议时,应制定管理规约,对有关物业的使用、维护、管理,业主的共同利益,业主应当履行的义务,违反公约应当承担的责任等事项依法作出约定。制定管理规约,不得侵害业主、物业使用人的合法权益。

管理规约

物业名称:_____;

物业类型:_____;

总建筑面积:_____(平方米);

物业坐落位置:_____(物业详细的路街道巷门牌号)。

第一条(目的与依据) 为保障本物业的依法与合理使用、维护、管理,建立良好的公共秩序,营造安全、文明的生活、工作环境,维护业主的共同利益与合法权益,根据《物业管理条例》等相关法规和政策规定,制定本建筑区划内的管理规约(以下简称本公约)。

第二条(公约效力) 本公约对建筑区划内全体业主具有约束力。

第三条(管理方式) 本建筑区划内的物业管理,通过依法选聘物业服务企业,由业主和物业服务企业按照物业服务合同约定,对房屋及配套的设施设备和相关场地进行维修、养护、管理,维护相关区域内的环境卫生和秩序。

本建筑区划内成立一个业主大会。业主大会由建筑区划内的全体业主组成。业主大会代表和维护全体业主在物业管理活动中的合法权益。业主大会设立业主委员会作为执行机构。

业主大会的议事方式、表决程序、业主投票权确定办法、业主委员会的组成与任期、工作经费、印章管理使用等事项由业主大会议事规则依法作出约定。

第四条(业主权利) 本建筑区划内的业主依法享有以下权利:

(一)所拥有物业的各项法定权利。

(二)与其他业主一同对本物业实施管理。

(三)按照物业服务合同的约定,接受物业服务企业提供的服务;监督物业服务合同的履行。

（四）提出修改本公约、业主大会议事规则的建议。

（五）提议召开业主大会会议，并就物业管理的有关事项提出建议；参加业主大会会议，行使投票权。

（六）选举业主委员会委员，并享有被选举权；监督业主委员会工作。

（七）合理使用物业共有部分和相关场地的权利；对其使用情况享有知情权和监督权。

（八）监督本物业共有部分专项维修资金的归集、管理和使用。

（九）投诉本建筑区划内装饰装修等影响业主共同利益的安全隐患，以及其他影响周围住户正常生活与工作的行为。

（十）_____。

（十一）法律、法规、规章规定的其他权利。

第五条（业主义务）　本建筑区划内的业主依法履行以下义务：

（一）自觉遵守本公约，以及本物业共有部分的使用、公共秩序和环境卫生的维护等方面的规章制度。

在与他人建立合法使用、维护、改造所拥有物业的法律关系时，告知并要求对方遵守本物业有关的管理制度和本公约，并承担连带责任；在转让所拥有物业时，告知受让人遵守本公约、业主大会议事规则和业主大会作出的有关决定。

（二）执行业主大会的决定和业主大会授权业主委员会作出的决定；配合物业服务企业的管理服务活动。

（三）依照物业服务合同约定标准按时交纳物业服务费用；根据物业管理有关法规和政策规定，交纳专项维修资金。

（四）维护本物业公共场所（地）的整洁、美观、畅通及共用设施设备的良好，注意保护环境；遵守成都市市容市貌、环境卫生、绿化、环境保护等相关管理规定；主动清除所洒落在共用场地的物品；自觉恢复所污染、破坏的地面原样。

（五）配合对物业共有部分进行的维修养护。

责任人承担造成物业共有部分或其他业主房屋及附属设施设备损坏的赔偿责任。

（六）进行室内装饰装修时，遵守建设部《住宅室内装饰装修管理办法》和《成都市城市房屋装修结构安全管理规定》的规定；在工程开工前，事先告知物业服务企业，清楚物业服务企业告知的关于装饰装修工程的禁止行为和注意事项；主动配合物业服务企业依据有关规定对装饰装修活动的监督检查；避免房屋装修影响毗邻房屋的使用安全。

因搬迁、装饰装修等原因使用本物业共有部分时，事先告知物业服务企业，并在约定的期限内恢复原状。

（七）委托物业服务企业对自用部位的有关设施设备进行维修、养护的，自行支付相应费用。

当房屋及附属设施设备已经或可能妨碍、危害毗连房屋的他人利益、安全，或有碍外观统一、市容观瞻时，按规定或约定由业主单独或联合维修养护；不进行维修养护，视为同意由物业服务企业依据有关规定进行维修养护，并按规定或约定分担维修费用。

（八）安全使用水、电、气等，发现安全隐患及时按规定处理、报告。

预留紧急联系方式，配合物业服务企业在突发事件发生时采取的紧急避险措施。

（九）_____。

第六条（物业使用禁止行为）　本建筑区划内不得有以下行为：

（一）擅自改变房屋及其设施设备的结构、外貌（含外墙、外门窗、阳台等部位设施的颜色、形状和规格）、设计用途、功能和布局等。

（二）对房屋的内外承重墙、梁、柱、板、阳台进行违章凿、拆、搭、建。

（三）占用或损坏楼梯、通道、走廊、屋面、平台、道路、绿地、停车场、自行车房（棚）等共用部位、设施设备及公共场所（地）。

（四）损坏或擅自拆除、截断、改变连接改造供电、供水、供气、通讯、排水、排污、消防等共用设施设备。

（五）不按规定堆放物品、丢弃垃圾、高空抛物。

（六）违反规定存放易燃、易爆、剧毒、放射性等物品和排放有毒、有害、危险物质。

（七）违反规定饲养家禽、家畜，豢养宠物等。

（八）践踏、占用绿化地，损坏、涂划园林建筑小品。

（九）影响市容观瞻或本物业外观的乱搭、乱贴、乱挂、设立广告牌等。

（十）违反建筑区划内的交通管理规则，随意停放车辆，鸣喇叭。

（十一）制造超过规定标准的噪音，休息时间制造噪音污染。

（十二）擅自在房屋外墙上安装遮阳光帘、遮篷、花架等其他结构，不按设计和指定的位置安装空调外机且不进行滴水、加固处理。

（十三）使用电梯时超载、运载粗重物品，在轿厢内吸烟、张贴、涂画或损伤内壁。

（十四）危害公共利益、侵害他人合法权益或其他不道德的行为。

（十五）法律、法规及政府规定禁止的其他行为。

（十六）_____。

第七条（选聘与解聘物业服务企业）　选聘、解聘物业服务企业须经本建筑区划内全体业主所持投票权 2/3 以上通过，由业委员会按照业主大会的决定代表业主与物业服务企业签订物业服务合同。

物业服务合同效力不随物业所有权的变化而丧失。

第八条（物业服务费用）　物业服务费由全体业主按其拥有物业权属份额大小共同分担，并在物业服务合同约定期限内付清。业主委托物业服务企业提供物业服务合同约定以外的服务，其费用由双方约定。

第九条（共有部分专项维修资金）　本建筑区划内的业主建立专项维修资金，保障物业共有部分的维修、更新、改造，其缴存标准、管理、使用和监督执行成都市的房屋专项维修资金管理办法的有关规定。

一幢或一户房屋的专项维修资金不足首次专项维修资金 30% 时，由业主委员会向该幢或该户房屋业主续筹专项维修资金。

对不执行成都市的房屋专项维修资金管理办法的有关规定缴存、续筹专项维修资金的业主，由业主委员会在建筑区划内予以公告，并代表其他业主依法对当事人予以起诉。

第十条（共有部分依法经营）　按照以下条款进行本建筑区划内物业共有部分的经营和收益分配：

（一）利用物业共有部分进行经营的，在征得相关业主、业主大会、物业服务企业同意后，按照规定办理有关手续。

（二）利用业主依法享有的房屋本体共有部分进行经营的，业主所得收益部分，归该幢全体业主共同所有，并主要用于补充专项维修资金。

（三）利用业主依法享有的建筑区划内的共用设施设备进行经营的，业主所得收益部分，归全体业主所有，并主要用于补充专项维修资金。

（四）_____。

第十一条（业主大会与业委会工作经费）　本物业业主大会、业主委员会依法开展工作所需的经费由全体业主共同承担，不包含在本建筑区划内物业服务费中，并由业主委员会负责筹集和管理。

业主大会、业主委员会工作经费的筹集和管理使用按照业主大会依法制定的相关规定执行，并对使用情况定期公告和接受业主质询。

第十二条（共有部分保险）　本建筑区划内共有部分及公众责任保险，由全体业主按其拥有物业权属份额大小享有权利、履行义务，其费用进入物业服务成本或者物业服务支出，由实施物业管理服务的物业服务企业代行办理相关手续；业主的家庭财产与人身安全的保险由业主自行办理。

第十三条（物业管理纠纷民事诉讼）　因物业管理纠纷而引起民事诉讼的，其费用由当事人依法承担；提起共同诉讼的，经当事人授权，推荐诉讼代表人具体实施，其费用由参加共同诉讼的当事人依法承担。

第十四条（违约责任）　因违反本公约，造成其他业主、使用人等人身伤害或财产损失的，当事人依法承担赔偿责任。

物业交付他人使用的，业主与物业使用人约定由物业使用人交纳物业服务费用的，从其约定，业主负连带交纳责任。

违反本公约的，由业主委员会督促改正，也可由相关当事人依法申请仲裁或向人民法院提起诉讼。

第十五条（共有部分含义）　本建筑区划内共有部分的含义：

（一）共用部位是指一幢房屋内部，由整幢房屋的业主、使用人共用的房屋主体承重结构、外墙面、门厅、楼梯间和其他在使用上、功能上为整幢建筑服务的房屋等。

（二）共用设施设备是指建筑区划或者单幢房屋内，由业主、使用人共用的上下水管道、电梯、供配电设施设备、消防及安全监控设施设备、公益性文体康乐设施、绿地、道路、路灯、非经营性停车场所和有关共用设施设备使用的房屋等。

第十六条（公约通过）　本公约经_____ 年____月____日首次业主大会会议全体业主所持投票权 2/3 以上通过，自通过之日起生效。

第十七条（公约修改与补充）　业主大会会议通过的有关本公约的决定均是本公约的组成部分；本公约的修订经业主大会会议通过；本公约未尽事项由业主大会会议补充。

第十八条（公约备案）　制定和修改的管理规约，按规定报当地物业管理主管部门备案。

第十九条（公约保存与执有）　本公约业主各执 1 份，业主委员会保存 3 份，当地物业管理主管部门、街道办事处（镇人民政府）、社区居民委员会各 1 份。

_____[区]/[市]/[县]

_____（物业名称）物业管理业主大会

年　月　日

附件2

业主大会议事规则(示范文本)

说 明

1. 本示范文本中未订立事项可以用"×"表示;

2. 本示范文本[ ]中的内容,据实填写在其前面的空格中;

3. 可根据实际情况对文本有关条款予以选择、调整、补充;

4. 召开首次业主大会会议时,应制定业主大会议事规则,对业主大会的议事方式、表决程序、业主投票权确定办法、业主委员会的组成与任期、工作经费、印章管理使用等事项依法作出约定。制定业主大会议事规则,不得侵害业主、物业使用人的合法权益。

业主大会议事规则

业主大会名称:_____[区]/[市]/[县]_____(物业名称)物业管理业主大会;

业主委员会活动用房坐落:_____(物业详细的路街道巷门牌号)(物业名称)

_____(楼幢单元门牌号)。

第一条(目的与依据) 为保障本建筑区划内业主大会的规范设立、运作,维护业主的共同利益与合法权益,根据《物业管理条例》等相关法规和政策规定,制定本建筑区划内的业主大会议事规则(以下简称本规则)。

第二条(涵义) 本规则是记载业主对业主大会宗旨、运作机制、活动方式、成员的权利义务等内容进行约定的自律性文件,是本建筑区划内全体业主意志的集中体现,是业主大会运作的基本准则和依据。

第三条(业主大会宗旨) 业主大会代表和维护本建筑区划内全体业主在物业管理活动中的合法权益。

第四条(业主大会组成与成立) _____(物业名称)的全体业主组成本建筑区划业主大会,业主大会自通过管理规约及本规则,并选举产生业主委员会之日起成立。

业主大会设立业主委员会作为执行机构。

业主大会成立后成为本建筑区划业主的,自动成为业主大会的成员。

第五条(业主身份确认) 业主身份的确认,一般按房屋所有权证记载的所有权人确定;订立买卖合同尚未取得房屋所有权证的物业买受人,其房屋竣工并已交付的,按照房屋所有权人进行业主身份认定。

前款确定或认定的房屋业主超过一人的,推选一人参加业主大会会议。

无民事行为能力或限制民事行为能力的业主,由其法定代理人参加业主大会会议。

第六条(业主大会活动范围) 本建筑区划的业主大会、业主委员会依法就本建筑区划内的有关物业管理事项代表全体业主履行职责。

业主大会、业主委员会接受当地物业管理主管部门的指导和监督。

业主大会、业主委员会配合公安机关,与社区居民委员会相互协作,共同做好维护社会治安等相关工作。

业主大会、业主委员会支持社区居民委员会开展工作,接受其指导和监督。

第七条(业主大会职责)　业主大会按照业主大会会议审议通过的管理规约和本规则,依法履行以下职责:

(一)修改管理规约和本规则。

(二)选举、更换业主委员会委员。

(三)选聘、解聘物业服务企业。

(四)决定专项维修资金使用、续筹方案,并监督实施。

(五)制定、修改物业共有部分的使用、公共秩序和环境卫生的维护等方面的规章制度,包括房屋定期维修制度,设施设备管理规定,绿化环境卫生管理规定,住宅装修管理规定,车辆停放与交通秩序协管规定,消防与治安协管规定;物业服务费用分摊及交缴规定;业主大会和业主委员会工作经费分摊、交缴及管理使用办法等。

(六)决定物业共有部分使用与收益分配方案。

(七)听取和审议业主委员会工作报告,改变和撤销业主委员会不适当的决定。

(八)监督物业共有部分的使用与维护,督促业主、使用人遵守管理规约。

(九)设立业主大会和业主委员会工作经费后,审议业主委员会年度财务预算方案、决算报告等。

(十)＿＿＿＿＿＿＿＿＿＿＿＿＿＿＿＿＿＿＿＿＿＿。

第八条(业委会任期与组成、委员资格)　业主委员会实行任期制,每届任期 3 年;业主委员会任期届满之日起资格自动终止。委员任期同业主委员会任期相同,可连选连任。

业主委员会由＿＿＿名委员组成,设主任 1 名,副主任＿＿＿名。无法按本规则规定的人数足额选出业主委员会委员,按实际选出的人数(不少于政策规定的 5 人)为准确定业主委员会委员名额。

业主委员会自选举产生之日起 3 日内召开业主委员会会议,推选产生业主委员会主任、副主任;业主委员会主任、副主任由业主委员会会议从委员中推选产生。

业主委员会委员的条件如下:

(一)本建筑区划内具有完全民事行为能力的业主。

(二)遵守法律、法规。

(三)遵守本规则、管理规约,履行业主义务。

(四)热心公益事业,责任心强,公正廉洁。

(五)具有一定组织能力。

(六)具备必要工作时间。

第九条(业委会职责)　业主委员会是业主大会的执行机构,依法履行以下职责:

(一)召集业主大会会议,执行业主大会通过的各项决定,并报告物业管理的实施情况。

(二)代表业主与业主大会选聘的物业服务企业签订物业服务合同。

(三)拟定管理规约、本规则修改方案。

(四)拟定专项维修资金的使用、续筹方案,依照有关政策并经业主大会授权,负责物业专项维修资金的筹集。

(五)拟定物业共有部分的使用与收益分配方案。

(六)设立业主大会和业主委员会工作经费后,拟定业主委员会的年度财务预算方案、决算报告。

(七)会同物业服务企业拟定物业共有部分的使用、公共秩序和环境卫生的维护等方面的规章制度的方案;拟定物业服务费用分摊及交缴规定的方案,业主大会和业主委员会工作经费分摊、交缴及管理使用办法的方案。

（八）监督管理规约的实施。

（九）督促违反物业服务合同约定逾期不交纳物业服务费用的业主,限期交纳物业服务费用。

（十）及时了解业主、物业使用人的意见和建议,监督和协助物业服务企业履行物业服务合同,并配合解决管理服务中的重大问题。

（十一）协调业主之间及业主与物业服务企业之间的纠纷。

（十二）对有关档案资料、会议记录、印章及其他属于业主大会的财物进行妥善保管。

（十三）＿＿＿＿＿＿＿＿＿＿＿＿＿＿＿＿＿＿＿＿＿＿。

第十条（业委会主任与副主任职责）　业主委员会主任负责业主委员会的日常事务,依法履行以下职责:

（一）负责召开业主委员会会议,主持业主委员会工作。

（二）管理业主大会业主委员会印章、档案资料。

（三）完成业主委员会交办的工作。

（四）接受物业管理主管部门的培训和指导。

（五）＿＿＿＿＿＿＿＿＿＿＿＿＿＿＿＿＿＿＿＿＿＿。

业主委员会副主任协助主任工作。

第十一条（业委会委员职责）　业主委员会委员参加业主委员会会议等有关活动,参与业主委员会有关事项的决策,执行业主委员会的决定,完成业主委员会交办的工作。

第十二条（业主投票权确定）　首次业主大会会议业主在业主大会上的投票权数按政府规定(以下的第一项)执行,首次业主大会会议后业主的投票权数,采用下列第＿＿＿项的办法确定:

（一）按照业主在建筑区划内拥有的物业建筑面积计算,以1平方米为1个投票权计算业主的投票权数,不足1平方米的余数部分采用四舍五入方法计算。

（二）＿＿＿＿＿＿＿＿＿＿＿＿＿＿＿＿＿＿＿＿＿＿。

第十三条（业主大会会议制度）　业主大会会议分为定期会议和临时会议。

定期会议由业主委员会于每＿＿＿年的第＿＿＿季度组织召开。

有下列情况之一的,由业主委员会及时组织召开业主大会临时会议:

（一）20%以上业主提议的。

（二）发生重大事故或紧急事件需要及时处理的。

（三）＿＿＿＿＿＿＿＿＿＿＿＿＿＿＿＿＿＿＿＿＿＿。

第十四条（业主大会会议召集与组织）　业主大会会议由业主委员会组织召开,并负责会议的通知、资料收集、意见征询、表决票发放与回收、会务组织、会议记录等工作。

第十五条（业主大会会议通知）　召开业主大会会议,于会议召开15日以前通知全体业主,并将会议通知和有关材料以书面形式在建筑区划内公告;发生重大事故或者紧急事件等需要及时处理时,也要及时通知和公告;并同时告知街道办事处(镇人民政府)、社区居民委员会。

第十六条（业主大会会议形式）　本建筑区划内业主大会会议一般采取[书面征求意见]/[集体讨论]形式,须有本建筑区划内持有1/2以上投票权的业主参加方为有效。

第十七条（业主大会会议的参加）　业主本人因故不能参加业主大会会议的,可书面委托代理人参加。

单位业主派代表持有效的委托证明资料参加业主大会会议。

业主应参加业主大会会议。业主不出席,也不委托他人参加业主大会会议的,视为弃权,但必须遵守业主大会作出的决定。

第十八条[此条可选](业主代表参加会议)　鉴于本建筑区划内业主人数较多,以［个单元］/［个楼层］/［幢］为单位,推选一名业主代表参加业主大会会议。业主代表于参加业主大会会议3日前,就业主大会会议拟讨论的事项书面征求其所代表的业主意见;凡需投票表决的,业主的赞同、反对及弃权的意见经本人签字后,由业主代表在业主大会会议投票时如实反映。

业主代表因故不能参加业主大会会议的,其所代表的业主要另外推选一名业主代表参加。

业主代表不出席、所代表的业主也不另推选业主代表参加业主大会会议的,视为弃权,但业主必须遵守业主大会作出的决定。

第十九条(业主大会会议表决形式与程序)　业主大会会议的表决,一般采用1个(户)业主1份表决票的方式。表决票上标明业主的姓名,楼栋单元门牌号,建筑面积,投票权数,表决事项,赞成、反对、弃权选项及示范符号,有效与无效票的提示,以及业主本人签名等内容。

业主大会会议的表决按以下程序进行:

(一)公告表决事项与内容、监票人。

(二)发放、回收表决票。

(三)公开计票。

(四)宣布投票结果。

公开计票要有不少于10名非业主委员会委员的业主及1/2以上业主委员会委员参加,并对计票的相关情况予以书面签字认可。

业主大会作出重大事项的决定、选举业主委员会委员,采用书面形式签字表决,表决人要在表决票发放和回收登记册上签字。

表决情况由业主委员会进行书面记录。

第二十条(业委会会议)　业主委员会会议由主任或主任委托的副主任召集、主持,每____［月］/［季度］/［半年］定期召开一次。

业主大会会议结束后____日内,业主委员会召开业主委员会会议,讨论研究贯彻实施业主大会决定的有关事宜。

经1/3以上业主委员会委员提议或者业主委员会主任认为有必要的,及时召开业主委员会会议,会议召开3日前要通知全体委员。

业主委员会会议有1/2以上委员出席方为有效。进行表决时,每位委员拥有一票表决权。

第二十一条(业主大会与业委会决定)　业主大会作出的决定,必须经与会业主所持投票权1/2以上通过。

业主大会作出制定和修改管理规约、本规则、选聘与解聘物业服务企业、专项维修资金使用和续筹方案、分担业主大会及其业主委员会工作经费、调整物业服务内容及标准与收费标准、以业主大会名义起诉等重大事项的决定,必须经建筑区划内全体业主所持投票权2/3以上通过。

业主大会会议作出决定的时间以公开统计产生表决结果之日为准。

业主大会的决定对建筑区划内的全体业主具有约束力。

业主委员会作出决定,必须经全体委员1/2以上同意。

业主大会尊重物业服务企业的合法权益,涉及到物业服务企业的,就有关事项进行事前协商。

业主大会、业主委员会依法履行职责,不作违反法律、法规的决定,不作与物业管理无关的决定。

第二十二条(会议记录与议事文件签发)　业主委员会负责对业主大会会议、业主委员会会议进程及会议决定进行书面记录;业主大会、业主委员会的会议决定等在内的议事文件由业主委员会发布或签署;并由出席会议的委员签字存档。

业主大会、业主委员会的决定,由业主委员会在决定作出之日起3日内以书面形式在建筑区划内公告,并同时告知当地物业管理主管部门、街道办事处(镇人民政府)、社区居民委员会。

第二十三条(业委会委员选举、补选、变更) 业主委员会委员由业主大会会议民主选举产生、补选、终止资格。

业主委员会委员候选人从_____[单元代表]/[楼层代表]/[幢代表]中推选,代表的产生要经相应区域内持1/2以上投票权的业主书面同意。

候选人基本情况在正式选举15日前张榜公示。

业主大会会议选举业主委员会委员,实行差额选举,经与会业主所持投票权1/2以上通过,且得票多的当选。候选人得票相等不能排位当选的,对得票相等的候选人再次选举确定。已选出的业主委员会委员人数少于规定人数的,采用下列第____款的办法确定:

(一)在当选之外的其他候选人中再次选举确定。

(二)按得票多少排序从比缺额数多2名的已当选外其他得票较多的候选人中再次选举确定。

业主委员会委员因故缺额时,在下一次业主大会会议召开时予以补选,缺额人数超过1/4的,及时召开业主大会会议补选,补选的委员任期随本届业主委员会届满终止。

经业主委员会或者20%以上业主提议,认为有必要变更业主委员会委员的,由业主大会会议作出决定。

第二十四条(业委会委员资格中止与终结) 业主委员会的委员接受业主监督,有下列情形之一的,其委员资格自动中止:

(一)因物业转让、灭失等原因不再是业主的。

(二)有犯罪行为的。

(三)以书面形式向业主大会提出辞呈的。

(四)拒不履行业主义务的。

(五)无故缺席业主委员会会议连续3次以上的。

(六)因疾病等原因丧失履行职责能力的。

(七)其他原因不宜担任业主委员会委员的。

前款(一)项情形发生的,业主委员会委员资格自动中止后自然终结;其他情形发生的,其委员资格自动中止后,经业主大会会议决定通过,其委员资格终结。业主委员会委员资格自然终结或中止的,业主委员会要记录并保存相关资料。

业主委员会委员变更或资格中止的,自变更或资格中止之日起3日内,将其保管的档案资料、印章及其他属于业主大会所有的财物,移交给业主委员会或业主委员会会议决定的其他委员。

第二十五条(业委会换届) 业主委员会任期届满前要完成换届选举工作。其届满2个月前,组建换届选举筹备组;换届选举筹备组由本届业主委员会委员、_____[单元代表]/[楼层代表]/[幢代表]中推选的部分非委员业主组成。

换届选举筹备组在当地物业管理主管部门和街道办事处(镇人民政府)、社区居民委员会的指导下,在业主委员会任期届满前2个月内召开业主大会会议,进行换届选举。换届选举中本届业主委员会要报告任期内的工作情况。

业主委员会任期届满之日起10日内,要将保管的档案资料、印章及其他属于业主大会所有的财物移交给新一届业主委员会,并办理交接手续。

第二十六条(业委会备案) 业主委员会的产生、变更、换届、终止等的备案工作,按照《成都市物业管理业主大会规程》的规定执行。

第二十七条(物业管理相关移交) 业主大会会议选举产生业主委员会后,业主委员会要按照法规、政策的规定,与有关单位办理物业相关移交手续。

第二十八条(物业服务合同签订) 业主大会做出选聘物业服务企业的决定后,业主委员会要在30日内和业主与业主大会选聘的物业服务企业签订物业服务合同。

第二十九条(专项维修资金使用与续筹) 本建筑区划内的业主建立专项维修资金保障物业共有部分的维修、更新、改造,其缴存标准、管理、使用和监督执行成都市的房屋专项维修资金管理办法的有关规定。

使用专项维修资金,一般由物业服务企业提出年度使用方案,经业主大会依法批准,并报物业管理主管部门备案后,由专户管理银行将年度所需资金划转到物业服务企业账户。

一幢或一户房屋的专项维修资金不足首次专项维修资金30%时,由业主委员会向该幢或该户房屋业主续筹专项维修资金。

对不执行成都市的房屋专项维修资金管理办法的有关规定缴存、续筹专项维修资金的业主,由业主委员会在建筑区划内予以公告,并代表其他业主依法对当事人予以起诉。

第三十条(共有部分经营与收益分配) 利用物业共有部分进行经营,由业主委员会按照业主大会的决定代表业主与经营单位签订有关协议,业主所得收益主要用于补充专项维修资金,由业主大会决定业主委员会提出的分配、使用方案。

第三十一条(业主大会与业委会工作经费) 业主大会和业主委员会依法开展工作的经费由全体业主承担,不包含在本建筑区划内物业服务费中,经费的分摊、交缴及管理使用办法由业主大会另行决定。

业主大会和业主委员会的工作经费开支包括:业主大会会议和业主委员会会议、必要的日常办公等费用。该款项由业主委员会进行管理,由业主大会监督,并定期以书面形式在本建筑区划内公告使用情况,接受业主质询。

第三十二条(印章管理与使用) 业主委员会按政府有关规定建立健全印章管理制度。印章由业主委员会主任负责管理,并按规定使用。除业主委员会会议通知和业主大会授权范围内的审查动用物业专项维修资金、审查物业服务费标准、签订物业服务合同等以外需使用印章的,由业主委员会会议决定。违反印章使用规定,造成经济损失或不良影响的,由责任人承担相应责任。

第三十三条(业主大会与业委会档案资料管理) 业主大会及其业主委员会的议事文件、资料,由专人负责定期收集、整理、立卷和存档。

业主大会建立下列档案资料:

(一)各类会议记录、纪要。

(二)业主大会、业主委员会作出的决定等书面材料。

(三)各届业主委员会备案登记的材料。

(四)业主、使用人清册。

(五)订立的物业服务合同。

(六)有关法律、法规和业务往来文件。

(七)业主和使用人的书面意见。

(八)专项维修资金收支情况清册。

(九)其他有关材料。

第三十四条(业主大会解散) 因建筑区划发生变更等原因导致业主大会解散,在解散前,业主大会、业主委员会要在当地主管部门和街道办事处(镇人民政府)的指导监督下,做好业主共同财产清算工作。

业主大会解散前,业主共同财产清算结束后30日内,业主委员会按规定向有关部门办理业主委员会备案、印章等注销手续,并将保管的其他档案资料移交当地主管部门。

　　第三十五条(规则的通过)　本规则经＿＿＿年＿月＿日首次业主大会会议全体业主所持投票权 2/3 以上通过,自通过之日起生效。

　　第三十六条(规则修改与补充)　业主大会会议通过的有关本规则的决定均是本规则的组成部分;本规则的修订经业主大会会议通过;本规则未尽事项由业主大会会议补充。

　　第三十七条(规则备案)　制定和修改的业主大会议事规则,按规定报当地物业管理主管部门备案。

　　第三十八条(规则保存与执有)　本规则业主各执 1 份,业主委员会保存 3 份,当地物业管理主管部门、街道办事处(镇人民政府)、社区居民委员会各 1 份。

＿＿＿＿＿＿＿[区]/[市]/[县]

＿＿＿＿＿＿＿(物业名称)物业管理业主大会

年　月　日

主要参考文献

[1] 建设部房地产司.中国物业管理从业人员岗位培训指定教材[M].北京:中国物价出版社,1996.

[2] 吴兆旋.物业管理公司会计[M].北京:中国审计出版社,2000.

[3] 姜林,黄耀明.物业管理岗位培训教程[M].上海:上海远东出版社,1997.

[4] 谢家瑾,等.物业管理概论[M].北京:中国物价出版社,1996.

[5] 阎祖兴.物业管理法律实务[M].北京:中国建筑工业出版社,2003.

[6] 宋建阳.物业管理概论[M].广州:华南理工大学出版社,2002.

[7] 邹益华.海外物业管理[M].南京:东南大学出版社,2001.

[8] 王在庚,白丽华.物业管理学[M].北京:中国建材工业出版社,2002.

[9] 赵善嘉,等.智能建筑物业管理教程[M].上海:上海人民出版社,2003.

[10] 李春涛,蔡育天.物业管理基础教程[M].上海:上海三联书店,2001.

[11] 王志儒.住宅小区物业管理[M].北京:中国建筑工业出版社,1998.

[12] 方芳,吕萍.物业管理实务[M].上海:上海财经大学出版社,2001.

[13] 王青兰,柯木林.物业管理运作指南[M].北京:中国建筑工业出版社,2000.

[14] 方芳,叶小莲,李澄宇.物业管理招标投标指南[M].南京:江苏科学技术出版社,2001.

[15] 上海陆家嘴物业管理有限公司.物业管理运作实务[M].上海:上海远东出版社,2002.